children

应用型学前教育专业系列教材

丛书主编　蔡迎旗

# 幼儿教师职业道德的理论与实践

莫源秋　等　编著

WUHAN UNIVERSITY PRESS
武汉大学出版社

**图书在版编目(CIP)数据**

幼儿教师职业道德的理论与实践/莫源秋等编著.—武汉:武汉大学出版社,2020.10(2024.1 重印)

应用型学前教育专业系列教材/蔡迎旗主编

ISBN 978-7-307-21785-0

Ⅰ.幼… Ⅱ.莫… Ⅲ.幼教人员—师德—高等职业教育—教材 Ⅳ.G615

中国版本图书馆 CIP 数据核字(2020)第 171836 号

责任编辑:郭 静　　责任校对:汪欣怡　　版式设计:韩闻锦

出版发行:**武汉大学出版社** (430072 武昌 珞珈山)

(电子邮箱:cbs22@whu.edu.cn 网址:www.wdp.com.cn)

印刷:武汉中科兴业印务有限公司

开本:787×1092 1/16　印张:15.5　字数:346 千字　插页:2

版次:2020 年 10 月第 1 版　2024 年 1 月第 4 次印刷

ISBN 978-7-307-21785-0　定价:55.00 元

# 编写委员会名单

（按姓名音序排列）

## 丛书主编

蔡迎旗

## 编委会成员

蔡　艳　江汉艺术职业学院
陈　虹　开明出版社教育与心理分社
段晓娅　郧阳师范高等专科学校
邓霁岚　江汉艺术职业学院
黄胜梅　淮南师范学院
姜　华　荆州教育学院
姜　勇　华东师范大学
金晓梅　湖北省幼儿师范高等专科学校
李炳顺　襄阳职业技术学院
李玉鸽　襄阳职业技术学院
刘明华　广西幼儿师范高等专科学校
刘晓红　河南师范大学
龙明慧　长沙师范学院
秦振飙　湖北师范学院
王小英　东北师范大学
王　雯　华中师范大学
王　莹　华中师范大学
汪媛媛　信阳师范学院
肖全民　广西幼儿师范高等专科学校
邢莉莉　沧州师范学院
杨　进　武汉城市职业学院
杨　宁　华南师范大学
张玉娥　江汉艺术职业学院
郑晓边　华中师范大学
赵红霞　荆楚理工学院
周立峰　仙桃职业技术学院
周端云　湖南民族职业学院
朱　楠　华中师范大学教育学院
卓　萍　武汉城市职业学院
杜燕红　洛阳师范学院

# 总　　序

幼儿教师是幼儿学习与发展的支持者、促进者与引导者。幼儿教师的素质直接决定着我国幼教机构的办学水平，也是保障我国适龄儿童接受基本而有质量的学前教育的关键性因素，而高质量的幼教师资来源于高水平的学前教师教育。为顺应我国学前教育事业发展的迫切需求，2011 年至 2012 年，我国先后颁布了《教师教育课程标准（试行）》和《幼儿园教师专业标准（试行）》，幼儿园教师资格制度和聘任制度也随之进行了系列急剧变革与转型。

我国教师职前教育倡导育人为本，要求准教师们树立正确的儿童观、学生观、教师观与教育观；奉行实践取向，引导未来教师主动建构教育知识，掌握必备的专业知识与技能，发展实践能力，学会发现和解决实际问题，形成个人的教学风格和实践智慧；要求他们终身学习，树立正确的专业理想，养成独立思考和自主学习的习惯，加深专业理解，形成终身学习和应对挑战的能力。

我国学前教师教育课程改革既具有一般教师教育所具有的共性，也具有鲜明的学前教育特色，这彰显了学前儿童的年龄特征和我国独树一帜的学前教师教育的传统与积淀。当前，我国学前教师教育课程已呈现如下五种趋势。

第一，生动多样的师德与理念教育。除必要的公共政治课程以外，国家要求各级各类幼师院校突出师德修养教育，采取多种生动活泼的教育教学方式，提升准幼儿教师的师德修养。如开设幼儿园教师专业特点与道德规范、中国名师风采录、幼儿教师生涯讲座、学前教育政策法规、现代幼儿园教师职业风范与专长成长等课程。

第二，保教相融的课程体系。依据幼儿园教师专业标准，遵循教师培养和发展规律，以加强专业理想、专业基础、实践能力、反思与研究能力为核心，构建保育与教育相融合、幼儿园与家庭和社区教育相结合、幼儿生活与游戏、学习于一体的课程体系，用以培养准幼儿教师的保教一体化的能力。

第三，全面平衡的课程结构。我国正通过幼儿园教师资格制度、聘任制度、评优评先制度等的改革，倒逼各级各类幼师院校与专业，促使其纠正以往过分偏重艺术技能而相对忽视人文科学类课程、教育素养类课程的倾向，注意课程结构中的师德理念、人文素养、科学素养、信息素养、教育素养、艺体素养、科研素养等的协调与平衡。

第四，实践取向的课程内容。为培养准幼儿教师的教育教学能力，许多幼师院校与专业开设了大量务实的实践取向课程。如幼儿园五大领域的活动设计和案例分析类课程、幼儿园环境布置与玩教具制作、动漫画设计技术、音乐、美术、戏剧等方面的课程。

第五，模块式的课程设计。我国各类幼师院校与专业正竭力打破学前教育学、学前心理学、幼儿园各科教学法“老三门”的课程结构体系，开设模块化的、开放的、专题性的学前教育课程。基于学前教育专业各类人才培养目标，合理配置各课程模块，如音乐教育模块、美术教育模块、健康教育模块、特殊教育模块等。通过开设先行课，将学生导入不同模块课程，引导学生多样化、有个性地发展。

以上学前教师教育课程改革已对我国原有的传统意义上的大中专学校的教材和教辅资料提出了严峻挑战，要求学前教育同仁务必更新教学资源观、教师教育观和学前教师观，依据我国幼儿园教师专业标准和教师教育课程标准，遴选课程并合理设计教材。

本套基于《教师教育课程标准（试行）》的应用型学前教育专业系列教材，正是应我国学前教师教育改革的时势而生，充分体现了以上提及的学前教师教育课程改革的五种发展趋势。适用于大中专学校的课程与教学，也可作为学前教育爱好者、相关工作人员的专业拓展学习。本丛书涵盖了学前教育大中专学校绝大多数专业课程；内容具有一定的理论性，更具有实践应用的特征；编写规范与设计务实活泼，知识点和案例穿插其中；丛书的编委遍及全国；作者主要来自华中和华南地区的本、专科院校，他们均具有丰富的教学经验和较好的研究基础。

在丛书的编写过程中，我们参阅、借鉴和引用了国内外许多同行的观点与成果。各位同仁的研究奠定了本丛书的学术基础，在此一并感谢。另外，受水平和时间所限，书中难免有疏漏和不当之处，敬请读者批评指正。

最后，我谨代表丛书的所有编委和作者，衷心感谢本丛书的策划者谢群英编辑和武汉大学出版社有关领导。他们对学前教育满腔热情，对丛书的未来充满信心，极度地敬业与审慎。出版丛书虽是一项浩大而艰苦的工作，但有谢群英编辑和武汉大学出版社相伴而行，相信梦想终会成真。

**蔡迎旗**

2015 年 5 月

武汉桂子山 · 华中师范大学教育学院

# 前　言

幼儿教师职业道德素养，在幼儿教师职业素养中占据核心位置，它也是一个人成为幼儿教师的首要素质条件。

幼儿教师的德行对幼儿的发展有很大影响。幼儿教师的德行不仅直接影响着幼儿身心的健康发展，而且还会对幼儿德行产生潜移默化的影响。因为幼儿是喜好模仿的，但是由于他们认识能力和生活经验的局限性，所以他们辨别是非的能力还非常低，他们很容易对幼儿教师的德行进行盲目地模仿——不管是好是坏，他们都喜欢模仿。如果幼儿教师德行有问题，那么，其不良德行也很容易成为幼儿模仿学习的对象。

幼儿教师在履行职业职责时，拥有高度的选择自由。因此，幼儿教师需要道德的指导方针来帮助他们在具体教育情境下选择教育行为、态度。这种选择光靠外部力量无法对幼儿教师进行有效监督，因此，社会要求幼儿教师必须学会自律，学会用职业道德来调控自己的教育行为，让其合乎相关规定，进而促进幼儿的健康发展。另外，幼儿教师的绩效无法通过市场自由竞争来实现，他们的教育效果很难通过外显的教育效果来评价，他们的收入完全独立于他们的业绩和声望之外，这极易导致幼儿教师懒惰。预防幼儿教师懒惰仅仅靠社会监控是远远不够的，必须依靠他们职业良心的自律。

本书将幼儿教师职业道德界定为：幼儿教师在其职业活动中，调节和处理各种关系（教师与幼儿、教师与教师、教师与园长、教师与幼儿园、教师与社会、教师与家长、教师与工作）所应遵循的基本的行为规范和行动准则。本书力求向读者阐明幼儿教师在处理其工作中的各种关系中必须遵守的道德行为规范，让他们在了解最基本的幼儿教师职业道德原理的基础上，重点掌握如何在各种工作关系中遵守相应的道德行为规范。守住幼儿教师职业道德的底线，重点在于培养幼儿教师职业道德行为规范的践行者，而不是培养幼儿教师职业道德的理论家。

本书由广西幼儿师范高等专科学校莫源秋教授担任主编。本书由广西幼儿师范高等专科学校的莫源秋（第一章、第二章、第三章的二、三、四条目）、梁春娟（第三章一、五、六、七、八、九条目）、汪冠楠（第三章十、十一、十二、十三、十四条目）、付红珍（第四章）、朱琳（第五章的一、二、三、四条目）、宋木子（第五章的五、六、七、八条目）撰写，全书由莫源秋统稿、审稿和定稿。

本书在编写的过程中借鉴和参阅了国内外同行的大量相关研究成果，在此对他们表示由衷的谢意！同时，由于种种原因，书中引用的少部分资料，未能标明相关作者及材料的出处，在此对相关的作者特表歉意！

由于时间仓促，加上作者水平有限，书中一定存在着错误、缺漏和不当之处，敬请阅读和使用本书的老师和朋友批评指正。

**莫源秋**

2020 年 3 月

# 目　　录


第一章　道德与幼儿教师职业道德…… 1
一、道德是什么 …… 1
二、幼儿教师职业道德的含义 …… 3
三、幼儿教师职业道德的特点 …… 4
四、幼儿教师职业道德建设的目的 …… 7
五、幼儿教师职业道德建设的意义 …… 7
材料 1　中小学教师职业道德规范（2008 年修订）…… 9
材料 2　新时代幼儿园教师职业行为十项准则（2018 年）…… 9
材料 3　幼儿园教师违反职业道德行为处理办法（2018 年）…… 10

第二章　做个有专业理想信念的幼儿教师 …… 14
一、做个有教育信仰的幼儿教师 …… 14
二、做个幸福快乐的幼儿教师 …… 21
材料 1　愿每位幼儿教师都幸福 …… 27
三、做个能给幼儿带来快乐的幼儿教师 …… 28
四、做个有教育理想的幼儿教师 …… 34
材料 2　向往天堂般的幼儿园 …… 37
五、做个具有专业成长能力的幼儿教师 …… 41
材料 3　等孩子说完话再作判断 …… 48

第三章　师幼互动的道德规范要求 …… 54
一、尊重幼儿的合法权益 …… 54
二、保护幼儿生命安全 …… 58
三、关爱幼儿 …… 62
四、尊重幼儿 …… 77

五、有强烈的责任心 …… 83
六、要细心 …… 86
七、有耐心 …… 90
八、教书育人 …… 94
九、为人师表 …… 96
十、平等对待每位幼儿 …… 100
十一、仁慈宽容善良 …… 106
十二、尊重幼儿个体差异 …… 112
十三、尊重幼儿成长规律和年龄特点 …… 117
十四、做幼儿健康成长的启蒙者和引路人 …… 121

**第四章 家园互动的道德规范要求** …… 130
一、以幼儿利益为核心 …… 130
材料1 儿童有哪些权益 …… 132
二、让家长感受到被尊重 …… 135
三、平等对待每位家长 …… 139
四、让家长感受到你的体谅 …… 143
五、让家长感受到你的热情 …… 147
六、让家长感受到你的廉洁自律 …… 150
七、让家长感受到你的自尊自强 …… 153
八、让家长感受到你的诚信 …… 155
九、让家长感觉到你很专业 …… 158
十、让家长感受到你很爱他的孩子 …… 162
十一、与家长保持适度距离 …… 168

**第五章 同事互动的道德规范要求** …… 174
一、相互尊重 …… 174
二、互帮互助 …… 186
三、赞美同事 …… 193
四、避免嫉恨 …… 198
五、注意同事交往中的交互性 …… 204
六、相互学习，相互促进 …… 211
七、团结协作，形成教育合力 …… 219
八、塑造良好的性格，改善同事交往 …… 228

# 第一章　道德与幼儿教师职业道德

道德是一种社会意识形态，它是协调人与人、人与社会之间关系的一种行为规范。它具有调节社会关系、认识社会现实、规约个人行为、教育引导等功能。幼儿教师职业道德是幼儿教师在践行自己职责时应该遵守的行为规范，它对规范幼儿教师职业行为，保护幼儿教师权益，保护幼儿权益，促进幼儿健康发展都具有十分重要的意义。

## 一、道德是什么

道德是由一定社会的经济关系所决定的特殊意识形态，是以善恶为评价标准，依靠社会舆论、传统习惯和内心信念所维持的，调整人们之间以及社会之间关系的行为准则和规范的总和。道德是为了解决人与人，人与社会、社会团体之间的矛盾和冲突而产生的，如果人们在生活中毫无矛盾冲突，也就不需要任何道德规范了。

道德对人的行为不具有强制性，因为它没有法律的强制约束作用，它只有舆论约束作用。比如，当你看到一个腿有残疾的人，你不能叫他“瘸子”，如果你叫他“瘸子”了，你不会被警察带走，因为你没有犯法，你只是违背了社会道德规范要求，你可能会因此被人们唾弃、谴责，被社会所不容。

道德依靠社会舆论、传统习惯和人们内心信念来约束人们的言行，它对人们的行为、思想、情绪和态度具有强烈的导向作用，进而促进人们不断弃恶向善，促进社会和谐与向前发展。

道德是判断一个行为正当与否或者善与恶的观念标准。社会道德具有普适性，对整个社会的所有人，不论其身份、地位如何，性别如何，全都适用，道德面前人人平等。道德是人们评价一个人好坏的一个十分重要的尺度。人们对一个人的道德评判，主要来自于这个人所表现出来的言行态度。

**两则道德故事**

第一则故事：

小偷 A 在机场偷了一名乘客装有机票的钱包，导致该名乘客无法按时登机，谁知该次航班因故在空中爆炸了。这名乘客因钱包被小偷偷了而因祸得福——躲过一次会失去生命的事故。

请问：小偷 A 的这次偷窃行为是道德的呢，还是不道德的呢？

第二则故事：

B 的朋友得了癌症住院，因为已经是癌症晚期，生命也没有几天了。为了让朋友能在生命的最后几天里安逸地度过，当朋友问 B：我的病要紧吗？要住多久的医院？B 回答："你没事，一点小病，你不用担心，住几天就可以出院了。"

请问：B 对他的朋友说谎，B 的行为道德吗？

可能看了以上的故事，我们绝大部分人都能得出这样的结论：第一则故事里的小偷 A 的偷窃行为是不道德的，第二则故事里的 B 的说谎行为是道德的。得出这样的结论，我想，大家都是掺进了自己的情感因素来做判断的，因为我们是以一般的人情世故来做的判断，以"情感"作为了我们判断的主旋律。

一般来说，判断一个人或其行为是否道德的标准主要有两个方面：一是"意识"，二是"结果"。

从意识的角度来判断：第一则故事里的小偷 A 的偷窃行为是不道德的，第二则故事里的 B 的说谎行为是道德的，因为小偷 A 没有助人的预先意图，而 B 则有预先助人的意图。

从结果的角度来判断：第一则故事里的小偷 A 的偷窃行为是道德的，因为他救了乘客一命；第二则故事里的 B 的说谎行为则是不道德的，因为他没把真相告诉朋友，进而让自己朋友对自己的病情没有心理准备，并且在毫无准备的情况下死去了。

"道德"与"不道德"，你的判断标准是什么？

我们提倡道德是为了保护相关方的利益，而不是为了牺牲自己，成全别人。我们以往的道德教育往往否定个人利益，似乎一沾上个人利益，就是不道德了。比如，如果一个人因做好事而收取了报酬，他的行为马上就会受到质疑，甚至遭受指责。在这

一点上，孔子就比我们现代人高明多了：相传孔子肯定了一个弟子因救落水之人而笑纳了对方以一头牛作为酬谢的做法。因为在孔子看来，救人的高尚行为无论如何奖赏都不为过，更何况这种有回报的行为可以鼓励更多的人，包括那些只冲着回报的人在关键时刻出手救人。我们反对“损人利己”，我们提倡“利己利人”“利己不损人”，我们主张在个人幸福与他人幸福之间达到一个平衡点，因为这样，我们的社会才能更加和谐、祥和。

## 二、幼儿教师职业道德的含义

所谓幼儿教师职业道德，指的是幼儿教师在其职业活动中，调节和处理各种关系（教师与幼儿、教师与家长、教师与同事、教师与幼儿园、教师与社会、教师与工作等关系）所应遵循的基本的行动准则和行为规范。

幼儿教师职业道德产生的依据是教师职业活动的内在要求。幼儿教师职业如果没有相应的道德要求，那么就无法完成它的职业使命和实现它的职业职能。

### 幼儿园来了个傻老师，改变了所有聪明的老师！

幼儿园来了个新老师C，有点土，但很听话，其他老师都把所有的工作推给她做，新老师不介意，默默地帮他们都完成。

副园长看到C老师勤快，叫她帮忙做很多事情，虽然她一点都不介意，虽然她帮副园长做事都是义务的……

终于有一天，园长要开分园，副园长要去新园管理。副园长居然跟园长提升了C老师。

其他老教师都在议论：为什么那么多的老教师都比C老师做得久，而且经验丰富，能力也强，为什么就要C老师去管理呢？

副园长给他们答案：因为她不怕吃亏，却默默地把副园长要她所做的事情都做到了，而那些老教师却怕吃亏，每天还是做着自己的事情，能偷懒就偷懒。

最后，老教师们都没话可说了。

（来源：https://www.sohu.com/a/140551349_66369）

思考：

这个有点傻的老师表现出了幼儿教师哪些良好的职业道德？

**你不能破坏了规则！**

在资本主义国家老师也不能买半价房子，因为是市场经济，所以在哪里都要尊重老师的劳动。10 多年前，我有一次值晚班收工，有个家长迟到 45 分钟，罚了 90 加币，因为他有两个孩子。第二天园长把 90 加币罚款交给我，我的教育和价值观告诉我，我不能要这个钱，那个家长也不是惯犯，我说不要了。

园长说："不行，你不能破坏了规则。"

（上述案例选自一位移民加拿大的网友材料）

遵守规则就是道德的；出于人情而破坏规则是不道德的。

因此，幼儿教师在从业过程中，必须遵守相关的职业行为规范，这样，才能理解各种工作关系，工作才能更加得心应手。

## 三、幼儿教师职业道德的特点

幼儿教师职业道德具有如下三个特点：

### （一）幼儿教师职业道德属于公德

幼儿教师职业道德作为一种职业道德，属于公德范畴，而非私德范畴。幼儿教师职业道德要求限于幼儿教师工作开展的行为规范，比如，热爱学前教育事业，教书育人，尊重幼儿，热爱幼儿，尊重家长、同事，与家长、同事平等相处，等等。我们反对将与幼儿教育职业工作无关的私德，如，把对教师的爱情、婚姻、家庭生活、邻里关系的道德要求，如，尊老爱幼、夫妻和睦、勤俭持家、邻里团结等，看成幼儿教师职业道德规范的组成部分。将私德纳入幼儿教师职业道德不利于维护幼儿教师的合法权益，也不利于幼儿教育事业的发展。[1]

将无关幼儿教师职业工作的私德与幼儿教师职业道德混淆起来，会使幼儿教师职业道德超越自身的范围，介入幼儿教师的私人生活领域，最终导致其可以名正言顺地干涉

幼儿教师的私人生活。当一个人在生活中犯了错误的时候，他理应受到舆论的谴责，然而，如果他正好是一位幼儿教师，人们对他的谴责就不再只针对那件错事本身，而是针对幼儿教师这个职业了，他的职业使他的错误变得越加严重了——我们时常听到这样的话语："他是个幼儿教师，竟然做出这样的事情。"[2]——意思是：同样的错误，别的行业的人犯了，没有什么，幼儿教师犯了就很严重。

### （二）幼儿教师职业道德涵盖面广、渗透性强

一般的职业道德只是某种职业范围之内所特有的道德要求，但幼儿教师职业道德的涵盖面远远超出了职业所辖范围，甚至渗透到了幼儿教师的整个生活之中。师之所存，德之所在，即使是幼儿教师在幼儿园外的行为，也会延伸到幼儿园内，对幼儿产生影响。不管是在普通的公共场合还是在私人生活中，人们都会以幼儿教师的职业身份标准去看待和衡量幼儿教师。因此，对一般职业而言并无特别要求的一些私德，比如，着装端庄整洁、言行举止大方得体等也被列入幼儿教师职业规范之中，因为，这些行为表现确实影响到幼儿的健康发展。[3]

另外，幼儿教师在幼儿园外，在社会生活中做了有社会影响的缺德之事，也会影响幼儿教师在幼儿心中的道德形象，进而影响他们的教育影响力，特别是他们的道德教育影响力。

### （三）幼儿教师职业道德具有示范性

幼儿教师职业道德的示范性非常强，幼儿教师本身的行为就是一种十分重要的教育手段。幼儿向教师学习，不仅是听教师说些什么，还要看教师怎么做；教师要求幼儿做到的，教师自己必须首先要做到，否则，其对幼儿的教育效果将大打折扣。

案例 1-4

**老师，你怎么不排队！**

初夏的早上，有一天，天气较热。通过半小时的户外早锻炼，孩子们已玩得满头大汗。早锻炼结束回教室，人人感到口渴，大家迫不及待地取茶杯喝水。这时，我捧着孩子们脱下的一大堆衣服急冲冲地回教室，也按捺不住口渴，马上拿茶杯，进入盥洗室，看到孩子们都有序地排着队伍喝水，我也顺便围上，先倒了点热水，洗洗杯子。当我刚倒好水，不知是谁冒出一句话："张

老师，你怎么先开热水呢？”我没理解孩子的意思，爽快地答了一句：“茶杯应用热水消毒一下呀！”我边说边又倒了点冷开水。当我按下饮水器开关时，只听见航航小朋友大声地说：“张老师，你怎么不排队！”

霎时，周围的小朋友也起哄了：“张老师，不排队。”“张老师，先开热水。”在孩子一番热烈的议论声中，浩浩小朋友走到我面前迷惑不解地问我：“张老师，你为什么不排队，你不是告诉我们，人多时候要排队，不能抢先吗？”我刹那间意识到我犯了错误，顿时感到脸发烫，不敢抬头面对小朋友们。

（莫源秋）

### 老师也排队

休息时，老师让孩子们排队去喝水，可是队形总也排不好。有几个小调皮总要去“加塞”，其他的孩子不服气，一个一个地往前挤。最前面的孩子被挤得摇来晃去，一下子把水泼在了身上。王老师扯起嗓门提醒孩子们：“队伍排好了！”可过一会儿还是乱了。这时，她也口渴了，端起杯子就准备接水，碰到水龙头的一瞬间，她下意识地停住了，转而排到了队伍的尾巴上。孩子们看见了，互相交头接耳：“快看，王老师也排队了。”队伍慢慢变直了，几个小调皮乖乖地排到了王老师的身后。

（莫源秋）

### 老师没有洗手

有一次，我去上厕所后，没有洗手，被在水房喝水的张宇涵发现了，他毫不客气地说：“苏老师，你还没有洗手呢！”

幼儿教师对孩子们的要求，不仅要求幼儿要那样去做，而且自己也要说到做到，只有这样，才能取得预期的教育效果，否则，教师的教育就没有力量。

## 四、幼儿教师职业道德建设的目的

许多人，甚至包括有的学者认为，幼儿教师讲职业道德就是不伤害幼儿，就是保护幼儿合法权益，特别是保护幼儿生命安全，就是促进幼儿健康发展。

其实，幼儿教师职业道德建设的目的绝对不仅仅是为了保护幼儿，也不仅仅是为了幼儿的健康发展。

幼儿教师职业道德建设的根本目的在于关照幼儿园教育相关各方(幼儿、家长、教师、幼儿园、社会)的利益，并且努力让相关各方的合法利益都得到应有的保护，在相关各方利益中找到一个平衡点。

当前社会对幼儿教师不仅提出了合理的要求，而且同时也提出了许多过高且不现实的要求。为了保护幼儿教师，有必要对合理的和不合理的社会要求加以区分，由此需要一个深思熟虑的、公平有益的幼儿教师职业道德作为判断标准，进而促进幼儿教育事业的健康发展。

幼儿教师选择到幼儿园工作，是为幸福而来，不是为牺牲而来。因此，我们反对将幼儿园教师比作富有牺牲精神的“蜡烛”——燃烧了自己，照亮了别人。我们极力鼓励幼儿教师从工作中、从与幼儿互动中、从与家长互动中、从与同事互动中、从整个幼儿园工作中获得幸福感和成就感，并且幼儿园和社会要为幼儿园教师的职业幸福提供支持和帮助。我们相信，能体验到职业幸福感的幼儿教师，更能在幼儿园教育中给予幼儿幸福感。

幼儿教师职业道德建设的目的在于造就更多的有职业道德的幼儿教师，而不是使幼儿教师成为研究幼儿教师职业道德的“道德学者”。培养有职业道德的幼儿教师，并不排斥幼儿教师对职业道德知识的学习，但职业道德知识的学习在培养有职业道德的幼儿教师的教育活动中不是目的，而是手段，即在幼儿教师职业道德知识培训中，不应为学道德知识而学道德知识，而应在培养有职业道德的幼儿教师的成长这一根本目的统帅之下，加强对必要的道德知识的学习。

## 五、幼儿教师职业道德建设的意义

加强幼儿教师职业道德建设，不仅是为了保护幼儿，也是为了保护幼儿教师；不仅对幼儿园教育工作有利，对幼儿教师也是有利的。幼儿教师职业道德建设主要有如下五点意义。

### （一）有利于重塑幼儿教师的社会形象

随着近年几件严重的虐童事件的发生，幼儿教师社会负面形象不断积聚，这大大影响了幼儿教师职业的社会声誉，社会出现了对幼儿园及其教师一定程度的不信任现象。

为了提高幼儿教师的社会声誉，为了重新赢得社会的认可和尊重，必须加强幼儿教师职业道德建设，并且加大宣传力度，让社会看到幼儿教师的爱心、耐心、热心、细心、责任心，为幼儿教师顺利工作和幸福工作创造有利的条件。

### （二）有利于保护幼儿合法权益

加强幼儿教师师德建设，有利于幼儿教师明确自己哪些事能做，哪些事不能做，同时，让他们知道，能怎样做，不能怎样做，让他们知道自己行为的界线，让他们知道幼儿教师工作的底线是保护幼儿的合法权益，不要伤害幼儿。有些幼儿教师在保教工作过程中出现这样或那样损害幼儿权益的行为，其中的重要原因之一就是他们不知道那样做是伤害幼儿，他们更不知道那些行为是不能做的。

加强幼儿教师师德建设，重点不在于幼儿教师师德理论的建设，而在于幼儿教师师德实践操作体系的建构；重点不在于培养幼儿教师师德理论家，而在于引导幼儿教师按照师德行为规范去做，有效地保护幼儿的合法权益。

### （三）有利于幼儿教师更好地履行自己的职责

对幼儿教师的职业工作进行外在监控是困难的，因为幼儿教师在履行职业职责时，拥有高度的选择自由度——在保教工作过程中，幼儿教师做什么、怎么做，外部监控（如无死角摄像头、领导频繁巡察）是很难奏效的；另外，幼儿教师的绩效无法通过市场自由竞争来实现，因此，他们的收入完全独立于他们的业绩和声望，这就易导致幼儿教师懒惰、懈怠，预防懒惰、懈怠仅仅靠外部监控是远远不够的。因此，幼儿教师工作行为的规范性，主要依靠他们的职业良心，依靠他们内化了的职业道德来自律。

幼儿教师言行是幼儿的重要模仿对象。不管他们是否愿意，也不管他们是否意识到，幼儿教师都是幼儿模仿的对象。幼儿是好模仿的，由于他们生活经验和辨别是非能力的局限性，他们很容易盲目模仿教师的言行——不管是好的，还是坏的，他们都喜欢模仿。因此，幼儿教师要注意自己的言行，要在德行方面为幼儿提供一个良好的示范，进而促进幼儿品行健康发展。

现实中，从幼儿教师教育到幼儿教师培训，都出现了过分重视幼儿教育的专业能力，特别是过分重视艺术技能的现象，而幼儿教师的职业道德、职业伦理等师德建设任

务则受到冷落而沦为边缘、陪衬，幼儿教师教育的工具理性遮蔽了价值理性，幼儿教师的发展成了职业道德缺位的单纯的专业能力发展，进而幼儿教育界出现了许多“缺乏职业道德的教学能手”“没有精神的教育技能专家”“没有灵魂的教育技术”等令人焦虑的现象，这必将给幼儿教育事业带来长久的负面影响，同时，也会影响幼儿的健康发展。[3]

幼儿园教育是根的教育，其重点在于成人，而不是成才。幼儿教师对幼儿的影响主要在德行方面，幼儿教师要做到言行一致，幼儿园道德教育才能取得预期的效果。

### 材料 1　中小学教师职业道德规范（2008 年修订）

一、爱国守法。热爱祖国，热爱人民，拥护中国共产党领导，拥护社会主义。全面贯彻国家教育方针，自觉遵守教育法律法规，依法履行教师职责权利。不得有违背党和国家方针政策的言行。

二、爱岗敬业。忠诚于人民教育事业，志存高远，勤恳敬业，甘为人梯，乐于奉献。对工作高度负责，认真备课上课，认真批改作业，认真辅导学生。不得敷衍塞责。

三、关爱学生。关心爱护全体学生，尊重学生人格，平等公正对待学生。对学生严慈相济，做学生良师益友。保护学生安全，关心学生健康，维护学生权益。不讽刺、挖苦、歧视学生，不体罚或变相体罚学生。

四、教书育人。遵循教育规律，实施素质教育。循循善诱，诲人不倦，因材施教。培养学生良好品行，激发学生创新精神，促进学生全面发展。不以分数作为评价学生的唯一标准。

五、为人师表。坚守高尚情操，知荣明耻，严于律己，以身作则。衣着得体，语言规范，举止文明。关心集体，团结协作，尊重同事，尊重家长。作风正派，廉洁奉公。自觉抵制有偿家教，不利用职务之便谋取私利。

六、终身学习。崇尚科学精神，树立终身学习理念，拓宽知识视野，更新知识结构。潜心钻研业务，勇于探索创新，不断提高专业素养和教育教学水平。

### 材料 2　新时代幼儿园教师职业行为十项准则（2018 年）

教师是人类灵魂的工程师，是人类文明的传承者。长期以来，广大教师贯彻党的教育方针，教书育人，呕心沥血，默默奉献，为国家发展和民族振兴作出了重大贡献。新时代对广大教师落实立德树人根本任务提出新的更高要求，为进一步增强教师的责任感、使命感、荣誉感，规范职业行为，明确师德底线，引导广大教师努力成为有理想信念、有道德情操、有扎实学识、有仁爱之心的好老师，着力培养德智体美劳全面发展的社会主义建设者和接班人，特制定以下准则。

一、坚定政治方向。坚持以习近平新时代中国特色社会主义思想为指导，拥护中国共产党的领导，贯彻党的教育方针；不得在保教活动中及其他场合有损害党中央权威和违背党的路线方针政策的言行。

二、自觉爱国守法。忠于祖国，忠于人民，恪守宪法原则，遵守法律法规，依法履行教师职责；不得损害国家利益、社会公共利益，或违背社会公序良俗。

三、传播优秀文化。带头践行社会主义核心价值观，弘扬真善美，传递正能量；不得通过保教活动、论坛、讲座、信息网络及其他渠道发表、转发错误观点，或编造散布虚假信息、不良信息。

四、潜心培幼育人。落实立德树人根本任务，爱岗敬业，细致耐心；不得在工作期间玩忽职守、消极怠工，或空岗、未经批准找人替班，不得利用职务之便兼职兼薪。

五、加强安全防范。增强安全意识，加强安全教育，保护幼儿安全，防范事故风险；不得在保教活动中遇突发事件、面临危险时，不顾幼儿安危，擅离职守，自行逃离。

六、关心爱护幼儿。呵护幼儿健康，保障快乐成长；不得体罚和变相体罚幼儿，不得歧视、侮辱幼儿，严禁猥亵、虐待、伤害幼儿。

七、遵循幼教规律。循序渐进，寓教于乐；不得采用学校教育方式提前教授小学内容，不得组织有碍幼儿身心健康的活动。

八、秉持公平诚信。坚持原则，处事公道，光明磊落，为人正直；不得在入园招生、绩效考核、岗位聘用、职称评聘、评优评奖等工作中徇私舞弊、弄虚作假。

九、坚守廉洁自律。严于律己，清廉从教；不得索要、收受幼儿家长财物或参加由家长付费的宴请、旅游、娱乐休闲等活动，不得推销幼儿读物、社会保险或利用家长资源谋取私利。

十、规范保教行为。尊重幼儿权益，抵制不良风气；不得组织幼儿参加以营利为目的的表演、竞赛等活动，或泄露幼儿与家长的信息。

## 材料 3 幼儿园教师违反职业道德行为处理办法（2018 年）

第一条 为规范幼儿园教师职业行为，保障教师、幼儿的合法权益，根据《中华人民共和国教育法》《中华人民共和国未成年人保护法》《中华人民共和国教师法》《教师资格条例》和《新时代幼儿园教师职业行为十项准则》等法律法规和制度规范，制定本办法。

第二条 本办法所称幼儿园教师包括公办幼儿园、民办幼儿园的教师。

第三条 本办法所称处理包括处分和其他处理。处分包括警告、记过、降低岗位等级或撤职、开除。警告期限为 6 个月，记过期限为 12 个月，降低岗位等级或撤职期限为 24 个月。是中共党员的，同时给予党纪处分。

其他处理包括给予批评教育、诫勉谈话、责令检查、通报批评，以及取消在评奖评

优、职务晋升、职称评定、岗位聘用、工资晋级、申报人才计划等方面的资格。取消相关资格的处理执行期限不得少于 24 个月。

教师涉嫌违法犯罪的，及时移送司法机关依法处理。

第四条　应予处理的教师违反职业道德行为如下：

（一）在保教活动中及其他场合有损害党中央权威和违背党的路线方针政策的言行。

（二）损害国家利益、社会公共利益，或违背社会公序良俗。

（三）通过保教活动、论坛、讲座、信息网络及其他渠道发表、转发错误观点，或编造散布虚假信息、不良信息。

（四）在工作期间玩忽职守、消极怠工，或空岗、未经批准找人替班，利用职务之便兼职兼薪。

（五）在保教活动中遇突发事件、面临危险时，不顾幼儿安危，擅离职守，自行逃离。

（六）体罚和变相体罚幼儿，歧视、侮辱幼儿，猥亵、虐待、伤害幼儿。

（七）采用学校教育方式提前教授小学内容，组织有碍幼儿身心健康的活动。

（八）在入园招生、绩效考核、岗位聘用、职称评聘、评优评奖等工作中徇私舞弊、弄虚作假。

（九）索要、收受幼儿家长财物或参加由家长付费的宴请、旅游、娱乐休闲等活动，推销幼儿读物、社会保险或利用家长资源谋取私利。

（十）组织幼儿参加以营利为目的的表演、竞赛活动，或泄露幼儿与家长的信息。

（十一）其他违反职业道德的行为。

第五条　幼儿园及幼儿园主管部门发现教师存在第四条列举行为的，应当及时组织调查核实，视情节轻重给予相应处理。作出处理决定前，应当听取教师的陈述和申辩，调查了解幼儿情况，听取其他教师、家长委员会或者家长代表意见，并告知教师有要求举行听证的权利。对于拟给予降低岗位等级以上的处分，教师要求听证的，拟作出处理决定的部门应当组织听证。

第六条　给予教师处理，应当坚持公平公正、教育与惩处相结合的原则；应当与其违反职业道德行为的性质、情节、危害程度相适应；应当事实清楚、证据确凿、定性准确、处理恰当、程序合法、手续完备。

第七条　给予教师处理按照以下权限决定：

（一）警告和记过处分，公办幼儿园教师由所在幼儿园提出建议，幼儿园主管部门决定。民办幼儿园教师由所在幼儿园提出建议，幼儿园举办者做出决定，并报主管部门备案。

（二）降低岗位等级或撤职处分，公办幼儿园由教师所在幼儿园提出建议，幼儿园主管部门决定并报同级人事部门备案。民办幼儿园教师由所在幼儿园提出建议，幼儿园举办者做出决定，并报主管部门备案。

（三）开除处分，公办幼儿园在编教师由所在幼儿园提出建议，幼儿园主管部门决定并报同级人事部门备案。未纳入编制管理的教师由所在幼儿园决定并解除其聘任合同，报主管部门备案。民办幼儿园教师由所在幼儿园提出建议，幼儿园举办者做出决定并解除其聘任合同，报主管部门备案。

（四）给予批评教育、诫勉谈话、责令检查、通报批评，以及取消在评奖评优、职务晋升、职称评定、岗位聘用、工资晋级、申报人才计划等方面资格的其他处理，按照管理权限，由教师所在幼儿园或主管部门视其情节轻重作出决定。

第八条 处理决定应当书面通知教师本人并载明认定的事实、理由、依据、期限及申诉途径等内容。

第九条 教师不服处理决定的，可以向幼儿园主管部门申请复核。对复核结果不服的，可以向幼儿园主管部门的上一级行政部门提出申诉。

对教师的处理，在期满后根据悔改表现予以延期或解除，处理决定和处理解除决定都应完整存入人事档案及教师管理信息系统。

第十条 教师受到处分的，符合《教师资格条例》第十九条规定的，由县级以上教育行政部门依法撤销其教师资格。

教师受处分期间暂缓教师资格定期注册。依据《中华人民共和国教师法》第十四条规定丧失教师资格的，不能重新取得教师资格。

教师受记过以上处分期间不能参加专业技术职务任职资格评审。

第十一条 教师被依法判处刑罚的，依据《事业单位工作人员处分暂行规定》给予降低岗位等级或者撤职以上处分。其中，被依法判处有期徒刑以上刑罚的，给予开除处分。教师受到剥夺政治权利或者故意犯罪受到有期徒刑以上刑事处罚的，丧失教师资格。

第十二条 公办幼儿园、民办幼儿园举办者及主管部门不履行或不正确履行师德师风建设管理职责，有下列情形的，上一级行政部门应当视情节轻重采取约谈、诫勉谈话、通报批评、纪律处分和组织处理等方式严肃追究主要负责人、分管负责人和直接责任人的责任：

（一）师德师风长效机制建设、日常教育督导不到位；

（二）师德失范问题排查发现不及时；

（三）对已发现的师德失范行为处置不力、方式不当或拒不处分、拖延处分、推诿隐瞒的；

（四）已作出的师德失范行为处理决定落实不到位，师德失范行为整改不彻底；

（五）多次出现师德失范问题或因师德失范行为引起不良社会影响；

（六）其他应当问责的失职失责情形。

第十三条 省级教育行政部门应当结合当地实际情况制定实施细则，并报国务院教育行政部门备案。

第十四条　本办法自发布之日起施行。

1. 道德与法律的区别有哪些？

2. “自私”就一定是不道德的吗？

3. 为什么不能将“勤俭持家、邻里团结”视为幼儿教师的职业道德行为规范？

4. “幼儿教师职业道德建设的目的就是为了保护幼儿不受到伤害。”这一观点正确吗？为什么？

[1]黄向阳. 略论我国师德规范的重建[J]. 中小学管理，1998(9).

[2]周晓静. 师德私德化之流弊[J]. 教育探索，2005(2).

[3]蒋红斌. 教师职业道德：何种道德？如何修养？[J]. 中国德育，2018(24).

# 第二章　做个有专业理想信念的幼儿教师

幼儿教师教育理想信念是幼儿教师个体在交往和实践活动中建立起来的，被个体深刻理解和体验并始终坚信、崇奉和践行的，有关“幼儿教育是什么”“幼儿教育应追求什么”“幼儿教师是什么”“幼儿是什么”“幼儿教育和人生”“幼儿教育和社会关系”的个性化的价值判断和基本看法。

专业理想信念是幼儿教师专业工作的指南针，是幼儿教师从事幼儿教育工作的一种内在动力。让新手幼儿教师成为优秀幼儿教师的不是他们的专业知识和技能，而是他们对幼儿、对自己、对他们的专业工作的目的、意图和对幼儿园工作任务所持有的理想信念。如果一位幼儿教师是怀着理想信念来工作的，那么，他工作就绝对不仅仅是为了领取那点工资来生活，他们的工作过程，就是他追求其教育理想，实现其理想和坚守其教育信念的过程，其工作就会变得主动、积极，其工作也不仅仅是因为喜欢和热爱，其工作变成一种不断追求价值、创造价值的过程，其职业幸福感就会倍增。

幼儿教师的专业发展需要幼儿教育理想信念的有力支撑。幼儿教育理想信念是幼儿教师专业生活的支柱，也是激励幼儿教师战胜工作挫折与困难，不断提升自己专业素养的力量源泉。

## 一、做个有教育信仰的幼儿教师

幼儿教师的教育信仰是幼儿教师对幼儿教育活动在个体和社会发展过程中的价值及其实现方式的极度信服和尊重，并以之为幼儿教育行为的根本准则。幼儿教育活动在个体和社会发展中的价值性是整个幼儿教育活动的出发点，也是整个幼儿教育活动所努力去追求去实现的东西。幼儿教师的教育信仰包括信仰认知、信仰情感与信仰意志三个心理因素，它是从相信到坚信以至崇敬的认识过程，是以“信”为基础，信仰认知、信仰情感、信仰意志的统一。信仰认知是教育信仰的基础；信仰情感是教育信仰最直接的动力之源；信仰意志是对教育信仰过程起着调控作用和保证的作用。[1]

## （一）树立正确教育信仰的意义

### 1. 教育信仰对教育思想和行为具有方向定位作用

信仰是人的行动指南，信仰是行动之母。在心理上，信仰表现为对某种事物的仰慕和向往；在行动上则表现为以某种思想体系为准则去解释和改造世界。幼儿教师在教育信仰的引领下，会感到精力充沛，精神饱满，进而促进其专业迅速成长，促进幼儿教师将自己的人生理想和价值定位在献身幼儿教育事业上。

### 2. 教育信仰具有精神支柱作用

教育信仰是幼儿教师个体人生幸福的内在需要。幼儿教师是人类灵魂的工程师，是一份神圣却又比较清贫，且又比较辛苦的职业。在当前这样的社会环境下，是什么力量能够支撑幼儿教师有如此大的毅力来固守这份清贫和平凡呢？显然，这不是源自外在的物质性力量，而是源自内在的精神性力量——教育信仰对幼儿教师来说是最重要的一种精神力量和动力来源。教育信仰能引导幼儿教师在面对利益纷争和艰难困苦时，努力迎接挑战并坚守自己的职业良知，坚定地认同幼儿教师职业以及与这种职业相关联的生活方式。只有有教育信仰的人才能在幼儿教育这个行业内坚持；也只有有教育信仰的人，才能全身心地去爱幼儿、爱工作；也只有有教育信仰的人，才会愿意将自己的青春和智慧奉献给幼儿教育事业。

### 3. 教育信仰是有效教育的需要

幼儿教育是基于专业信仰的事业，如果幼儿教师没有专业信仰，幼儿教育也只是一种教育教学的技术展示而已，而不是真正意义上的教育。幼儿教师要从事好教育事业，就必须有坚定的教育信仰，教育信仰是幼儿教师一辈子的教育追求，这种教育信仰是“唤醒幼儿潜能”的信仰，是“关注幼儿快乐”的信仰。幼儿教师只有具有崇高的教育信仰，才会将幼儿教育宗旨铭记在心，将教育责任扛在肩头，才会自觉点燃教育希望的火炬，扬起教育生涯的风帆，追求教育生命的价值。

教育信仰是一种凝聚性的力量，是各种教育力量的凝聚剂。可以说，没有共同的教育信仰，就没有教育影响的一致性，教育工作就会断裂成许多互不相干甚至互相矛盾的碎片，它们无法形成教育上的合力，甚至无法有效地促进幼儿的发展。比如，社会上影响幼儿发展的有三股教育力量——幼儿园、家庭、社会，如果三者没有共同的教育信仰，教育上无法形成合力，进而可能会出现 $1+1+1<3$ 的教育效果，甚至还会出现相反的教育效果；如果三者有共同教育信仰，那么，教育信仰就会起到聚合作用，进而形成

教育合力，取得 1+1+1>3 的教育效果。

因此，幼儿园及教师要充分利用自己的专业优势，发挥主导作用，努力与家长形成共同的教育信仰，进而形成教育上的合力，齐心协力，高效地促进幼儿的健康发展。

当然，同班的幼儿教师也应该在教育信仰上达成一致，进而形成教育合力，共同高效地影响家长和幼儿。

**4. 教育信仰是幼儿身心健康成长的迫切需要**

幼儿教师不仅是知识技能的传播者，更是幼儿个体生命的领航者。因此，幼儿教师不仅要关注幼儿基本知识、技能的掌握，同时也要引导幼儿形成正确的价值观，为幼儿身心健康成长确立正确的方向。具有教育信仰的教师在幼儿教育事业面前怀有敬畏和虔诚之心，他们对幼儿的爱不是出于急功近利的目的，而是着眼于幼儿的长远发展，着眼于幼儿的可持续发展，着眼于幼儿的德智体全面发展，他们无差别地爱每一个孩子——不因为孩子表现好了才爱他，他们无条件地尊重每一个幼儿——尊重他们的人格，尊重他们的心灵，尊重他们的每一个隐私，给每个幼儿以尊严。无条件的爱和尊重，是幼儿健康成长的基础。

## （二）树立正确教育信仰的策略与方法

**1. 将爱的教育放在首位**

幼儿教师必须深刻理解幼儿保教工作的意义，发自内心地热爱幼儿教育事业，具有崇高的职业理想和愿意为幼儿的发展、为幼儿教育事业的发展贡献自己的聪明才智的教育信仰。如果幼儿教师没有这样的教育信仰，那么，他有再多的专业知识和技能，他们也很难在幼儿教育领域做出什么好成绩来。

相对于幼儿园保教工作所需要的知识与技能来说，对于幼儿园教育工作的态度，特别是对于幼儿教育事业的挚爱，这种专业信仰，应该是作为一名教师更为根本性的专业素养。如果幼儿教师没有具备这种根本性的专业素养，那么，他就没有恒心来面对幼儿教育这种没有止境的工作，他也没有毅力来固守幼儿教师这种这份清贫和平凡。陶行知先生曾说过：“真正的教育家要有孔子之热忱，基督之博爱，释迦牟尼之忘我精神。”——这也正是我们幼儿教师必须具备的教育信仰。

为了更好地形成教育信仰情感，我们应该注意以下三个方面：

（1）正确认识幼儿教师的使命

幼儿教师的使命就是对幼儿进行科学保育和教育，促进幼儿智慧生命和道德生命的成长，促进幼儿身心健康和谐发展。明确了自己的使命，才能在幼儿教育实践中投入自

己的热情，真心地热爱上幼儿教育工作。

(2)实践中产生教育情感

在幼儿教育实践中，幼儿教师把所学习到的幼儿教育理论和技能应用到教育实践中，有效地解决幼儿保育和教育问题，有效地帮助家长解决教育问题，这会给教师带来成就感和幸福感，在幼儿园中积累的积极的教育实践经验会让幼儿教师对幼儿教育工作逐渐产生积极的教育情感。

(3)实践中升华教育情感

幼儿教师在实践中会不断地将自己所形成的个性化教育理念运用到保教工作中加以验证和修正，每一次验证和修正都会让幼儿教师有所收获，这些收获会让幼儿教师感受到职业工作的成就感和幸福感，这将会促进幼儿教师形成一种对幼儿教育工作的持久的热爱。[2]

**2. 努力学习幼儿教育知识**

幼儿教师的教育信仰是建立在他对幼儿教育理性认识的基础之上的。因此，幼儿教师要努力学习幼儿教育相关知识，既要学习国内的幼儿教育知识，也要学习国外的幼儿教育知识；既要学习当代幼儿教育家的幼儿教育主张，也要学习近代、古代幼儿教育专家对幼儿教育的主张；既要学习纯幼儿教育知识，也要学习普通教育知识；既要通过教育专著来学习，也要通过报刊、网络来学习；既要通过各种文献来学习，也要通过现场聆听讲座和观摩交流来学习。只有这样，才能更好地把握幼儿教育的各种关系，进而建立起更加合理、科学的幼儿教育信仰。一般说来，对幼儿事业知之愈深，就爱之愈切，信之愈笃，行之愈坚。[3]

幼儿教师对幼儿教育知识的获得经过三个阶段：(1)幼儿教育知识经验的获得。主要通过幼儿教育理论学习和初步的幼儿教育实践获得。(2)个性化幼儿教育理论观念的形成。主要通过对幼儿教育知识经验的多次论证和检验、感悟、加工而逐步形成。(3)幼儿教育信念的树立。经过幼儿教育实践不断验证，逐步确信、坚信自己个性化幼儿教育理论观念能够解决其教育生涯中面临的教育问题，这些个性化教育理论观念就会变成幼儿教师的教育信念。

教育信仰是教师对教育信念的一种坚信和仰望。幼儿教育信仰首先是一种教育信念，但不是所有的教育信念都会成为幼儿教育信仰。只有被教师认定是最高价值的并在精神层面占统摄地位的教育信念才能转变为教育信仰。幼儿教育信念存在于意念层面，而教育信仰不仅停留在意念层面，还具有实践的倾向。[4]

**3. 向教育名家学习**

幼儿老师应该多读那些伟大教育家的传记、教育专著，特别是多读那些对幼儿教育影响较大的教育家(如，卢梭、蒙台梭利、杜威、布鲁纳、加德纳、皮亚杰、苏霍姆林斯基、陈鹤琴、陶行知、梁漱溟、蔡元培等)的传记和专著，从中感悟他们对教育的那种挚爱和执着，体会他们那种赋予教育事业的崇高理想和从事教育工作的强烈责任感，进而受到震撼和激励，并从中感悟他们深刻的思想，感受他们对教育本质、教育规律以及教育应然状态的深刻认识，感受他们对于世界和人性理解的深度，从而有助于幼儿教师正确地认识幼儿教育本质，形成正确的幼儿教育理念，为幼儿教师确立起科学、理性的幼儿教育信仰奠定基础。

**4. 对原有教育信仰进行审视**

任何一种教育信仰都有其生成基础，因此，其生成基础发生变化了，那么，相应的教育信仰也应该随之变化。这就要求幼儿教师对原有的幼儿教育信仰具有一种清醒的批判力，根据自己对幼儿教育实践及其理论知识的新感悟，根据幼儿教育研究的新成果，根据社会发展对幼儿教育提出的新要求，对原有幼儿教育信仰进行及时的检视，从而建立新的幼儿教育信仰，创造出适合时代发展要求的幼儿教育。[5]

**5. 形成坚定的教育信仰意志**

教育意志是幼儿教师教育信仰形成和践行的支柱和保证，它在幼儿教师的信仰认知和信仰情感转向为教育实践的过程中表现为一定的自制力。顽强的教育信仰意志赋予幼儿教师内在的自制力，能使幼儿教师的心态更加稳定，执著于他所信奉的幼儿教育价值和理想追求，更能使幼儿教师克服幼儿园工作中的各种困难和阻力，为实现自己的幼儿教育理想信念甚至不惜牺牲一切。

为了形成坚定的教育信仰意志，幼儿教师应该注意以下两点要求：

(1)明确幼儿教育工作所追求的目标

幼儿教育工作目标是幼儿教育行为的起点和归宿。一个具有坚定教育信仰的幼儿教师，往往也是一个拥有崇高教育理想和教育追求的幼儿教师。在幼儿教育工作中，幼儿教师有了明确而坚定追求目标，那么，即使遇到各种困难，也不会阻挡他追求教育理想，践行教育信仰的步伐。

(2)重视教育仪式的作用

教育仪式本身就是有信仰的生活。教育仪式本身有两种作用：一种是禁止教师做什么事，另一种是鼓励教师做什么事。仪式的这两种作用在坚定幼儿教师的信仰意志、培植幼儿教师的教育信仰方面具有十分重要的作用。因此，幼儿教师要认真地参加各种教育仪式活动，从中接受精神陶冶，增进教育情感，坚定自己的教育意志，重树教育信仰。[6]

### 新加坡教师任职誓词

新加坡政府教育部为了提升公众教育服务的质量和水平，也进行了任职宣誓活动，整个仪式简单隆重。誓词全文为："我们是新加坡的教师，誓言忠于教育使命，帮助所有学生将本身最好的潜能发挥出来；我们在执行任务与责任时将立下好榜样；我们将督导学生成为新加坡的好公民、有用的公民；我们将继续学习，并将学习的热情感染给我们的学生；我们将赢得家长和社群的信任，支持与合作，促使我们能完成使命。[7]

### 美国教师誓言

美国教师教育联合会的教师誓言："我在此宣誓，我将把我的一生贡献给教育事业。我将履行作为教育者的全部义务，不断改善这一公共福利事业，增进人类的理解和能力，并向一切为教育和学习做出努力的作为和人表示敬意。我将这些义务当作自己的事业，并时刻准备着、责无旁贷地鼓励我的同事们做到这一点，我将永存从教之心，以弘扬传播真善美为己任，高扬理想的风帆，让自己的价值体现在学生们沉甸甸的收获里，让我们的成就熔铸在学生们人生的辉煌中！"[8]

**6. 教育信仰参考**

下述教育信仰中，是否有适合你去践行的教育信仰？如果有一些完全适合你，你就拿去直接使用；如果有一些需要进行一定的修改才能适合你使用，那么，就根据你的需要改造后使用吧。

- 爱因斯坦：我确实相信：在我们的教育中，往往只是为着实用和实际的目的，过分强调单纯智育的态度，已经直接导致对伦理教育的损害。
- 蔡元培：教育者，非为已往，非为现在，而专为将来。
- 哈钦斯：教育的目的在于能让青年人毕生进行自我教育。
- 林肯：事实上教育便是一种早期的习惯。

- 卢梭：做老师的只要有一次向学生撒谎撒漏了底，就可能使他的全部教育成果从此为之毁灭。
- 卢梭：问题不在于教他各种学问，而在于培养他爱好学问的兴趣，而且在这种兴趣充分增长起来的时候，教他以研究学问的方法。
- 卢梭：要尊重幼儿，不要急于对他作出或好或坏的评判。
- 卢梭：做老师的人经常在那里假装一副师长的尊严样子，企图让学生把他看作一个十全十美的完人。这个做法的效果适得其反。他们怎么不明白，正是因为他们想树立他们的威信，他们才反而摧毁了他们的威信。
- 马卡连柯：教育工作中的百分之一的废品，就会使国家遭受严重的损失。
- 马卡连柯：我的基本原则永远是尽量多地要求一个人，也要尽可能地尊重一个人。
- 马卡连柯：培养人就是培养他对前途的希望。
- 马卡连柯：凡是不善于摹仿，不能运用必要的面部表情或者不能够控制自己的情绪的教师，都不会成为良好的教师。
- 培根：习惯真是一种顽强而巨大的力量，它可以主宰人的一生，因此，人从幼年起就应该通过教育培养一种良好的习惯。
- 苏霍姆林斯基：把一个学生的缺点和毛病公诸集体，是一种非常细致的事情，要很有分寸，讲究方法，要有很高的技巧。集体对个人施加的影响应当是含蓄的，潜移默化的，而且最主要的是使学生认识自己，对自己负责。
- 苏霍姆林斯基：道德教育的核心问题，是使每个人确立崇高的生活目的。……人每日好似向着未来阔步前进，时时刻刻想着未来，关注着未来。由理解社会理想到形成个人崇高的生活目的，这是教育，首先是情感教育的一条漫长的道路。
- 苏霍姆林斯基：很难想象还有什么比由于不公正而产生的情感上的麻木更能摧残幼儿心灵的了。
- 苏霍姆林斯基：教育者的个性、思想信念及其精神生活的财富是一种能激发每个受教育者检点自己、反省自己和控制自己的力量。
- 苏霍姆林斯基：没有爱，就没有教育。
- 苏霍姆林斯基：没有自我教育就没有真正的教育。
- 苏霍姆林斯基：每个人都是一个完整的世界，一个思想、感情和感受的世界。个人怎样“影响”集体，集体又怎样“影响”个人，对此我们是无权视而不见的。让学生感到孤独，感到对他的痛苦和欢乐无人作出反应，这是教师的道德所不容的。
- 苏霍姆林斯基：世界上没有才能的人是没有的。问题在于教育者要去发现每一位学生的禀赋、兴趣、爱好和特长，为他们的表现和发展提供充分的条件和正确引导。
- 苏霍姆林斯基：我们手中掌握的是世界上最宝贵的财富人。我们如同雕刻家雕琢大理石那样在塑造人。……只有相信人的人，才能成为真正的教育能手。

- 苏霍姆林斯基：我的教育信仰在于使人去为他人做好事，并发自内心深处去做，在于建造自我。
- 苏霍姆林斯基：让每一个学生在学校里抬起头来走路。
- 苏霍姆林斯基：一个无任何特色的教师，他教育的学生不会有任何特色。
- 陶行知：好的先生不是教书，不是教学生，乃是教学生学。
- 陶行知：教师的职务是“千教万教，教人求真”，学生的职务是“千学万学，学做真人”。
- 陶行知：你要教你的学生教你怎样去教他。如果你不肯向你的学生虚心请教，你便不知道他的环境，不知道他的能力，不知道他的需要，那么，你就有天大的本事也不能教导他。
- 陶行知：培养教育人和种花木一样，首先要认识花木的特点，区别不同情况给以施肥、浇水和培养教育，这叫“因材施教”。
- 陶行知：人像树木一样，要使他们尽量长上去，不能勉强都长得一样高，应当是：立脚点上求平等，于出头处谋自由。
- 陶行知：要想学生好学，必须先生好学。惟有学而不厌的先生才能教出学而不厌的学生。
- 陶行知：要学生做的事，教职员躬亲共做；要学生学的知识，教职员躬亲共学；要学生守的规则，教职员躬亲共守。
- 陶行知：因为道德是做人的根本。根本一坏，纵使你有一些学问和本领，也无甚用处。
- 陶行知：在教师手里操着幼年人的命运，便操着民族和人类的命运。
- 陶行知先生以“捧着一颗心来，不带半根草去”的信条勉励自己，勉励同行，将个人的信仰与教育事业完美地融合在一起，“怀着教育救国的坚定信念，将自己的一生毫无保留地贡献给了中华民族的教育事业”，用实际行动去践行“信仰知行合一”的思想。
- 乌申斯基：教师的人格就是教育工作者的一切，只有健康的心灵才有健康的行为。
- 叶圣陶：教是为了不需要教。……就是说咱们当教师的人要引导他们，使他们能够自己学，自己学一辈子，学到老。
- 叶圣陶：教师之为教，不在全盘授予，而在相机诱导。
- 赞科夫：请您不要忘记，孩子们受到不公平的待遇，特别是这种待遇来自一个亲近的人的时候，他的痛苦心情会在心灵里留下一个长久的痕迹。

## 二、做个幸福快乐的幼儿教师

幸福就是人的根本的总体的需要得到满足所产生的愉快状态。幸福既是物质层面的，更是精神层面的，是一种心情，一种感受。幸福体现在行动过程中，则为行动之前有憧憬的快乐，行动之中有崇高的感觉，行动之后有永远的欣慰。

快乐是达到所盼望的目的后紧张解除时个体产生的心理上的愉快和舒适。快乐的强度与达到目的的容易程度和或然性有关。一个目标越难达到，达到后快乐的体验就越强烈。如一道难解的几何题经过很大努力解出后，人们会感到非常快乐，而解答容易的题目往往体验不到这种快乐。另外，当人们的愿望在意想不到的时机和场合得到满足，也会给人带来更大的快乐体验。

幸福和快乐都与人的需要是否得到满足有关，都是需要得到满足后的一种愉悦状态。但两者又是有区别的：快乐具有暂时性、爆发性、激情性、消费性。快乐是消费性的，每次快乐都是一次性消费掉的，不容易留下决定人生意义的东西。与快乐相比，幸福是非消费性的，它会以纯粹意义的方式被保存和积累，永远成为个人生活世界无法磨灭的意义。幸福是决定性的，没有幸福的人生是毫无意义的，是“白过了”的虚度的生命。当然，快乐也很重要，没有快乐的人生是“过不下去”的，是不堪忍受的。

因此，幼儿教师既要在工作的过程中追求快乐，也要追求职业的幸福感。

## （一）幼儿教师追求职业幸福的意义

### 1. 追求幸福是幼儿教师工作的出发点和归宿

人生只有两件事有意义：第一是让自己幸福；第二是让更多的人幸福。我们的终极目标都是为了使自己更幸福，使更多的人幸福。恩格斯：“由每个人追求幸福是一种无须加以证明的颠扑不破的原则。”卢梭：“追求幸福是人生的最终的唯一目的。”托马斯·杰斐逊：“对生活、自由、幸福的追求是上帝赋予人的不可剥夺的权利。”约翰·斯图亚特·密尔：“除了幸福，事实上不存在其他任何被渴望的东西。无论何种事物被作为实现某种更高目的(最终为幸福)的手段而受到渴望，都是因为它本身被视为幸福的一部分而受到渴望，并且只有在它确实变成幸福的一部分后它本身才会被渴望。”

工作就是为了追求幸福，追寻职业幸福是幼儿教师从事幼儿教育工作的根本动力所在。如果幼儿教育工作对幼儿教师而言毫无幸福可言，那么，幼儿教育工作对幼儿教师而言就毫无意义。

承认并鼓励幼儿教师在幼儿教育工作中追求自己的幸福，具有十分重要的现实意义。

### 2. 幼儿教师感受到幸福是优质幼儿教育产生的前提条件

教育是促进人全面发展的活动，需要以人的幸福为其起点与最终归宿。苏霍姆林斯基也曾说：“我们的教育信念应该是培养真正的人！让每一个从自己手中培养出来的人

都能幸福地度过自己的一生。”缺乏幸福感受的幼儿教师当然无法培养出幸福的幼儿，教育这一应然的追求也只能是空中楼阁。

对幼儿教师而言，因为其职业的特点，其快乐和幸福具有双重意义。他的幸福和快乐，不仅影响自己，也影响着幼儿。从这个角度来讲，幼儿教师的幸福和快乐，不仅是为他自己而追求，也是为更多的孩子而追求。它不仅给幼儿教师以幸福，也能给幼儿以幸福。只有教师“幸福地教”，才有幼儿“幸福地学”。因此，幼儿园教育改革在关注幼儿幸福生活的同时，也要求广大幼儿教师启动职业幸福的按钮，建构属于自己的幸福。

**3. 幼儿教师职业幸福感是其专业发展的动力**

只有那些感受到或希望能感受到职业幸福感的幼儿教师，他们才会由衷地爱上幼儿教育工作，他们才能发自内心地在专业上不断追求进步，进而更加有效地促进幼儿的发展。而那些对幼儿教育工作没有幸福感只有倦怠感、厌倦感的幼儿教师，他们只希望早日离开幼儿教育这个行业，他们在专业发展方面根本没有内在动力。

**4. 幸福感关系到幼儿教师的身心健康**

从人一生的经历来看，职业生涯占近三分之一的时间，如果这三分之一的时间是在痛苦中度过的，其一生的幸福感受就会大打折扣。因此，热爱幼儿教师这个职业不仅仅是“为了幼儿的成长”，实际上是在提升幼儿教师个人生命、生活的质量。

如果幼儿教师能从其工作中获得成就感和幸福感，那么，他就乐在工作中，乐在与幼儿互动中，乐在与家长沟通和交流中，乐在与同事合作中。如果幼儿教师能在其工作中获得成就感和幸福感，那么，幼儿教育工作对他来说就是一种享受，他就会专注于工作，就感到轻松。

希望幼儿教师要努力追求工作中的幸福，并学会享受工作及孩子们给我们带来的幸福，然后让孩子们幸福着我们的幸福！

## （二）幼儿教师追求职业幸福的策略与方法

幼儿教师为了感受到幼儿园教育工作的快乐和幸福，应该注意以下策略与方法：

**1. 重视积极心态的行动训练**

积极心态，有利于培养幼儿教师的积极生活和工作态度，进而更容易体悟到生活和工作的幸福快乐。幼儿教师可以通过以下行为训练来培养自己的积极心态。

(1)昂首走路。

(2)参加会议要努力坐在最前排。

(3)在会议自由发言的时间里，努力争取大声地第一个发言。

(4)比别人早到幼儿园10分钟，并且即时开展正常的工作。

(5)经常说知心姐姐卢勤的“快乐人生三句话”：“太好了！”“我能行！”“你有困难吗？我来帮助你。”

(6)面对烦心事要学说三句话：“算了吧！”“不要紧！”“会过去的！”

(7)做些让周围的人感动的事：试着用心去关怀自己的亲人、朋友，力所能及地帮他们做一些事，在体会助人的快乐以及自我价值感的同时，空虚无聊的感觉也会慢慢远离你。

(8)用发自内心的微笑和人们打招呼，你将得到相同的回报。

(9)说积极的话：不要说“我真累坏了”——而要说“忙了一天，现在心情真轻松”。不要说“他们怎么不想想办法？”——而要说“我知道我将怎么办”。

连续行动3个月以上，你就会发现，你完全变成一个心态积极阳光的人了。

### 2. 努力形成自己的职业特长

在我们的调查中发现，那些对工作总是充满热情，并有强烈的职业自豪感的幼儿教师，有75.3%是因为他们在幼儿教育工作方面有自己的特长，比如，教学特长——他们在语言、科学、艺术、社会、健康等教学领域形成了自己的特长，有些教师不仅在本园、本市，而且在全省也有自己的优势；有些教师则在幼儿教育研究方面有自己的特长，论文经常在园、市、省里获奖，并且时不时还有论文发表在报刊杂志上。这些教师在实践中形成了自己的职业特长，在园里园外就有了不可替代的位置，所以工作的自豪感也就自然而然地产生了。

只有形成了职业特长，才会在竞争中找到自己的位置，工作起来才会有成就感、优越感；也只有这样，工作中的“苦”才会真正变成“乐”，工作才会有源源不断的内在动力。

### 3. 精通自己的工作的每一个环节

只有精通了自己工作中的各个环节，才能对自己的工作产生胜任感、轻松感，才不会为工作所累，工作才会从真正意义上变成一种精神享受，而不是一种负担。

调查发现，热爱幼教工作的教师100%地都认为自己能胜任幼儿工作。而对幼教工作缺乏热情的教师中有33%的人觉得工作有点力不从心，有11.5%的人觉得工作很吃力。

因此，幼儿教师要多花点时间和精力去精通自己所面对的工作，精通各项工作的流程与基本要求，在促进幼儿发展方面，在家园互动方面得心应手，工作的成就感和幸福感就会自然生成。

### 4. 把幼教工作当作一项创造性的工作来做

幼教工作是一项十分复杂的劳动。因为幼儿教师时时面临教育对象、内容和情境的

差异和变化，他们必须充分发挥自己的创造性，才能把工作做好。

也只有把幼教工作当作创造性的工作来做，这项工作才会有吸引力，才会充满乐趣；相反，把日复一日的幼教工作当作单调不变的、机械的重复，一个教案十几年、几十年不变，这当然会使工作变得乏味而无生气，甚至变成一种单纯的体力劳动。

创造性地工作，不仅可以提高工作质量，而且从心理卫生角度看，创造性地工作，还可以提高人们工作的兴趣，转变人们工作的被动状态。要创造性地从事幼教工作，一是要使“课”常上常新；二是要不断地研究教育教学中的问题。苏联著名教育家苏霍姆林斯基曾说过：“如果你想让你的教师的劳动能够给教师带来一些乐趣，使天天上课不致于变成一种单调乏味的义务，那你就应该引导每一位教师走上从事教育研究的这条幸福的道路上来。”进行教育研究能给我们带来成就感、充实感、满足感，进行教育研究还会使得我们的教育工作变得充满挑战性和乐趣——只要你去进行研究，你就会发现幼儿教育工作每天都有新的东西——幼儿是新的(幼儿的表情、幼儿的精神面貌、幼儿的求知欲望、幼儿的能力等)、教学内容是新的、教学方法是新的、每天的收获也都是新的；也只有你去不断地进行研究，你才会发现幼儿教育很有“搞头”，其乐无穷。不进行教育研究，我们的幼儿教育工作就有可能会变成一种单调、乏味的体力劳动。

#### 5. 要多和“积极追求进步”的同事为伍

多和这些“先进分子”为伍，不仅可以从他们那里得到专业方面的提高，而且更重要的是可以经常受到“先进分子”们的那种健康的、积极向上的、不断追求事业上的成就的应世态度所感染，这当然有利于教师们形成积极健康的职业心理；相反，如果我们经常与工作中的“落后者”为伍，久而久之，我们也会被他们的那种消极的应世心态所感染，进而走进工作的倦怠状态中。

#### 6. 要努力为自己的工作创造一个良好的人际环境

在我们的调查中发现，有13.8%的幼儿教师不喜欢幼教工作是因为工作单位里人际关系不如意。而64.7%喜欢幼教工作的教师不愿意离开幼教工作岗位是因为舍不得单位的那种融洽的人际关系。

良好的人际关系对我们做好工作、热爱工作，以及对我们的心理健康也都具有十分重要的积极意义，而良好的人际关系还得靠自己去开创，比如多和同事、领导沟通交流，多帮助别人，多看到别人的优点，多些宽容，多些接纳等。

#### 7. 以积极的态度与幼儿互动

为了能够更好地体验到师幼互动中的快乐，教师应该注意以下四种策略：

(1)以欣赏的眼光看幼儿

每个孩子总有其可爱的地方。西方的老师，特别注意也特别擅长发现幼儿的可爱优点。一位我国同胞，刚出国时，因为语言问题，其宝贝女儿不愿与班里的小朋友交流，总是怯生生的。她告诉妈妈：不想上学了。可她女儿的老师很快就使形势起了变化。仅几周时间，小家伙不仅变得活泼欢快起来，并且非常喜欢到学校去上课。原来，同胞的女儿喜欢画画，老师就把她的画贴到墙上，让小朋友们欣赏，还夸奖她是一个非常聪明的小姑娘；她女儿的英文写得乱七八糟，可外国老师挑出那屈指可数的几个“漂亮”的，鼓励说：“瞧，这几个字母写得多好看啊！如果所有字都能写成这样，那就更好啦！我相信你一定能做到。因为你是一个非常聪明的孩子。”老师的表扬和鼓励，使同胞的女儿树立了自信心，学习上也更加努力了。女儿还告诉妈妈，老师说她很聪明，她会比别的小朋友做得更好。[9]

教师不是医生，不能总是只看到幼儿的不足与缺陷；教师不是警察，不能总是像盯着可疑的人那样，只看幼儿过去的“阴影”。教师应该是寻找宝藏的人，在幼儿心灵的土地上，寻找生命的精神资源，并把这种潜在的资源挖掘出来，变成精神财富。

我们有理由相信，好孩子是夸出来的，而不是批评出来的。因此，教师要形成一种习惯——不断地发现每个幼儿的优点和进步，并且不断地告诉每个幼儿他什么地方行——哪怕是那些能力稍欠或者品行方面存在某些“问题”的幼儿，教师也要学会用欣赏的眼光去看待他们身上每一点微小的值得赞赏的地方——某幼儿园要求幼儿教师列出自己最不喜欢的五个孩子，并且强制要求相关教师努力找出他们每个人的十个优点，这样，教师们普遍反映这些平时自己最不喜欢的孩子其实是很可爱的。

有一位老师说：“我见到我班小朋友，不管他有什么缺陷，我都会发现他漂亮的地方。我会说：‘宝贝今天头型真漂亮。’我还会说：‘头发竖起来怎么那么俊呢！真酷！’我每天走进班里，孩子们都会围上来说：‘张老师，你今天怎么这么漂亮呢！’我会觉得很高兴，一天心情都特别好。我总是努力发现他们的可爱之处，并发自内心地夸他们，他们也会真诚地夸我，这种相互欣赏的氛围真的让人感到愉快和美好。”

(2)以积极的态度看待幼儿制造的麻烦

由于教师从消极的角度看幼儿制造的“麻烦”，所以产生了不少的烦恼，但是如果能从积极的角度来看幼儿制造的“麻烦”，那么，我们的心情会发生根本性的变化——面对幼儿的“麻烦事”，我们不仅不烦恼、郁闷、生气，相反还内心充满感激，如“幼儿的愚拙，培养了我们的忍耐。”“幼儿的顽劣，锻炼了我们的教育智慧。”“幼儿的屡屡犯错，教会了我们从另一角度反思我们的教育，同时，也锻炼了我们的意志和耐心。”“幼儿的粗心，培养了我们的严谨。”“幼儿的懒惰，使我们学会以身作则。”“幼儿的冷暖，让我们懂得关心。”如此一想，幼儿制造的麻烦就成了我们专业成长的阶梯，这样，我们不仅不应该“讨厌”幼儿制造的麻烦，而且还得感谢幼儿所制造的麻烦，因为它促进了我们的专业成长。

(3)每天回忆并记录师幼互动中最让你感到快乐的两件事情

如此做，有利于你发现师幼互动中的快乐，随着时间的推移，快乐事件的不断积

累，你会发现你在与幼儿互动中有无数的快乐，师幼互动是件令人向往的活动。另外，如果你能经常念读你记录下来的师幼互动中的快乐，并将你所发现的这种师幼互动中的快乐告诉你的同事，告诉你的朋友，告诉你的亲人，那么，你的快乐将会倍增。

(4)以积极的心态应对幼儿的犯错误

由于幼儿能力、经验和意志力有限，他们什么样的错误都有可能犯，甚至一些成人认为不可能犯的非常低级的错误他们也会犯，他们还会经常地、重复地犯这样那样的错误。面对幼儿如此多的错误，就要求幼儿教师要有良好、积极的心态来应对幼儿的犯错误。

①犯错误是幼儿获得进步所必需的阶梯。

②幼儿犯错误说明他在尝试做新事情。

③幼儿敢犯错误说明他内心比较轻松；相反，幼儿不敢犯错误说明他心理处于不安状态之中。

④幼儿敢在老师面前犯错误说明他与老师的关系比较轻松愉快。有了上述认识，看到幼儿犯错误时，我们的心态就会比较平和，就不会为幼儿的错误生气，甚至还会创造条件让幼儿去犯他这个年龄段应该犯的错误，进而促进幼儿更快更好地发展。

由于受“严是爱，宽是害”以及“严师出高徒”的传统教育观念影响，相当多的幼儿教师对幼儿的要求十分严厉，甚至苛刻，他们对幼儿所犯的错误，特别是重复犯的、“幼稚的”错误往往觉得不可理喻，因而不能原谅，因此，他们时常对幼儿有一种“恨铁不成钢”的怨气，他们时不时地会被幼儿所犯的错误所激怒，有的老师甚至因为幼儿重复地犯一些“低级错误”而烦死了他们，他们满脑子里都是对幼儿的不满情绪。如此多的“烦”和如此多的“怨”，他们一见到幼儿就来气，和这类幼儿教师交流，总是听到他们有诉不完的苦，他们无法体验到幼儿园教育工作的快乐和幸福。

在幼儿园，我看见过这样一件事：一位调皮的幼儿在教育活动过程中不小心跌了一跤，教师见到后，不但不给予同情，相反还对孩子说：“摔倒了吧?！谁叫你那么调皮！现在摔倒了吧！我高兴!!”——或许这位教师平时早就心怀不满了……

我想，这次孩子的摔倒，不仅仅是摔疼了身体，而且还摔疼了心灵——教师这些难听的语言可能会让孩子的心永远地痛!

因此，幼儿教师要有一颗宽容仁慈之心，要心平气和地接受幼儿所犯的种种错误——这不仅仅是为了幼儿的幸福快乐，也是为了幼儿教师自己的幸福快乐。

## 材料 1　愿每位幼儿教师都幸福

我曾对城乡不同地域的 200 名幼儿园教师进行了“幼儿园教师幸福期待”的调查：“什么情况下，你对工作将感到更加幸福?”结果发现，他们期待“工资待遇好一些”“工作任务少一些”“园领导对工作多一些理解和支持”“孩子们多听话一些”“家长对教育工作多配合一些”“外出参与培训学习机会多一些”“同事间多一些相互尊重和谅解”……这样，他们将更加幸福。

从幼儿教师的“幸福期待”中，我们发现，他们更多的是希望“别人”能给他们带来幸福——“别人”多给他们工资、理解、支持，他们就可以更幸福了。我觉得，把幸福全部寄托在“别人”的给予或改变上，那是很危险的，也是不合理的。因为幸福心理学研究表明，幸福取决于你的幸福观，而不取决于别人。

幼儿教师职业是充满职业魅力的，是能充分体现和提升从业者生命价值的职业。幼儿教师要理直气壮地追求自己的职业幸福和快乐，要改变自己的不合理观念，要以积极的心态和有效的方法，处理好与幼儿、与家长、与同事、与园领导、与自己、与工作、与专业成长的关系，方能真实地体验到职业的幸福和快乐。

本人坚信，快乐幸福取决于一个人的观念，取决于一个人的思维方式，而不取决于人自身之外的东西。因此，本人主张幼儿园教师通过树立正确的幸福观，以积极的心态和行动与周围的环境建立一种和谐的关系，让幸福快乐成为幼儿园教师工作和生活的出发点和归宿。

## 三、做个能给幼儿带来快乐的幼儿教师

幼儿教师要有快乐的意识，要做一个能让自己快乐，同时又能给幼儿带来快乐的人。幼儿园里有能给他们带来快乐的老师、同伴、环境、材料和活动，那么，幼儿园就会成为孩子们向往的乐园。

### （一）创造快乐的意义

#### 1. 快乐使幼儿园成为孩子们向往的地方

幼儿来园的初衷不是为了学习而来，而是为了快乐而来。只有能给孩子们带来快乐的幼儿园才是孩子们向往的幼儿园。“学到东西多”并不是孩子来园的内在动力。幼儿园应该能给孩子们带来快乐，应该成为孩子们的乐园。

#### 2. 快乐是幼儿乐于接受教师的教育的前提条件

直接动机在幼儿学习的动机中占绝对优势。也就是说，幼儿喜欢学习不是因为当前的学习对以后有重大意义，而因为当前学习很有趣，能给他带来快乐的体验。因此，幼儿教师不能让幼儿从他所设计和组织的活动中得到乐趣，那么，幼儿的学习是很难持续的，相应的学习活动的效果则是很少，甚至是负面的。

**3. 快乐是幼儿园教育追求的目标**

快乐的意识和能力，都是幼儿园教育的重要目标。要培养幼儿快乐的意识和能力，幼儿教师必须是一位有快乐意识和能力的人，同时，还能不断给孩子们创造出充满快乐的环境和活动，让幼儿在快乐中获得快乐和成长。

**4. 快乐可以增加幼儿教师的职业幸福感**

每天看到孩子们欢欢喜喜地来幼儿园，每天看到孩子们欢天喜地地玩耍，每天看到孩子们在快乐中健康成长，幼儿教师的职业幸福就会油然而生；受到孩子们快乐情绪的影响，幼儿教师也会变得快乐起来，身心疲劳会得到大大的缓解。

## （二）给幼儿带来快乐的策略与方法

为了更好地给孩子们带来快乐，幼儿教师在工作中，应该注意以下几种策略与方法：

**1. 逐渐塑造幼儿快乐的性格**

幼儿喜欢与“好(hǎo)玩”和“好(hào)玩”的教师在一起，因为与这样的老师在一起其乐无穷。

性格中的好(hǎo)玩的特性说明教师会搞笑，会通过各种形式来给幼儿带来快乐；性格中的好(hào)玩的特性说明教师具有童心，富有游戏精神。在与幼儿互动的过程中，幼儿教师应该忘掉自己的年龄，忘掉自己的烦恼，放下自己的架子，全身心地与幼儿一起“疯”起来：幼儿喜欢那些和他们一起“疯玩”的老师，同时，老师在和孩子们“疯玩”的过程中也获得了快乐和满足。请看一位老师在其博客中对其“疯”的描述：

### “疯”一样的师幼生活

说实在的，我和小朋友在一起简直成了个“疯婆子”。而恰恰就在这“疯子”的游戏中，小朋友找到了安全港，找到了他们的大朋友同伴，找到了他们所希望的快乐生活。

记得在开学第一周，我们学习用毛巾的儿歌，我给每一个幼儿一块小毛巾，开始了我们的“疯子”游戏。毛巾可以藏猫猫，老师一声“喵呜”，小朋友快快把毛巾将脸遮住。几个来回，小朋友已经笑得弯下了腰。还记得我们玩“小演员”游戏，老师说哭，一会儿大家就哭；老师说大笑，一会儿大家就笑……结果活动室里时而一片“哭”声，时而一片放肆的大笑声，时而又变化为带着羞涩的微笑，几个来回，我和小朋友一起处于“疯”的状态……

“疯”使我和小朋友的心理距离拉近了，“疯”可以带给小朋友满足感、安全感；“疯”可以给小朋友带来一些发泄内心积郁和宣泄过剩精力的机会，我已尝到和孩子们一起“疯”的甜头，我要再“疯”下去，要“疯”出水平来。

确实是这样，“疯”可以让孩子得到快乐，也可以让教师得到快乐，“疯”应该成为幼儿教师的一种工作状态。在与幼儿互动的过程中，幼儿教师应该具有一颗童心，将自己看作小朋友们的特殊玩伴而不是高高在上的教育者，全身心地与幼儿一起“疯”：“疯”跑、“疯”笑、“疯”喊、“疯”玩、“疯”闹……

“疯”是一种全身心投入的快乐状态。幼儿教师要有“疯”的意识，“疯”的能力，“疯”的胆量，这样才能将师幼互动带入一个发自内心的快乐状态。

幼儿觉得你“好(hǎo)玩”，觉得你“好(hào)玩”，他们才会喜欢跟你玩，否则，你是一个神情严肃的说教者，他们才不喜欢跟你玩呢。

我主张，将“好(hǎo)玩”和“好(hào)玩”列为幼儿教师的必备素质。现实中，幼儿教师努力地扮演着许多角色，但是其中一个重要角色，他们往往没有扮演好，甚至忽略了，这个角色就是“幼儿的玩伴”。

我们许多教师只知道自己是知识技能的传播者，他们将所有的时间和精力放在如何扮演好“传播者”这一角色上，而对于“幼儿的玩伴”这一角色则极少有人去研究，这种缺陷在幼儿教师培养体系中表现得尤为突出——现在的幼儿师范院校仅仅将学生当作知识传播者来培养，这不能不说是我们幼儿教师教育的一大误区。

因此，幼儿教师要逐渐形成“好(hǎo)玩”和“好(hào)玩”的意识和能力。

**2. 以快乐的情绪去感染幼儿**

幼儿的情绪具有易感染性，他们的情绪很容易被周围人的情绪，特别是作为重要他人的幼儿教师情绪的影响。在我们的调查中发现，有些班的孩子很热情、活跃，很快乐；而有些班的孩子则很压抑沉闷，这其中的主要原因就是他们的带班老师平日的主流情绪不一样——一个是热情、活泼、快乐的，另一个是压抑、沉闷甚至神经质的。

因此，为了促进师幼间的积极互动，幼儿教师，无论你是外向的还是内向的，在面对幼儿之前一定要首先调节好自己的情绪。特别是当我们在工作或生活中碰到不如意的事时，更需要调节好自己的情绪，努力争取在每次师幼互动中，都能以积极的情绪去带动幼儿，感染幼儿。

为此，我们主张：快乐应成为幼儿教师职业活动中的主导情绪，微笑应成为幼儿教师的一种职业习惯。建议那些不擅长快乐和微笑的幼儿教师，每天对着镜子微笑半个小时。如能持之以恒地练习，不出半年，你就会发现自己变成了一个爱笑的表情轻松的人。

**3. 注意快乐活动资源的积累**

为了能给幼儿带来更多的快乐，幼儿教师平时要注意快乐资源(如，幼儿幽默故事、快乐游戏、快乐舞蹈、快乐歌曲、快乐表情、快乐身段语言等)的积累，快乐的资源丰富了，教师就可以随时随地给孩子们带来快乐。下面向大家提供几则幼儿园快乐小游戏，这些游戏简单有趣，不需要什么特殊的材料，随时随地都可以玩，这些游戏可以让幼儿百玩不厌，其乐无穷，经常玩这类游戏，有利于制造班级愉快气氛，教师和幼儿同玩，其乐融融。

**4. 将快乐作为教育活动设计与组织的出发点和归宿**

现在我们许多教师设计和实施各种教育活动的出发点和归宿往往是传授什么知识技能给幼儿，一切都围绕知识技能来展开。我们不反对知识和技能的传授，但我们反对通过不快乐的方式来让幼儿掌握种种知识和技能，因为这样的教育活动虽然能让幼儿获得不少知识和技能，却未必能让幼儿喜欢相关的学习活动，甚至会导致幼儿讨厌相关的学习活动。这是一种舍本求末的教育。

优质幼儿园教育应该以幼儿的快乐为出发点和归宿，让幼儿快乐地学，让幼儿体悟到学习过程和学习结果的快乐。因此，设计和组织教育活动时，我们应认真思考这三个问题：①将要开展的教育活动能给幼儿带来快乐吗？②为什么它能给幼儿带来快乐？③你的活动如何让幼儿感受到快乐？如果你能得到肯定或确定的答案，那么，说明你将要实施的教育活动是有必要和有意义的。

需要是情感产生的基础。幼儿教师设计和组织的教育活动要想得到幼儿的喜欢，要想给幼儿带来快乐，就必须充分关照幼儿的需要，关照他们的心理安全需要，关照幼儿的关爱需要、尊重需要、归属需要、交往需要、自我表现需要、成功需要、游戏需要、自我实现需要等。

为了弄清楚幼儿需要与其对老师及其教育活动的喜好关系，我和我的学生到 10 所幼儿园分别对 480 名幼儿进行了相关的调查，调查发现幼儿对老师及其教育活动的喜好有着密切的关系，那些能满足幼儿需要的老师及其教育活动，就容易得到幼儿的喜欢，就能给幼儿带来快乐。

(1)被人关注和爱的需要

幼儿喜欢老师，那是因为老师的言行、表情，在幼儿的心中代表着爱与关注的含义。

幼儿说喜欢某某老师，那是因为“我住院时，她去看我”“她打电话叫我妈妈来接我”“她帮我梳头打辫子”“她常摸我的头”“她带我去她家”“她说她喜欢我”“她经常对我笑，还经常弯下腰来跟我说话”“我们出去散步时，她总是牵着我手”“我喜欢莫老师，因为她经常和我一起去倒垃圾”“我喜欢丁老师，因为她经常叫我发玩具”“我尿裤子后，李老师帮我换”……

上述行为，有些是有意的，有些是无意的，但在幼儿的眼里却都是我们对他们的爱和关注。而这些爱与关注，不仅使我们成为幼儿喜欢的老师，而且也使幼儿园成为幼儿向往的地方。

(2)安全需要

有的幼儿喜欢老师，是因为老师“爱笑、善良、不凶、不骂我、不打我、不发脾气、不罚站、不大声对我说话”等。我们的这些行为表现，满足了幼儿的安全需要，使幼儿在幼儿园里生活能有安全感。因此，我们不仅要给幼儿以爱，还要让幼儿有安全感。

(3)交往需要

心理健康的幼儿都是合群的，他们从小就渴望能和老师及其他小朋友交往。幼儿喜欢玩“娃娃家”“老狼老狼几点钟”“围大圆圈”等游戏，那是因为“有好多人在一起玩”。而“围大圆圈游戏，可以和小朋友手拉手”；“藏铃铛游戏，可以跟老师一起玩”；“‘拉钩’游戏可以和小朋友‘拉钩’”；“‘藏铃铛’游戏可以跟老师一起玩”；“‘抓星星’游戏——老师来抓我们”等。

所以在组织教育活动时，一定要考虑适当地组织一些有利于幼儿与幼儿、幼儿与教师交往，特别是有直接接触，如手与手的接触等的游戏，以满足幼儿的交往需要，促进幼儿社会性的发展。

(4)自我表现需要

健康的幼儿个个都是好表现的。因此，他们特别喜欢那些能给其以表现机会的老师和教育活动。如有的幼儿说，“我喜欢‘藏铃铛游戏’，因为找不到铃铛可以站出来唱歌”(在我们游戏的设计中，它的原意是“‘找不到’铃铛被罚出来唱歌”。可是幼儿的想法和我们的想法却完全不一样，在他们的思维里，“‘找不到’铃铛可以站出来唱歌”。这一点是很值得我们幼儿教师注意)。“我喜欢宁老师，因为她经常提问我。”“我喜欢画画，画完后，可以把自己的画贴在教室。”“我喜欢听故事，因为李老师讲完故事后总让我站起来讲。”“我喜欢张老师，因为她说，我嗓子好，可以站出来指挥，打拍子。”“我喜欢‘海洋课’，因为老师点名让我回答问题。”“我喜欢‘跑步课’，因为我有一双漂亮的运动鞋。”“我喜欢舞蹈课，因为可以学本领，可以表演，还可以上电视。”……

作为教师可以利用幼儿的这种好表现的心理，在各种教育活动过程中，努力创造机会，让每个幼儿都有表现自我的机会，进而使得幼儿更加喜欢我们幼儿园所组织的各项教育活动。

(5)游戏需要

幼儿喜欢游戏，喜欢“上课”，绝大多数原因是因为这些游戏或教育活动“好玩”。比如有的幼儿说：“我喜欢数学课，因为有意思，好玩。”“我喜欢手工课，因为有剪刀剪东西，好玩。”“我喜欢滑滑梯，因为从上面滑下来好玩。”“我喜欢林老师上课，因为她上课有趣。”“我什么课都不喜欢，因为上课好累。”……

对于绝大多数幼儿来讲，他们参加某项活动并不是为了我们成人所想象的“美好未来”，也不是为了“受教育”，他们的行动大多数是为活动本身的“有意思、好玩、有趣”所左右。当前，我们组织的幼儿教育活动，多数是从成人的“教育理想”出发，刻意追求活动的“教育性”，而相对忽视了其能否给幼儿带来“有趣、有意思、好玩”的体验，这样的“成人化”教育，当然是不符合幼儿的年龄特点的，也是不会受到幼儿欢迎的。

(6)自主活动的需要

要自由，要摆脱约束，打破框框，要独立，并且按照冲动自由地行事，这就是幼儿自主活动的需要，比如，有的幼儿说：“我喜欢户外活动，因为可以跑来跑去。”“我喜欢手工课，因为可以做，可以说。”“我喜欢开汽车游戏，因为可以跑。”“我喜欢玩胶泥，因为可以做自己想做的东西。”“我喜欢做游戏，因为好玩，不用老坐在凳子上。”……

幼儿是好动的，幼儿是喜欢自由的。但在我们的幼儿园教育活动中，“严肃的、有秩序的”教育活动所占的时间太多太多，幼儿真正自由自主的时间却很少，这是导致幼儿厌倦幼儿园的一个重要的原因。作为幼儿教师该如何更好地满足幼儿的自由自主的需要呢？这确实值得我们去思考。因为自由自主对幼儿的身心健康确实有着十分重要的现实意义。

(7)欣赏美的需要

幼儿虽然年龄小，但仍有一定的美的鉴赏能力和欣赏美的需要。比如有的幼儿说：“我喜欢谭老师，因为她又年轻，又漂亮，笑得又好看；不喜欢周老师，因为她太老了。”(这里的“太老”，我认为关键的还不是指生理年龄的老，关键的是指心理年龄的老。)“我喜欢吴老师，因为她跳舞好看，唱歌好听。”“我喜欢故事课，因为谭老师讲故事很好听。”“我喜欢唱歌课，因为可以听梁老师唱歌。”“我喜欢张老师，她又漂亮，又不骂人。”“我不喜欢周老师，因为她太胖了!”“我不喜欢伍老师，因为她的牙齿黑黑的。”

幼师的仪表是赢得幼儿信任和尊敬的第一步。我们教师要想得到幼儿的信任和尊敬，除了要有美的心灵外，还要有美的“外在”——年轻、漂亮、爱笑、唱歌好听、跳舞好看……

(8)成就的需要

我们的调查显示，幼儿喜欢某项教育活动，主要原因是这项教育活动能给他们以成就感和成功的喜悦。如，许多幼儿说：“我喜欢‘滚大球游戏’，因为我总是得第一。”“我喜欢折纸课，因为我会折战斗机，我折的战斗机飞得最高。”“我喜欢猜迷语课，因为我一猜就中。”“我喜欢舞蹈课，因为我可以到舞台上去跳舞。”“我喜欢跑步，因为我跑得快，比赛总得第一。”“我喜欢算数，因为我算得快。”“我喜欢画画，画完后，可以把自己的画贴在教室。”“我喜欢跳舞，因为老师说，我跳舞跳得好。”“我喜欢做手工，因为老师说，我手巧。”……

调查还显示，有些幼儿喜爱某位老师，是因为他们本人及其活动得到了老师的肯定。“我喜欢于老师，因为于老师说，我画得好，还奖给我两朵小红花。”“我喜爱梁老师，不喜爱贺老师；因为梁老师经常表扬我，贺老师批评我。”“我喜爱张老师，因为她说，我嗓子好，可以站出来指挥，打拍子。”“她们都说我能干。”

幼儿的健康成长需要成功经验，哪怕是一点一滴的成功，也会对幼儿的成长起巨大的促进作用。幼儿的成功体验来源于两个方面，一是活动本身就能给幼儿以成功的体验，如，“我折的战斗机飞得最高”“我一猜就中”等；二是活动后得到的老师或同伴的肯定，如教师的表扬肯定就能给幼儿以成功的体验，如，“老师说我手巧”“老师说我画得好”等。

教师应该创造尽可能多的机会，让每个幼儿都经常有机会获得成功的体验，这对培养他们的学习兴趣、生活兴趣，以及培养自信心和对来园学习和生活的向往心情都是十分有益的。教师千万不可从幼儿期开始就让幼儿觉得自己是个失败者，否则，他们将来在生活、学习和工作方面就很难有信心地去应对。

努力让各项教育活动变成能给幼儿带来快乐的活动，让幼儿喜欢教师组织的教育活动，进而喜欢幼儿园。

## 四、做个有教育理想的幼儿教师

幼儿教育理想，是幼儿教师在学习和工作过程中形成的，对幼儿教育未来的美好想象和希望。

### （一）树立正确幼儿教育理想的意义

#### 1. 教育理想具有导向作用

教育理想是幼儿教师工作的指路明灯。没有教育理想，幼儿教师工作就没有方向。有了幼儿教育理想，幼儿教师的教育行为就不再是盲目地尝试，而是有目的有计划地为教育理想的实现而努力。

幼儿教育的理想确定了，幼儿教师工作努力的方向就明确了，这样，有利于集中精力以幼儿教育理想为核心开展工作，进而提高幼儿教育工作的效率。

#### 2. 教育理想是精神动力

幼儿教育理想是幼儿教师对从事的幼儿教育工作的向往和追求，是激励幼儿教师专业工作的内在精神动力，它超越工具理性的功利追求，更多体现的是一种价值理性的追求，它诠释的是幼儿教师因“教育工作的意义”而工作，而非因“被雇佣的，为谋生”而工作。

教育理想激励幼儿教师在专业发展上不断有追求，推动他们不断提高专业素养，进而不断提高幼儿教育工作质量和工作效率。

#### 3. 获得职业幸福

苏格拉底说：“世界上最快乐的事，莫过于为理想而奋斗。”加里宁说：“只有向自己提出伟大理想，并以自己全部的力量为之奋斗的人，才是最幸福的。”幼儿教师有了职业理想，那么，工作不仅仅是为了生活，更是为了理想。看到自己的教育理想在自己努力下，一天天地逐渐地实现——幼儿的成长与爱戴，家长的支持与满意，园长的肯定与鼓励，自己专业的成长与快乐，职业幸福感油然而生。对于有教育理想追求的幼儿教师来说，幼儿教育工作和家长工作上的困难就不是困难而是磨炼，幼儿教育工作和家长工作上的挫折也不是挫折而是动力。有了教育理想，他就会苦中作乐，工作中的一切艰难困苦都是一种享受。

### （二）树立正确教育理想的策略与方法

树立正确的幼儿教育理想，可以从“理想中的园长”“理想中的幼儿园”“理想中的幼儿教师”“理想中的班级”“理想中的幼儿园教育”等几个方面去思考。

#### 1. 理想中的园长

有一位好园长，才会有一所好的幼儿园。理想中的园长应该具有如下品性：

(1)园长应该是个团队，而不是一个具体的人

园长团队中，应该有能从宏观上来管理幼儿园的人才；有善于在经济、社会声誉方面良性运作的人才；有能充分调动和利用社会各种资源为幼儿园的发展服务的攻关型人才；还要有对幼儿园教育理解透彻，有自己独到办园理念的，能正确把握幼儿园发展方向的人才。

园长团队中缺少上述任何一个方面的人才，幼儿园经营和运作都会有问题。

(2)园长应该是具有快乐意识和快乐能力的人

园长应该能自我快乐，同时也能为老师们创造快乐。

园长要经常根据自己的心理健康状况，进行心理调适，以便能以健康快乐、积极热

情的心态去面对工作，面对教师，感染教师；同时，还要努力在教职工中创造快乐事件和气氛。

(3)园长应该具有“教师第一”的观念

为了扩大生源，争取家长的支持，许多幼儿园提出了“家长就是上帝”“幼儿就是上帝”的管理理念。我不赞成这种提法。我认为，只有把教师摆在第一的位置，才能使教师以饱满的热情投入幼儿园的保教工作，也只有这样，才能为幼儿及其家长提供一流的服务。

当幼儿园领导能关注教师劳动的艰辛，处处体谅、宽容、关心、支持教师的工作，公正评价与及时肯定教师个人的工作价值，全方位地为教师创设一个相互关心、欣赏、合作的人文环境，真正把教师放在“第一位”并获得教师的认同后，教师就会接纳园长本人并内化其办园理念，就会忠诚于幼儿园的核心价值观，并与幼儿园融为一体，视幼儿园为自己的立德、立名、立世之本；就会努力钻研，千方百计地提高自己的专业能力，进而提高自己的保教工作质量。同时，保教质量的提高，幼儿园声望的提升，会使教师获得一种成就感、归属感，这将强化他们对园长的认同感和对幼儿园的忠诚度，形成良性循环。

(4)园长应该是教师专业发展的促进者、引导者

我们经常说，教师要学会赏识幼儿。在这里我想说，园长要学会赏识教师，要善于发现教师的优点，并且努力帮助教师将其优点发扬光大，形成自己独特的教育教学风格。因此，园长要多说些激励教师的话，如：“我相信你。”“我喜欢你的想法。”“谢谢你的努力。”“你是我们的骄傲。”“就照你的创意试一试！”“加油！你一定可以做到的！”“还要不要试试看更高的挑战？”“对！对！对！还是你的看法比较好。”……

一个出色的园长总在发现每一个教师的优点、特长，然后不断地告诉她：你这方面不错，你今天又进步了，然后让老师不断地进步，并将其强项发挥到极致。[12]

**2. 理想中的幼儿园**

理想中的幼儿园是什么样的，它应该是：

它依山傍水，风景宜人，四周满是果树和田园，孩子们能从大自然中直接感受到四季的变化：春天，有燕子的低飞，万物复苏的景象；夏天，有蛙鸣悠扬，知了在树上歌唱，园内园外一派郁郁葱葱的景象；秋天，园外到处金黄一片，丰收的喜悦跃在人们的脸上；冬天，有刺骨的寒风，有皑皑的白雪，有一群围坐在篝火旁取暖的大人、小孩……

它拥有一位极富独特教育理念的园长，园长富有人情味，富有爱心，富有社会责任感，园长对教师充满人文关怀，办园是实现他育人理想的一种手段，而非谋名图利的手段，更不是谋生的手段，他“不差钱”——他专注于幼儿教育管理，他淡定从容，气质高雅。

它拥有一批热爱幼儿、热爱幼儿教育工作的教师，他们有坚定而现代的幼儿教育理念，他们每天都过着一种有主题的生活——每天都有所追求，每天都有所创造，他们喜欢探讨幼儿教育的各种问题，他们有思想，有教育智慧；他们衣食无忧，他们工作和生活都有尊严，他们高贵淡雅，他们专注于幼儿教育工作，他们对幼儿园有归属感，他们富有爱心、责任心、童心，他们有足够的耐心，他们善解幼儿之意，他们有很强的自我快乐能力和让孩子们快乐的能力，他们能从工作中获得成就感、幸福感和满足感，幸福感常溢于他们的言表。

它拥有一群天天盼着来幼儿园、放学了仍不愿意和家长回家的孩子们。在幼儿园里每个孩子都有自己要好的朋友，有喜欢他们的教师，有他们自己喜欢的活动，有他们喜爱的饭菜；孩子们在幼儿园里深得老师和同伴们的喜爱，他们在幼儿园里学习、生活有安全感、成就感、自豪感，他们过着一种有尊严、有“面子”、能充分自由自主的生活。

它没有对孩子们身心潜能进行过度的开发，孩子们的身心在适宜的条件下自然地成长。它按照幼儿成长的规律来办学，而不是按照商业规律来运作，它所有的课程都源自幼儿的生活，都源自幼儿内心的真实需要。在这些课程活动中，每个幼儿的各种需要都不同程度地得到关照和满足，所有的教育，从内容到形式都以符合幼儿需要的方式来展开，这样的课程没有任何商业的铜臭味，幼儿园每天都有让每个孩子喜欢参加的各种活动，教师不用刻意去设计什么所谓的课程来促进孩子们的发展，孩子们每天生活在自己的需要中，每天活动在自己的需要中，每个孩子都按照他们内在的速度不慌不忙地成长着。

总之，我理想中的幼儿园是个自然的乐园，是孩子们的乐园，是教师们的乐园，是园长的乐园，一切是那样的和谐，一切是那样的淡定从容。[13]

## 材料 2　向往天堂般的幼儿园

每当我听到小朋友声嘶力竭地呼喊：“妈妈，我要回家，我不要来幼儿园！”

每当我看小朋友拉着父母的衣服，不断地哭泣，迟迟不肯进幼儿……

每当我听到站在幼儿园铁门内与送他来园的妈妈告别时，一面落泪，一面哀求：“妈妈，今天早点来接我……”

我的内心就一阵阵地深深地刺痛……

是什么原因让孩子不愿意去幼儿园，是什么原因让孩子在幼儿园门前徘徊，是什么原因让孩子希望早点离开幼儿园？

我不断地追问，不断地思考……

1840 年福禄贝尔将自己开办的学前教育机构命名为“kindergarten”（幼儿的花园之意，即今所称世界第一所“幼儿园”），作为幼儿园之父的他强调“它并不是一所学校，在其中的幼儿不是受教育者，而是发展者”。他把幼儿放在“生长发芽的种子”的地位上，把教师放在“细心的有知识的园丁”的地位上。

福禄贝尔的上述思想对当前的幼儿园仍然有指导意义。“园丁”对“种子”能做什么呢？他只能尊重“种子”的成长规律，只能根据“种子”的成长需要来施肥、浇水，否则，“种子”的成长就会出问题。

当前幼儿不愿意去幼儿园的主要原因就是幼儿园仅仅把幼儿当作“受教育者”，把教师的唯一任务定位在向幼儿传授知识技能，而忽视了对幼儿心理需要的关照，因此，幼儿在幼儿园里体验不到快乐，因而对幼儿园就产生了厌倦情绪，甚至有的幼儿对幼儿园产生了恐惧情绪。

欧文在 19 世纪创办“幼儿学校”，办得非常成功，恩格斯曾经给予高度的评价：“他发明并第一次在这里创办了幼儿园。孩子们从两岁起就进幼儿园，他们在那里生活得非常愉快，父母简直很难把他们领回去。”

我由衷地希望我们当今的幼儿园也办得像欧文当年所创办的“幼儿学校”那样成功：孩子们在我们幼儿园里生活得非常愉快，父母很难把孩子们从我们的幼儿园领回家。如果真是这样，那么，我们的孩子就真的是有福了，幼儿园就是他们的乐园，他们在幼儿园过着天堂般的生活！

但我想，要让每个幼儿都过上天堂般的生活，确实不是一件容易的事，其前提条件之一就是教师要对幼儿的心理需要进行全面深度地关照，让幼儿在幼儿园里生活得安然自在，让幼儿每天都沐浴在老师的关爱之中，过着有尊严的生活；幼儿园里有他们自我表现的平台，幼儿在幼儿园里都能找到他们心灵的归属，他们每天都过得很充实，不同层次的幼儿每天都过得很有成就感！

我向往着这种天堂般的幼儿园，我相信它肯定也是幼儿梦寐以求的幼儿园，我希望它也能成为所有幼儿教师所追求的梦想！[14]

### 3. 理想中的幼儿教师

对于什么样的教师才是理想中的教师，下面从“幼儿园好老师”角度来谈理想幼儿教师应该具备的素质。

幼儿园好老师，一定是孩子们喜爱的老师——她一出现，孩子们就蜂拥而至，个个争着与她“套近乎”；相反，一个老师出现，孩子们对她无动于衷，漠然与其对视，甚至连看也不看一眼，那么，我们可以肯定这老师不是孩子们心目中的好老师。

幼儿园好老师，一定是位会“偷懒”的老师——她工作很轻松，可是孩子们却获得了充分自由自主活动的机会——孩子们每天都玩“疯”了。玩“疯”了——这是孩子们最好的活动状态和发展状态。因此，教师轻松，孩子们却获得了很好的发展。相反，被幼儿园教育工作弄得身心憔悴的老师，肯定不会是位好老师。因为她身心憔悴，无法享受到职业工作的快乐，她常常以沉重、憔悴的形象出现在孩子们面前，孩子们见到她就会感觉到无穷的压抑，快乐的情绪也就会烟消云散。

幼儿园好老师，一定是童心未泯的老师——她喜欢与孩子们一起“疯”玩，她和孩子们一样“幼稚”：一会儿展开歌喉和他们一起唱；一会儿和孩子们随着乐曲翩翩起舞，活灵活现；孩子们趴在地上观察蚂蚁时，她和孩子们一样专注、好奇地观察蚂蚁搬运食物，观察蚂蚁的各种活动；和孩子们逗乐时，她天真得像个孩子似地笑得前仰后合；和孩子们看动画片时，她纯真得像个孩子，一会儿笑，一会儿神情紧张，一会儿兴奋得手舞足蹈；与孩子们游戏时，她全身心地加入进去，和孩子们一起跑呀，跳呀，追逐呀，嬉闹呀，一起疯，一起闹；她比孩子们还贪玩，还会玩，她带出一群会玩、贪玩的孩子，她完全与孩子们融合在了一起。而那些不苟言笑、终日神情严肃、高高在上、不会和孩子玩那些“幼稚”游戏的老师，肯定不是孩子们喜欢的老师。

幼儿园好老师，一定是专注于工作的老师——她专注于把孩子们带好，专注于与孩子们疯玩，她专注于关照孩子们的各种心理需要，她可能不是所谓的专家型教师(有论文发表，有专著出版，有成果获奖)，但她陶醉于工作，她从工作中获得了满足感和幸福感。

幼儿园好老师，一定是位具有很强的快乐能力(让自己快乐和让别人快乐的能力)和快乐意识的老师——微笑时常挂在她的脸上，快乐和让人快乐是她长期形成的一种习惯，她是个快乐源，而不是不快乐的污染源。她平时谈论的多是孩子们的趣事和工作中的其他趣事，她对工作、对孩子没有任何怨言，她乐观地对待工作中所面临的一切困难。那些对工作、对孩子有无穷怨言的老师，他们对工作、对幼儿时常有一股怨气，他们会时常拿孩子们来出气，他们肯定不是孩子们喜欢的老师。

幼儿园好老师，一定是位具有魅力的老师——她具有一种特别吸引孩子们的力量，孩子们就像是着了魔一样，深深地，身不由己地被她及其所组织的活动所吸引，孩子们对她产生喜爱、钦佩甚至崇拜的情感倾向，以至许多孩子都希望自己今后成为像老师那样的人。许多孩子每天放学回家后，都期盼着明天早点到来，以便早点与老师一起享受相处的快乐时光，有的孩子甚至生病仍坚持上幼儿园，因为今天是“好老师”带他们活动；相反，一大早起床，孩子就没病装病，不愿意去幼儿园，那么，可以肯定今天带班的老师一定不是孩子们喜欢的老师。

幼儿园好老师，一定是让自己“好”，同时，让孩子“好”的老师。[15]

#### 4. 理想中的班级

理想中的幼儿园班级可以从以下三个方面来描述：

(1)良好的班级心理环境

理想中的幼儿园班级，至少应该具有关爱、尊重、公平、心理安全这四个基本心理要素。这四个基本心理要素是幼儿心理健康的基础。教师应该努力让幼儿沐浴在爱的氛围里，过着有尊严、有面子、有安全感的生活，感受到人与人之间是平等的，如此，幼儿心理才能健康成长。

(2)富有发展价值的物质环境

富有发展价值的班级物质环境，应该是带有持续挑战性的，是有利于幼儿参与其中的，安全的；既能促进幼儿身体功能发展，又能促进幼儿心理功能发展；既适合集体活动，小组活动，也适合个体活动；既有发展功能，又有娱乐功能；既有发展智力的，又有发展非智力的……

(3)丰富多彩的活动

丰富多彩的活动是为幼儿全面个性化的发展和丰富多彩的需要服务的。有动为主的活动，也有静为主的活动；有大集体活动，也有小组和个人活动；有艺术活动，也有非艺术活动；有自主性活动，也有有组织的活动；有体力活动，也有智力活动；有智力活动，也有非智力活动；有结构性活动，也有非结构性活动；有幼儿与材料互动，也有幼儿与幼儿互动；有群体活动，也有独处活动；有教育活动，也有纯娱乐的活动……

**5. 理想中的幼儿园教育**

什么样的幼儿园教育，才是理想中的幼儿园教育？下面从“优质幼儿园教育”角度来谈理想中的幼儿园教育应该具备的特性。

优质幼儿园教育，一定是能够使幼儿形成阳光般的心态和健康人格的，是能够提高幼儿的自尊和自信的，是能够使幼儿内心变得越来越充实和富有力量的。

优质幼儿园教育，充满了对每个幼儿的深切关照，没有一个幼儿被忽视和被遗弃，更没有一个幼儿被嫌弃。在优质幼儿园教育中，每一个幼儿都能感受到安全感、归属感、成就感、自豪感，每一个幼儿都能感受到温暖、关爱、尊严、自由。在优质幼儿园教育中，每个幼儿都生活得安然自在，每个幼儿都有他要好的朋友，他被同伴、集体所需要，他们每天都沐浴在老师和同伴的关爱之中，过着有尊严的生活；优质幼儿园教育活动，为每个幼儿提供了自我表现的平台，幼儿各种教育活动过得很充实，不同层次的幼儿在不同的教育活动中都很有成就感。

优质幼儿园教育，是充满生命的气息的，是能够让生命的活力充分涌流的，是能够让智慧之花尽情绽放的。优质幼儿园教育过程充满友善、谅解、鼓励、支持、同情、关怀。

优质幼儿园教育，一定是高效的，是幼儿园内外资源富有效率和效益的配置。在优质的幼儿园教育中，幼儿得到了很好的发展，而教师却没有为此而被累个半死。他们工作十分轻松，没有多余的文案工作，没有装模作样的所谓科研工作，也没有那些应接不暇的做给所谓的专家领导看的环境布置和教玩具制作的任务。幼儿在自然的环境中，在自由自主的活动中获得良好的发展；教师们专注于工作，专注于把孩子们带好，专注于与孩子疯玩，他们体会到了工作的乐趣，工作中他们有成就感、幸福感，幼儿园教育工作对他们而言是一种享受，而非折磨。

优质幼儿园教育，是真正为幼儿的幸福人生奠基，为一个社会培养好公民。优质幼儿园教育充分肯定幼儿时期的独特价值，绝不会为了无法预知的所谓的"美好明天"而牺牲幼儿当下的幸福。优质幼儿园教育总是以符合幼儿需要的方式来安排那些有"教育意义"的课程，它绝对不会逆着幼儿的天性和意愿来给幼儿强硬灌输那些只有成人认为有意义的知识和技能。优质幼儿园教育，着眼于幼儿的自主发展、和谐发展、有个性的发展和可持续发展的教育。优质幼儿园教育，能激发幼儿的学习兴趣，经过"教育"幼儿越来越喜欢学习，幼儿的学习无需"小红花""贴贴纸"之类的外部强化，幼儿从学习活动过程中就获得极大的满足，幼儿乐在学习过程中。

优质幼儿园教育的结果，无法通过比赛来比出个高低。因为它是培养人的事业，它的产品是人，而人的质量是很难真正有效检测的。比如，技能(艺术、体育技能)和知识，通过比赛可以比出高低——比比看谁掌握得更加熟练，但幼儿对事物的态度、情感及幼儿的创造性是无法通过比赛来比出高低的。那些想通过简单的测试来了解优质幼儿园教育效果的人，是幼稚的。

优质幼儿园教育是富有正义感和社会良知的事业，它没有商业气息，没有铜臭味，没有虚荣心，没有急功近利的追求，它真心实意地为了幼儿的发展，而不是为了赢利，更不是为了"面子"。

优质幼儿园教育，是真诚服务于家长的教育，它想家长所想，同时，它又不无原则地迁就家长的教育梦想，它站在负责任的专业的高度来引领家长对幼儿教育的梦想。从这个意义上讲，让家长百分之百满意的幼儿园教育并不一定就是优质的教育。

优质幼儿园教育，是一种源于幸福生活，也是一种为了幸福生活的教育。优质幼儿园教育关照幼儿和教师在教育活动过程中的生活质量，幼儿和教师在优质幼儿园教育过程中都获得了满足感和幸福感。

## 五、做个具有专业成长能力的幼儿教师

幼儿教师专业成长是教师在幼儿园保教工作历程中，主动地、积极地、持续地参加各种正式与非正式的学习活动，以促进保教工作专业知识与技能的获得和内化幼儿园保教工作专业规范，形成专业精神，表现专业自主性并实现专业责任的历程。幼儿教师专业成长包括了幼儿教师本身所持的想法、知识内涵、技能、态度、意愿、外显行为，或是内在情意的改变。

幼儿教师专业成长能力促进幼儿教师自己专业素养发展和提高的能力。这是一种保证幼儿教师不断跟上甚至引领幼儿园教育变化的能力，它对提高幼儿教师个人专业声望以及提高幼儿园教育的社会声望有着十分重要的意义。

## （一）幼儿教师专业成长的意义

幼儿教师需要具备专业成长能力的主要理由包括以下三点：

### 1. 幼儿教育工作的需要

幼儿教师在师范学校时，学到的只是基础的专业知识技能和态度，他们要胜任不断变化的幼儿园工作，还需要不断地学习成长。

幼儿教师劳动的对象是全班二三十个幼儿及其家长。他们有着不同的成长经历，形成不同的兴趣爱好、价值观、行为习惯，因此，幼儿教师必须不断学习研究才能有效应对幼儿的教育工作和家长工作。

现在社会上，不同的幼儿园，办园理念、目标、课程运行机制都不同，因此，幼儿教师要适应这些不同幼儿园对教师的不同要求，就要不断学习成长。

家长和社会对幼儿园及其教师的专业要求越来越高，幼儿教师必须不断学习和成长才能适应这一趋势要求。

### 2. 高质量的幼儿教育的保证

有高素质的幼儿教师，才能有高质量的幼儿园教育。而高素质的幼儿教师，与其说是培养、培训出来的，不如说是通过有效的机制让幼儿教师们自己学习成长起来的。任何形式的培训或培养活动，只有引发幼儿教师思考了、行动了，它才会对幼儿教师专业发展有效，否则，没有幼儿教师真诚参与的“被培训”“被培养”是无法造就高质量师资的。

### 3. 提高幼儿教师社会地位的需要

教师职业的社会地位取决于这个职业的专业化程度。社会职业有一条铁的规律，即只有专业化才有社会地位，才能受到社会的尊重。如果一种职业是人人可以担任的，那这种职业在社会上是没有地位的。

现在很多幼儿教师反映，他们的工作很辛苦，可是社会地位却很低，根本不能像医生、工程师、律师、会计师那样享有社会声誉和地位，不少地方幼儿教师的工资几乎与当地低保线持平。可以说，这是一个较普遍的现象，其中重要原因就是幼儿教师专业化水平不高。专业化是提高幼儿教师社会地位的重要途径。

到目前为止，工作在幼儿教育一线的教师中仍有相当多没有按照专业化要求规范自己，也没有坚持不断提高自身的专业化水平。在普通人眼里，幼儿教师是一个非常简单的职业——“带孩子”“保姆”“知识传递者”，似乎是任何人都能做到的事。现在尤其糟糕的是，我们有不少幼儿教师自己也是这样认为的。

无论是从幼儿园教育工作的需要，还是从自身社会地位的提高来看，幼儿教师都必须具备专业成长能力，不断地提高自己的专业素养，进而更好地促进幼儿的发展，赢得社会的尊重。

## （二）幼儿教师专业成长的策略与方法

为了更好地促进幼儿教师专业成长，幼儿教师在专业发展方面注意以下策略与方法：

**1. 明确幼儿教师专业成长的方向**

幼儿教师专业成长是近年来幼儿教育界广泛关注的一个热点话题，但幼儿教师专业成长意味着什么？这是一个很值得探讨的问题。如果这个问题不弄清楚，幼儿教师专业成长就会陷入一片混乱之中，甚至还会误入歧途。比如，有人认为幼儿教师专业成长意味着幼儿教师要努力成为“学者型”的教师，因此，很多幼儿教师就沿着学者成长的道路奔跑，要做“课题”，写“论文”，要反思，要实验；有的人认为，幼儿教师专业成长意味着幼儿教师的艺术技能获得了长足的发展，因此，很多幼儿教师花了许多时间和精力去学习和提高其艺术技能；有的人认为，幼儿教师专业成长意味着幼儿教师获得了更高的学历，因此，许多幼儿园列出了许多具有相当力度的激励措施，鼓励教师们去为更高的学历奋斗；有的人认为，幼儿教师专业成长意味着幼儿教师学会了观察，学会了记录，教师们就在组织教育活动过程中，一面观察，一面记录……这些错误的认识，误导教师们远离了他们的本职工作——教师们为了所谓的专业成长而不断地努力，可就是没有静下心来好好地把幼儿带好教好，于是，就出现“老师在‘进步’，幼儿在退步”的现象。

因此，我们有必要研究幼儿教师专业成长的“意味”，进而给幼儿教师们一个正确的、积极的专业成长导向。

（1）幼儿教师专业成长意味着其保教工作效率的提高

保教工作效率＝保教工作效果÷保教工作的投入。因此，对于提高保教效率，不能简单地理解为“单位时间内教会幼儿最多的知识或技能”，而应考虑保教工作效果（保教工作效果，主要指保教活动后幼儿身心获得的发展，这种发展不仅仅是指知识技能的获得，而且还包括身体素质、情感、态度等发展）与保教工作的投入（保教工作的投入，不仅包括本次保教工作中幼儿园投入的人力、物力、财力，而且也包括幼儿为了学会教师所期望的东西而投入的时间和精力等）的比率。一个老师展示了一节几乎完美无缺的示范课。大家看了以后都说，这节课真好。而我问她：“你为这节示范课准备了多长时间？”她说：“为了这节课我足足准备了三个月，不仅我个人投入了许多时间精力，还有同一教研组的老师们一起和我备课，一起做教具，牺牲了不少的休息时间……”听后我说，这节课虽然教学效果很好，但并非高水平的课，因为它的投入太多——为了这节课，不仅上课的老师自己忙了三个月，同行们也跟着忙碌……这样的课“中看”不“中用”——因为该课投入太多，平时的课无法那样去投入，这样的投入会让老师们吃不消。

因此，我们主张，幼儿园推出意在促进教师专业成长的具有示范效应的示范课应该是高效率的，而不应是只有良好的效果却效率低下的。

保教工作效率的提高，意味着教师付出较少，幼儿却获得了较好的甚至更好的发展——这是一种双赢甚至是多赢的局面，幼儿教育必须在教师的付出与幼儿的发展之间取得一个平衡，我们不能为了幼儿获得更好的发展而一味地增加教师的工作负担，而解决教师的付出与幼儿发展之间矛盾的根本出路在于提高保教工作效率。

保教工作效率提高了，幼儿教师专业成长了，意味着幼儿教师的工作付出减少了，其工作的胜任感和幸福感提高了，进而有更加良好的心情来面对幼儿和工作，同时，也意味着幼儿园的办园成本下降了，园长当然也乐于促进教师的专业成长。

幼儿教师专业成长应该让幼儿园、幼儿教师获得“好处”，否则，这种所谓的专业成长是没有内在动力基础的。

(2)幼儿教师专业成长意味着其逐渐形成教育智慧

幼儿教师的专业成长意味着他的教育智慧不断地增加，他能充分利用各种机会和条件来促进幼儿更好地发展。幼儿教师既不是幼儿的“保姆”和一般意义上的游戏伙伴，也不是严格意义上的“传道、授业、解惑”者，而是一个“以专业的眼光赋予幼儿及其学习活动以价值的人”，他以促进幼儿更好地健康成长为其工作第一原则。

面对各种教育情境，有教育智慧的幼儿教师总是会用专业的教育理论、专业知识和实践经验来对教育情境进行教育价值判断——“在这样的情境当中，可以发展幼儿什么素质?”“如何利用这样的情境来促进幼儿更好地发展?”然后生成相应的课程促进幼儿的发展。他不会错过任何促进幼儿发展的机会，更不会让相应的教育情境成为幼儿今后发展的障碍。

(3)幼儿教师专业成长意味着其逐渐形成自己的一套幼儿教育理念

幼儿教育理念是指幼儿教师在对幼儿教育工作理解和体验的基础上，形成的个人的幼儿教育观念和理性信念。一个幼儿教师的教育理念显现出个人的幼儿教育理想，奠定了幼儿教师基本的教育判断能力。一个幼儿教师是否具有对自己所从事幼儿教育职业的理念，往往是判断专业与非专业人员的一个重要依据。

为了形成自己一套独特的教育理念，平时，幼儿教师每隔一段时间都应问自己下述七个问题：

①幼儿教育的目的是什么?

②在什么条件下，幼儿学得最好?

③促进幼儿社会性、情感、智力和体力发展的基础课程应该包括哪些内容和形式?

④幼儿如何学习以及他们应该学些什么?

⑤幼儿的基本需求是什么？通过什么满足他们的这些需求？

⑥对组织幼儿园教育活动而言，教师的什么品质才是最重要的？

⑦幼儿期什么样的发展对幼儿来说是最重要的？如何促进他们这些方面的发展？

经常这样检视自己的幼儿教育工作，日复一日，年复一年，幼儿教师就会发现自己的幼儿教育信仰和理念在不知不觉中逐渐清晰和形成，进而建立起比较稳固的属于自己的幼儿教育哲学。一旦形成了自己的幼儿教育哲学，就会有利于指导自己的教育实践，有利于规范自己的教育思想和教育行为。

(4)幼儿教师专业成长意味着其职业情感的成长

如果一个教师的专业成长不能给其带来职业的快乐和幸福，不能让其越来越喜爱自己的工作，那么，这种不带有情感色彩的成长是不可持续的，也是虚假的。

另外，教师是幼儿幸福的教育生活创造者，幼儿的幸福人生只能在幸福的教育场景中展开。只有教师“幸福地教”，幼儿才能“幸福地学”。

因此，幼儿教师专业成长，就必须努力培养自己对幼儿教育工作的积极感情，努力从工作中获得快乐和幸福。

如果你每天都能这样全身心地融入幼儿的活动，那么，慢慢地，你就会惊喜地发现，你成为了一位深受幼儿欢迎的、快乐的、幸福的幼儿教师。

幼儿教师不是“蜡炬成灰泪始干”式的牺牲者，也不是烦琐工作的被消耗者，而是一个努力追求生活意义、生命价值的快乐幸福的人。

(5)幼儿教师专业成长意味着其逐渐形成自己独特的保教风格

幼儿教师专业成长意味着他在自己的教育理念指导下逐渐形成一个系统完善的、独特的、行之有效的教育行为模式，他的教育行为有其独特的理论作支撑，他的幼儿园教育工作方式独特而且高效，并且逐渐得到同行们的认可。

幼儿教师形成独特的保教风格的关键在于他有思想。所谓有思想，就是幼儿教师对保教工作有独特的想法、做法和追求，把保教工作当成一项有生命灵动的、有创新冲动的事业，而不是程序化的职业。

名师与非名师的根本区别在于是否有思想。作为一名幼儿教师有思想才有光彩，有思想才有魅力，有思想才有价值，有思想才能获得职业快乐……如今许多幼儿教师对幼儿园教育没有自己的思想，没有自己的追求，完全工作、生活在别人的思想里。他们准备一节课，总是重复别人的“故事”，或者过多地考虑如何迎合别人的想法，而完全没有自己的主见。他们的工作失去了自己追求的方向，他们十分在意别人对自己工作的评价，他们没有专业自信心，他们只能看别人的“眼色”工作和生活，他们没有属于自己的专业判断和快乐，因而他们是可怜和悲哀的。

幼儿园“跟风”或“跟‘疯’”现象十分严重——他们时而被某些所谓的专家呼向东，时而又被另一些观点完全相反的所谓的专家呼向西，他们忽东忽西，疲于应付，不知如何是好，其根本原因就在于幼儿园教师没有自己的教育思想和信念，因而对实践失去了自己的判断。因此，幼儿教师要学会多读书，要学会辩证地思考，对幼儿园保教工作要有自己独立的判断，这样，才能减少幼儿教育工作中的盲目性，增强工作的自主性，进而体验到专业工作的自豪感和幸福感。

(6)幼儿教师专业成长意味着其形成积极的工作态度和愿望

随着幼儿教师的专业成长，他对幼儿园保教工作充满热情和激情，热爱本职工作，乐意在幼儿园教育工作中体现自己的个人价值与社会价值；他能从工作中获得心理上的满足感，确立了对幼儿一生的学习和发展负责的信念，具有高度的责任感；他积极上进，他对工作精益求精，致力于不断完善“促进幼儿身心充分发展”的教育方案。

总之，幼儿教师专业成长意味着幼儿教师对幼儿教育的认识越来越清晰，越来越深刻，他对工作越来越得心应手，他也越来越热爱自己的工作，对待幼儿教育有了一种神圣感，幼儿教育开始成为他的一种天职性的实践。幼儿教师专业成长意味着幼儿教师在享受着工作，幼儿在享受着教师的教育。[16]

**2. 反思中提升专业能力**

华东师范大学叶澜教授说：“一个老师写一辈子教案，不一定能成为名师，如果一个老师写三年反思，有可能就成为名师。”所以我们主张，反思应该成为幼儿教师的一种职业习惯，幼儿教师应该在不断的反思中，不断地提高自己的专业水平，不断地精通自己的各项工作及其各个环节。

(1)一日工作反思与记录

幼儿园教师在完成一天工作后，请花十分钟左右的时间来回顾一天所做的工作，然后按照如下顺序写出一天中的几点收获。可以使用如下的词语开头：

★我学到了……

★我惊讶的是……

★我开始在想……

★我再次发现……

★我感到……

★我想我将……

日积月累，时间长了定会有大收获。

(2)一周工作反思与记录

幼儿园教师在完成一周工作后，请花半个小时左右的时间对一周工作及所思所想进行梳理并做好记录，记录时可以使用如下的词语开头：

★本周保教工作中，我认为最精彩的，感触最深刻的是……

★本周保教工作中，我认为最糟糕的，感觉不满意的是……

★本周保教工作中，意外地发现某幼儿的闪光点是……

★本周保教工作中，出乎意料的是……

★在本周保教所做的工作中，如果给我重试的机会，我将……

★本周保教活动中，幼儿让我感到不理解的是……

★本周保教活动中，让我感到惊奇是……

在记录完具体事情的经过后，再尝试用现有的教育原理去解释上述事件，如果现有教育原理不能解释，则去研究上述事件让我们得出哪些教育主张。持之以恒地积累，持之以恒地思考，我们的专业能力定会不断地成长。

### 3. 论文写作中提升专业能力

幼儿教育研究论文写作，有利于教师把平时积累的经验系统化，有利于把长期积累的经验提高到理论的高度，这有利于教师教育理论素养的提高。而幼儿教师教育理论素养的提高，又有利于他们创造性地工作和减少实践中的“盲从”和“盲目模仿”。

另外，其论文发表或获奖，有利于扩大作者的专业影响力，进而提高其在同行中的地位，有利于提高作者的职业成就感，这种成就感会给作者带来持续的快乐。

为了提高写作质量与效率，幼儿园教师应该发挥自己的优势，多结合自己的工作经验来表达自己对幼儿教育的主张。

(1)适合幼儿教师论文写作的内容

比较适合幼儿园教师论文写作的内容主要有如下四个方面：

①幼儿园保教工作的成功经验总结

自己或别人在某方面工作做得很好，那么，这方面的工作就很值得去写，不过，写作这方面内容时应该写清楚：具体有效的做法有哪些？用教育原理来说明为什么这样做有效？或者说明这些有效的做法能得出哪些新的教育原理？

②幼儿园保教工作的失败教训总结

自己或别人在某方面工作总做得不好，效果总是不如意，那么，这方面的内容也值得写，不过，写作这方面内容时应该写清楚：具体无效或低效的做法有哪些？用教育原理来说明这样做无效或低效的原因，这些无效或低效的做法从反面说明了哪些新的教育原理？最后提出有效解决问题的对策。

③幼儿教育理论的实践检验

一种新的幼儿教育理论出来后，幼儿教师应该思考：如何让这些理论变成具有可操作性的幼儿园教育新举措，那么，这种新尝试及其经验是很有价值的，写作这方面内容时应该写清楚：自己对理论的认识与思考，做了哪些新尝试，取得了哪些经验与教训，还有哪些问题值得进一步探讨。

④幼儿教育案例

幼儿教师在从事保教工作过程中，肯定会积累许多幼儿园保教工作的故事。这些故事生动、形象、典型，如果能以案例的形式写出来，也能给读者，特别是给一线的教师以启发，这也是许多报刊杂志所需要的稿件。幼儿教育案例的写作最简单的写法就是“案例+点评”，请看：

## 材料 3　等孩子说完话再作判断

案例：

美国一位知名主持人访问一位小朋友，问他说："你长大后想要当什么呀？"小朋友天真地回答："嗯，我要当飞行员！"主持人接着又问："如果有一天，你的飞机飞到太平洋上空，所有引擎都熄火了，你会怎么办？"小朋友想了想："我会先告诉坐在飞机上的旅客系好安全带，然后我挂上我的降落伞先跳出去。"

当现场的观众笑得东倒西歪时，主持人继续注视着那位小朋友，想看他是不是自作聪明的家伙。

没想到，接着那小朋友热泪夺眶而出，这才使得主持人发觉那小朋友的悲悯之情远非笔墨所能形容。于是主持人又问那小朋友："为什么要这么做？"那小朋友的回答透露出一个孩子真挚的想法："我要去拿燃料，我还要回来！我还要回来！！"

听完小朋友的回答，现场的观众不禁对他肃然起敬，并报以热烈的鼓掌！

……

点评：

要想教育好孩子，就要正确地了解孩子，正确地了解孩子的一个重要途径就是听其言，而听其言的技巧就在于：听孩子的话不能只听一半，要等其把话说完，万万不可没等孩子把话说完，就"以大人之心度孩子之腹"主观地做出判断，这样常会误解孩子，教错孩子。[17]

(2)幼儿教师论文写作的注意事项

为了把论文写好，幼儿教师应该注意以下三点：

①注意材料的积累

材料对写作选题、论文观点的产生、对论文的论证都具有十分重要的意义。没有自己独特的材料，论文的创造性也就无从谈起。因此，幼儿园教师要注意对资料的收集，并且努力做到"四勤"：

A. 勤阅读

阅读是搜集资料的最重要的途径，持之以恒，必能采集到很多"珍珠美玉"，使自己的"资源宝库"蔚为大观。

B. 勤思考

一是要经常想一想应该搜集哪些方面的资料，从哪里搜集；二是在阅读、筛选时深入运用思考，判断出哪些东西是有用的，是值得积累的。去伪存真地分析工作，可使积累的资料有较高的质量。

C. 勤整理

对搜集到的资料加工制作，分类编排，以方便查阅。在整理过程中，还要对已失去价值

的资料随时剔除，随时补充新的资料，使积累的资料如淙淙的小溪，常流不断，常流常新。

D. 勤翻阅

积累资料的目的在于运用，在于对教学、研究和学习有所助益。因此，教师要经常翻阅、查一查积攒下的资料。这样做有两点好处：一是学习资料内容提供的知识，扩大视野；二是加深对有关资料的印象，便于及时发现、挖掘资料的价值，及时把它派上用场，使“死”的资料“活”起来。

②有感而写

写作应该是有感而作，这样写的东西才有血有肉，才有价值。因此，幼儿教师写作的一个重要特点就是写自己有真情实感的东西，然后用自己的真情实感去打动编辑，打动读者，打动评委。因此，幼儿教师必须要做一个有心人，平时注意从幼儿的生活琐事和保教活动中，从幼儿园教育和幼儿家庭教育中，选择那些我们曾经被打动、被触动过的选题来写，因为只有自己被打动、被触动过的内容才有可能打动别人。

③为用而写

幼儿教师写作的另一个重要特点就是论文内容观点具体实在，有翔实的材料，具有可操作性及实用价值。幼儿园教师写的论文往往是他们经验或教训的总结，因此，往往能给一线教师们以启示，为一线教师解决类似问题提供具体操作的指导——让一线教师看了就会用，用了就有效。

#### 4. 阅读中促进专业成长

读书，可以丰富知识，拓宽视野，启迪思维，增长智慧；读书，会让我们变得有思想，会让我们变得深刻；读书，可以滋养心灵，净化情感，愉悦精神，陶冶情操；读书，可以提高我们的专业素养，加快我们的专业成长。细心的教师常常会发现，几乎所有的特级教师都有一个共同的嗜好——读书。他们充满智慧和灵气的教育活动正是得益于他们广博的知识积累和深厚的文化底蕴。为了让阅读能更好地促进幼儿教师的专业发展，我们向大家提出如下建议：

(1)努力拓展读书的范围

有些幼儿园教师从师范院校毕业后就很少看书，即使看书也仅仅是看些教学参考书，这使得他们的心灵日渐枯竭，不再富有灵性，工作也日渐变成一种程序式的行为。因此，幼儿园教师要多看书，要拓展自己的阅读范围。

建议：多读幼儿教育名著，多读当下著名学者对幼儿教育的言论，有利于我们更好地把握幼儿园教育发展的趋势；多读国外学者的幼儿教育论著，有利于我们形成更加多元的幼儿园教育思想，有利于工作的创新；多读普通教育类论著，有利于我们跳出“幼儿园教育”看“幼儿园教育”，有利于我们“幼儿园教育”跟上“教育的形势”；多看人文历史类专著，有利于我们的心灵变得更加滋润和丰富多彩。

(2)做好阅读资料的收集与记录

规范地收集和记录阅读中发现的有价值的材料，对专业成长、对今后进行教育研究都有好处。在收集和记录材料时请按下表来记录相关的材料。

| 原话 | |
|---|---|
| 出处 | |

**文献出处的规范示例**

| 文献种类 | 标明文献出处的规范及示例 |
|---|---|
| 专著 | [序号]作者．书名[M]．出版社所在地：出版社，出版社年份：页码．<br>示例：<br>[1]莫源秋．做幼儿喜爱的魅力教师[M]．北京：中国轻工业出版社，2001：179-193． |
| 译著 | [序号](原作者国籍)原作者．书名[M]．译者姓名，译．出版社所在地：出版社，出版社年份：页码．<br>示例：<br>[2](美)William Wiersma．教育研究方法导论[M]．袁振国，译．北京：教育科学出版社，1997：29-33． |
| 析出文献 | [序号]作者．书中篇名[A]．作者/主编者．书名[C]．出版社所在地：出版社，出版社年份：页码．<br>示例：<br>[3]顾荣芳．幼儿健康教育若干问题[A]．中国学前教育会．迈向21世纪的中国学前教育研究优秀论文集[C]．南京：南京师范大学出版社，1999：21-23． |
| 杂志文章 | [序号]作者．篇名[J]．杂志名称，年，(第几期)：页码．<br>示例：<br>[4]莫源秋．园长应从细微处关心教师的心理健康[J]．当代学前教育，2007，(1)：13-14． |
| 报纸文章 | [序号]作者．篇名[N]．报纸名称，年-月-日，(第几版面)．<br>示例：<br>[5]莫源秋．孩子“不老实”，是孩子的错吗？[N]．中国教师报，2012-03-7，(15)． |
| 学位论文 | [序号]作者．论文名称[D]．大学所在地：大学名称，年：页码．<br>示例：<br>[6]丁海东．儿童精神：一种人文的表达——论儿童精神的人文性[D]．济南：山东师范大学，2005：58-61． |
| 网络文献 | [序号]作者．篇名[EB/OL]．域名，引用日期．<br>示例：<br>[7]莫源秋．对幼儿心理行为问题要标本兼治[EB/OL]．http://www.360doc.com/content/20/0825/08/36293800_932065879.shtml.2020-08-25． |

(3)记录阅读过程中的所思所获

在阅读过程中，要注意及时将所思、所想、困惑、收获记录下来，以便能更好地促进专业素养的发展(如下表)。

| 文献出处 | |
|---|---|
| 书中让我困惑的观点 | 1. “”(页码)理由是……<br>2. “”(页码)理由是…… |
| 我准备与同事分享和交流的书中观点 | 1. “”(页码)<br>2. “”(页码) |
| 受书中观点材料启发，我准备在实践中尝试 | 1. 原观点“”(页码)——我准备尝试……<br>2. 原观点“”(页码)——我准备尝试…… |
| 受书中观点材料启发，我形成了新观点 | 1. ……<br>2. …… |
| 受书中观点材料启发，发现了新问题，需要进一步探讨 | 1. ……<br>2. …… |

相信，通过日积月累，持之以恒地努力，阅读定会让我们的专业能力获得质的飞跃。

**5. 公开课中促进专业成长**

幼儿教师参与公开课有两种形式：一是观摩别人上的公开课；二是自己上公开课给别人观摩。如果利用得好，两者对幼儿教师的专业成长都有帮助。

(1)主动承担公开课任务

公开课的准备和展现，会让我们的专业发展得到许多人的帮助——在准备和展现公开课的过程中，会有许多人为自己的课存在的问题提出批评意见，也会有许多人为自己课的成功提出肯定和赞扬，无论是批评还是赞扬，对我们的专业成长都是十分有益的。另外，“磨课”本身就是对工作的精益求精，有利于我们专业的发展。许多优秀幼儿园教师成长的经历告诉我们，承担公开课任务可以加速我们的专业成长。再次，公开课上好了，会极大地提高我们在同行中的专业地位，让我们深刻体会到工作所带来的幸福快乐。

为了让公开课能更好地促进我们的专业成长，我们一定要对那些发现我们公开问题和优点的老师都表示感谢。另外，我们在准备公开课时一定要有务实的态度，要努力向大家公开我们组织教育活动的高效率——教师教得轻松，幼儿学得轻松，幼儿获得了更好的发展，努力避免那些华而不实的做法。

(2)善于观摩别人的公开课

观摩别人的公开课也是幼儿教师获得专业成长的一种有效方式。在观摩的过程中，我们要注意及时将所思、所想、困惑、收获记录下来(如下表)，以便能更好地促进专业素养的发展。

<table>
<tr><td rowspan="2">公开课的基本信息</td><td>上课者</td><td></td><td>上课时间</td><td></td></tr>
<tr><td>上课内容</td><td></td><td>上课班级</td><td></td></tr>
<tr><td>公开课中哪些做法可以直接运用或迁移运用</td><td colspan="4">1.<br>2.<br>3.</td></tr>
<tr><td>公开课中哪些做法应该尽量避免</td><td colspan="4">1.<br>2.<br>3.</td></tr>
</table>

不断追求专业成长，不仅可以让幼儿教师获得成长的幸福和快乐，同时，还可以让幼儿教师获得工作的幸福和快乐。幼儿教师应该努力成就自己，然后成就优秀的孩子。

1. 你的幼儿教育信仰有哪些？为什么？
2. 结合本章内容，谈谈如何成为一位幸福快乐的幼儿教师？(要求至少能写出10个观点)
3. 结合你的经验，谈谈你的幼儿园教育理想。

[1]吉喆. 论幼儿教师教育信仰的养成[J]. 教育理论与实践，2016(17)：42-44.

[2][4]韩大林，陈秋枫. 论教师教育信仰的功用及养成[J]. 内蒙古农业大学学报：社会科学版，2008(5)：135-136.

[3][5][7]石中英. 教育信仰与教育生活[J]. 清华大学教育研究，2000(2)：28-36.

[6]刘京翠，付翠梅. 论中小学教师教育信仰的缺失与重建[J]. 教育观察，2012(6)：35-38.

[7]佚名. 美国的“教育者誓词”[J]. 语文新圃，2005(9)：45-46.

[9]晓达. 西方教育：玩也是一种学习[J]. 21 世纪，2002(6)：30.

[10]莫源秋. 愿每位幼儿教师都幸福[J]. 当代学前教育，2013(1)：1.

[11]莫源秋. 等孩子说完话再作判断[J]. 幼儿教育，2003(5)：49.

[12]莫源秋. 关于园长，关于好园长[J]. 海峡幼儿：教师，2006(4)：30-32.

[13]莫源秋. 理想中的幼儿园[J]. 当代学前教育，2011(3)：1.

[14]莫源秋. 向往天堂般的幼儿园[J]. 当代学前教育，2011(4)：1.

[15]莫源秋. 我的幼年没有幼儿园[J]. 当代学前教育，2010(5)：1.

[16]莫源秋. 幼儿园好老师[J]. 当代学前教育，2011(1)：1.

[17]莫源秋. 如何正确理解“幼儿教师专业成长”[J]. 教育导刊：幼儿教育，2012(4)：61-64.

# 第三章　师幼互动的道德规范要求

师幼互动是指在幼儿园一日活动各环节中，教师和幼儿之间发生的各种形式、性质、程度的心理交互作用或行为的相互影响的过程。师幼互动的发起者，可以是教师，也可以是幼儿；可以是一对一的互动，也可以是一位老师发起与一群幼儿的师幼互动；可以是一群幼儿发起的与一位教师的师幼互动；师幼互动可以是以传授知识技能为目的，也可以是以情感交流为目的。

师幼互动是教师促进幼儿发展的十分重要的途径。为了在师幼互动过程中更好地促进幼儿身心的健康发展，幼儿教师必须认真研究和遵守相关的道德行为规范，否则，师幼互动不仅不能有效促进幼儿的发展，相反，还会阻碍甚至损害幼儿的健康发展。本章在介绍师幼互动基本道德原理的基础上，重点阐述在各种情境中师幼互动的道德行动原则与具体措施。

## 一、尊重幼儿的合法权益

尊重、保障幼儿的法定权利，是每一位幼儿教育工作者义不容辞的职责。幼儿作为民事主体具有权利能力，依法享有法律法规规定的合法权益。[1]幼儿作为未成年人，具体享有以下三个方面的权益：

第一，生存权。生存权包括生命安全权和生活保障权，是幼儿得以发展的最基本条件，任何人不得非法剥夺和侵害。

其次，受保护权。受保护权在《儿童权利公约》里包括三部分内容：反对一切形式的幼儿歧视；每一个幼儿将得到平等对待；保护幼儿一切人身权利及关于处于危机、紧急情况下的幼儿保护；脱离家庭的幼儿保护。

第三，发展权。发展权是指幼儿拥有充分发展其全部体能和智能的权利。在《儿童权利公约》里，发展权利主要指信息权、受教育权、娱乐权、文化与社会生活的参与权、思想和宗教自由、个性发展权等。其主旨是要保证幼儿在身体、智力、精神、道德、个性和社会性等诸方面均得到充分的发展。

## （一）保障幼儿权益的意义

**1. 幼儿在社会中的弱势群体地位决定了幼儿更需被保护**

幼儿是一个在社会中处于相对不利地位的群体，他们不懂得如何维护自己的权利，没有能力维护自己的权利，是社会中易受伤害的群体，通常甚至不知道自己享有哪些权利，正是由于幼儿在社会中处于劣势地位，所以他们必须受到社会更多的关注与保护。[2]

**2. 幼儿法律身份的特殊性，无法保障自己的权利**

根据我国《民法通则》的相关规定，3—6 岁的幼儿属于无民事行为能力人。无民事行为能力，即是指公民不能独立进行民事活动，只能由其法定代理人代理进行民事活动。未满 8 周岁的未成年人和完全不能辨认自己行为的精神病人为无民事行为能力人。因此，3—6 岁的幼儿的权利是否能够得到保障，必须依赖于成人。

## （二）保障幼儿权益的策略与方法

**1. 树立正确的幼儿观**

幼儿观是人们对幼儿的存在、幼儿在人类中的地位、幼儿作为人的特殊性的一般观点和看法。纵观古今中外，不同时期的幼儿观直接影响着对幼儿权利的尊重与否。因此，我们要树立正确的幼儿观，才能确保幼儿的权利得到充分的尊重。[3]

**2. 正确把握幼儿的权利观**

尽管幼儿年幼、体弱，各方面需要得到成人的抚养、照顾和培育，却不能因此而否定幼儿与生俱来的权利，应当知道幼儿一生下来就天赋人权，是任何人不可随意剥夺的；另外，要认识到幼儿是权利的主体，而不是客体，他作为权利的主体，具有参与家庭、文化和社会生活的权利，凡与幼儿发展相关的事宜，成人都应注意培养，要让幼儿学会表达个人的意愿并对他们的意见表示出应有的尊重。[4]在幼儿园教育中，我们应当理性地看到，我们的教师面临着这样一种危险，那就是稍不留神就会剥夺幼儿的主体地位，甚至会扼杀幼儿的天性，这应当时时引起幼儿教育工作者的警戒。

**3. 真正尊重幼儿的游戏权利**

《幼儿权利公约》有专门条款规定了幼儿游戏的权利，《幼儿园工作规程》和《幼儿园教育指导纲要》也指出幼儿园应当“以游戏为基本活动”。事实上，对于幼儿来说，游戏就是他们的学习。而游戏的权利就像幼儿其他权利如生命权、生存权和教育权一样是不可剥夺的。因此，在教育实践中，我们要为幼儿创设良好的游戏环境，提供开放性的游戏材料，为幼儿的学习创造有利的环境与条件，在游戏过程中关注幼儿的探索行为，并逐步将游戏与课程之间形成良性的互动关系，即游戏生成课程，课程生成游戏，使幼儿真正成为学习的主人，而教师的作用则是为幼儿创设良好的游戏环境，在游戏活动中做一名观察者和幼儿需要的反应者，需要的时候还要以某种特殊的方式(如担当角色、与幼儿的平等游戏等)参与其中，做幼儿经验的扩展者。

**4. 正确把握幼儿园常规**

幼儿园常规包括生活常规和学习常规，《幼儿园教育指导纲要》在“科学、合理地安排和组织一日生活”中明确指出：“建立良好的常规，避免不必要的管理行为，逐步引导幼儿学习自我管理。”可见，合理的常规是保证幼儿园生活、教育活动顺利开展、培养幼儿良好习惯的重要手段。但是具体的教育实践中，幼儿园的常规教育也存在着不少弊端，如有些常规过分强调了秩序的有序性而忽视了幼儿的自主性，如为了保持正进行着的活动的安静，而要求幼儿在操作活动材料时禁止发出声音；也有时过分强调了常规教育的共性，而忽视了幼儿的个别差异，压制了幼儿的个性，如要求幼儿绘画活动完成后就将作品送到指定地方，这个活动环节显然不利于幼儿之间有益的相互交流，从而扼杀了幼儿的主动性。因此，在制定幼儿园常规时，要特别注意既要做到培养幼儿良好习惯，保证教育活动的开展，又不至于限制了幼儿个性的发展，而使常规转化为幼儿内在的自身意愿。

**5. 切实提高幼儿教师人文素养**

当前幼儿教育实践中我们也不难发现，不尊重幼儿权利的现象比较多地发生在一些素质不高、师德欠佳的教师身上。在社会日益进步、幼儿教育迅猛发展的当今社会，如何使广大幼儿教师具备先进的教育理念、科学的教育教学方法和广博的知识修养成为重中之重。首先，要使广大幼儿教师认识到幼儿作为独立的个体，同样有着自己独立的权利，应该得到同等的尊重；其次，作为幼儿教师，要有一颗对幼儿充满关怀的爱心和不厌其烦的耐心，这是幼儿教师最基本的职业要求；最后，还要掌握科学的教育方法和手段，如在教育活动过程中正确使用表扬和批评的手段，巧妙地使用一些暗示手段等，使自己成为一名充满智慧的教师。

**幼儿园张贴体检结果，侵犯未成年人隐私权**

某幼儿园，把班里每个孩子的体检结果公布在教室门口，上面除了身高、体重等项目外，还包括是否患有鸡胸、包茎等孩子的隐私内容。幼儿园是否有侵犯幼儿隐私的行为？

**父母不让孩子上学违法吗？**

村民赵某家有一子一女，均达到法定入学年龄。但赵某有重男轻女思想，仅让其九岁的儿子上学，其女儿则被留在家里帮助干活。村委会干部多次劝说赵某将女儿送到学校去读书，均被赵某以自家的事不用他人来管而拒绝。其女儿渴望上学，经常偷偷溜到村办小学的教室外听课。小学校长张某发现此事后，亲自到赵某家里做工作，劝告赵某，国家法规规定子女有受教育的权利，赵某的做法违反了《教育法》。赵某听从了张校长劝告，将其 7 岁的女儿送到学校读书。

**幼儿也有著作权吗？**

某幼儿园幼儿李某很有绘画天赋，他的画多次在幼儿画展上获奖。有家出版社计划出版《幼儿优秀美术作品选》，经该幼儿园老师的推荐，李某署名。但出版印刷时，作品只有“××幼儿园供稿”字样。李某家长知道后，就找到出版社索要样书、稿酬及作者证明。出版社答复说，样书可以给，作者证明可以开，但选登李某的画得到了幼儿园的同意，稿酬已统一支付给了幼儿园。幼儿园则认为李某的画作得到了幼儿园老师指导，又被推荐出版，对李某来说是一种荣耀，家长不应再索要稿酬。

**擅自利用幼儿形象作广告引发纠纷**

李某现年只有6岁，就读一所私立幼儿园，去年在县举办的“六一”儿童节汇演中表演的节目荣获一等奖，因此私立幼儿园以李某被授奖时的镜头在电视中为其园作宣传广告。李某的父亲找幼儿园要求其停止宣传广告的播放，并赔偿有关损失，幼儿园便说这广告是经李某口头同意的。

**谁想去上公开课**

中班的幼儿正在老师的带领下参加户外活动，隔壁班的老师过来调选几个小朋友参加公开课，老师就对小朋友们说：“谁想去上公开课啊?”有25个小朋友举起了手，可公开课只要从这个班挑选15个小朋友就够了，老师就对小朋友说：“摸到头的小朋友可以去参加公开课。”这样，这个班级里就有10个小朋友失去了参加公开课的资格和机会。值得一提的是教师不是随机抽取幼儿，被摸到头的幼儿大多是教师认为乖巧、聪明、会配合老师的。

## 二、保护幼儿生命安全

幼儿园必须将保护幼儿生命安全放在首位，幼儿园没有任何工作比保护幼儿生命安全重要了。生命在，教育才有机会，幼儿的发展才有依靠。

### （一）保护幼儿生命安全的意义

**1. 幼儿自我保护意识和能力弱**

由于经验有限，能力有限，幼儿的自我保护意识和能力都特别弱，他们不知道危险在哪里，出现危险后幼儿不知道如何保护自己，因此，保护幼儿和提高幼儿自我保护能

力和意识很重要。

**2. 幼儿好奇心强**

由于好奇心驱使，加上幼儿对危险没有经验，这个世界对幼儿而言更加充满危险。不知道的，不了解的，他都想去探索——去碰一碰，去摸一摸——许多危险就是这么发生了。许多时候，教师越是提示那里有危险，他们越是要去探索，这给幼儿身体甚至生命带来了很大的潜在危险。

**3. 面对危险，幼儿自控能力弱**

许多时候，幼儿也知道危险，但还是控制不了自己去冒险的行为。这也是幼儿容易受到伤害的一个重要原因。因此，让危险远离幼儿对保护幼儿生命安全就显得尤为重要。

## （二）保护幼儿生命安全的策略与方法

为了确保幼儿生命安全，幼儿教师在工作中，应该注意以下策略与方法。

**1. 让危险远离幼儿**

是让危险远离幼儿，不是让幼儿远离危险。比如，电源插座要装在幼儿够不到的地方，而不是将其装得很低，然后告诉幼儿不要去碰触电源插座，因为幼儿有天生的好奇心——成人越是禁止的，他们去碰触的欲望就越强。

**危险的小串珠项链**

妈妈今天看小毛毛很听话，奖励她一串漂亮的项链戴在脖子上。午睡时老师没有发现她拿着项链在玩，玩着玩着，她不小心就把项链弄断了，珠子全都撒落。后来她把其中的小珠子放到了耳朵里，出不来了。她害怕得哭叫了起来，老师及时把她送到医院，才避免了危险的进一步发生。

**2. 预防在先，及时抢救在后**

由于幼儿自我保护意识、安全意识和能力比较缺乏，因此，为了保护幼儿的人身安全，幼儿园必须将预防安全事故发生放在优先的位置，不要等到发生安全事故了才去抢救。

为了减少甚至避免安全事故的发生，幼儿园应该做好幼儿的安全教育工作，让幼儿形成安全意识和能力。

案例 3-7

### 汤洒了！

一天，吃午饭的时候，许多小朋友喊："老师，辰辰把汤洒了！"小朋友一起注视着我，等着我的"发落"，而弄翻汤的辰辰则用慌张的眼光看着我，任凭那汤从桌上流到身上。我连忙喊："辰辰，快站起来！"我怕孩子烫着，而他仍然没有反应，于是我赶紧将他拉开。

我感到很痛心，这么多幼儿看着汤被打翻，连最起码的自我保护都不会。汤是很烫的，但只要站起来，危险就可以避免。

为此我组织幼儿讨论"汤打翻后，我该怎么办？"使幼儿认识到事情发生后，首先要自己想办法，汤很烫时应该马上站起来，或者把两腿分离开座位，最后把桌子擦干净。

案例 3-8

### 教会幼儿正确应对危险

一次外出活动时，一个小男孩用小木棍戳另外一个小男孩的肚子。被戳疼的小男孩非常生气，他咬牙切齿，迅速追打对方。一位男教师赶过来拉住他们，让他们一个坐在身边，一个站在面前，告诉戳人的孩子，这样做会有哪些危险，并要他拉拉对方的手表示道歉。

之后，该教师又告诉那个被戳的孩子，他可以有多种应对办法，如，提前发现危险，提醒对方你不喜欢他的行为，夺下小木棍，迅速走开，告诉老师等。该教师对被戳的孩子表示同情，声称完全能理解他的愤怒。这个被戳的孩子抽泣了一会儿，终于平静下来去玩了。

### 3. 提高幼儿教师对安全事故的处置能力

幼儿教师必须掌握心肺复修术、海姆立克急救法以及对扭伤、骨折、灼伤等安全事故正确的应急处理方法，在医疗人员到来之前能对幼儿进行有效的施救。有些安全事故，如果等到专业医护人员到来后再施救，已经来不及了，因此，幼儿教师要掌握必要的、基本的、简单的救护技能，为挽救幼儿的生命赢得宝贵的时间。

### 4. 建立并实施严格的安全管理制度

为了减少甚至杜绝安全事故的发生，幼儿园必须建立严格的安全管理制度：晨检制度、安全接送制度、食品选购安全制度、场地及其设备定期检查制度、门卫安全管理制度、药品安全管理制度、热食管理制度、幼儿园危险场地管理制度等，以刚性制度来确保幼儿的生命安全。

### 5. 保护幼儿生命安全的具体措施

(1)时刻让每位幼儿保持在教师视野范围里。任何活动都应该至少让每一位幼儿保持在一位教师的视线范围里，以便及时发现危险并做出反应。比如，两位老师带孩子外出活动，一定是一位老师在前面，一位老师在后面；孩子上厕所，一定是厕所里面一位老师，厕所外面一位老师；两位老师在外面看孩子活动，必须分开站以确保每个小孩至少在一个老师视野范围里；孩子午睡，值班人数至少应该是 B+1 位值班人员(B 为班级数，1 为流动岗人数)。

(2)清点人数。早晨饭后 20 分钟进行第一次清点人数，确认应到人数和实到人数，落实哪些孩子没有来及原因，并做好记录和交接工作。任何一次活动场地的转换，比如，从室内到室外，从室外到室内；从车上到车下，从车下到车上，都要清点人数。

(3)带班时间不得做任何会导致工作注意力分散的事情，如玩手机、聊天等。

(4)电源线、电源插座等要装在幼儿够不到的地方。

(5)在带班时间严禁工作人员穿高跟鞋、拖鞋、佩戴饰品，工作人员的指甲要常剪。

(6)幼儿园不得种或养可能给幼儿带来伤害的植物或动物。

(7)在幼儿够不着的地方设置“药袋”，给幼儿服药时，严格核对姓名和剂量。

(8)做好晨检工作，发现利器或其他不安全物品应及时处置。

(9)实行试吃制度。也就是在幼儿进餐前半个小时，园长或教师先试吃，试吃没有问题了，再让孩子们吃。这个制度比食物留样制度更有效，前者是食物安全事故大规模发生前，将其中止；后者则是食物安全事故发生后追究责任。

(10)及时处理幼儿的常见事故(先进行必要救护，同时呼救专业救援队)，危险情况优先救护幼儿。

(11)活动前的安全检查。

- 有没有一些和幼儿差不多高的锋利的桌角?
- 是否允许孩子在教室里跑?
- 有没有一些关于幼儿使用剪刀、锤子以及小刀的规定?
- 有没有一个能够让幼儿骑乘玩具自由移动的无障碍区?
- 秋千是否远离人多的区域，是否用树丛或栅栏隔开?
- 有没有一些设备会绊到幼儿的脚或膝盖? 在链条连接的栅栏下有没有能绊到幼儿的东西?
- 是否清除了残渣和玻璃碎片?
- 是否在攀爬、滑行器械下放缓冲垫或沙子?
- 滑梯和其他金属器械生锈了吗?
- 木制器械有开裂的地方吗?
- 检查过桌椅上的钉子和各种大型玩具连接处的螺丝吗?[5]
- 活动前，检查幼儿衣着、鞋带、小珠子了吗?

(12)进餐时汤、菜温度适宜，盛饭、菜的器皿远离幼儿。

(13)不在进餐时玩耍、嬉笑打闹，以免不小心让食物噎住或卡住气管。餐后活动组织，班级老师要分工协作。

(14)要求幼儿按规则游戏，不互相推拉，会灵活躲闪，不猛跑、猛停。

(15)不管幼儿是否全部入睡，照看者都应始终照看幼儿，自己不能睡觉或离开。

## 三、关爱幼儿

幼儿教师应该关爱每一个幼儿，并且要让幼儿感受到幼儿教师的爱，这样，才能有效地促进幼儿的健康发展。

### (一)关爱幼儿的意义

#### 1. 幼儿对师爱的回报是幼儿教师职业幸福的重要源泉

教师关爱幼儿，不仅有利于幼儿的健康成长，而且有利于教师体验到职业过程和结果的幸福感、成就感。

## 和孩子一起成长就是幸福

记得在大班即将升入小学的一次音乐活动上，我教他们唱歌曲《再见吧，教师》。我们一起回忆三年来的点点滴滴，讲述着即将离别的伤感之情，最后孩子们都哭了，说着："老师，我不想离开你！"望着这群可爱的孩子，我哭了。我知道这是幸福的泪水，这是世上最宝贵的真情，这是人间最美的画。也许，我无法用语言来诠释"幸福"的真谛，但我觉得和孩子们一起成长的日日夜夜，拥有孩子们真诚的爱，便拥有着幸福！

## 孩子送礼，老师被感动得泪流满面

早上，小朋友们陆陆续续来园了。田田小朋友兴高采烈地怀抱着一袋东西对姚老师说："姚老师，这袋板栗给你吃。"姚老师说："谢谢你，我不吃，你自己留着吃吧。"田田还是坚持说："我不爱吃板栗，我妈妈也不吃。"说完他就跑开了。姚老师把板栗暂时放在了桌子上。吃午点的时候，小朋友都在吃梨。田田手中拿着一个梨，犹犹豫豫的，姚老师忽然想起他不爱吃梨。这时，姚老师看到了桌上的板栗，就把田田叫过来："老师知道你不爱吃梨，那你吃板栗吧？"田田说："姚老师我还是吃梨吧，我不爱吃板栗，我家还有呢。"

下午放学的时候，田田的妈妈来接他了。姚老师把板栗拿给他妈妈让她拿回家，正当她想对姚老师说什么的时候，田田哭了。姚老师马上蹲下看他怎么啦。田田哭着对姚老师说："姚老师，你就吃板栗吧，可好吃了，不是我不爱吃，我就是想给你吃。"看到孩子说出这样的话，姚老师的眼睛湿润了。这时，田田的妈妈说："姚老师你就吃了吧，这板栗是老家的爷爷给他拿来的，特甜，他特爱吃，就剩一袋了，早上非要给你拿来。"姚老师伸手把满脸泪水的田田搂在怀里。姚老师把板栗留下了一半，另一半让田田带回了家。看到姚老师把板栗留下，田田高兴地走了。

（姚金爽，蔺雪茹）

案例 3-11

**感动：被孩子想念**

由于工作需要，我外出学习了三天。当我回到幼儿园时，我班的小朋友兴高采烈地跑到我面前，你一言我一语地问我："老师，你到哪里去了，你好几天没来幼儿园了，我们好想你！"我被孩子们的"我们好想你"而感动，能让纯洁无瑕的孩子们想着我，我很幸福。看着孩子们纯真的笑脸，听着他们欢乐的笑语，我心里感到无比欣慰。老师也想你们呢！孩子的心中想着老师，老师心中更牵挂你们。多么纯洁可爱的孩子呀，老师喜欢你们！

案例 3-12

**老师，我们给你暖暖手**

这段时间天气变化比较大，早上衣服穿得少，手很冰凉。这天又刚好是我带班上的小朋友去音体房上课。在路上无意之间，我冰凉的手碰上了一个小朋友，他突然大叫："啊，牟老师，你手好冷哦！"他这样的一声大叫让我很尴尬，然后一个小女孩小声地说："老师，能让我摸摸你的手吗？"我不愿意但她就这样拽着我的手，我想很快收回手来，但一个小朋友冲上来，用他们小小的手紧紧地拽着我，说："老师，我们给你暖暖手，这样你就不会感觉冷了。"

当时我真的好感动，差点就哭出来了。一下子我就觉得之前我的辛苦和付出是值得的。看着这些天真的孩子，我觉得心里得到了安慰，因为这是最珍贵的感情，让我初次尝到了一个幼儿老师的快乐，为我以后踏上这个行业增加了信心。

案例 3-13

**感动：孩子的关爱**

有一次，我感冒了，头特别地疼，很难受，我勉强为孩子们组织了一次集体教学活动。集体教学活动中，孩子们看到我难受的样子也特别地乖，连最调

皮的李海龙也认真地听我讲课。下课了，孩子们围到我的身边，刘元凯为我端来了一杯水说："许老师，我妈妈说生病要多喝开水，会好得快。"宋增睿抱着我的腰说："许老师，让我抱抱你，你就不难受了。"……孩子们围着我七嘴八舌地安慰我。

这时桑长江拉着我的手说："许老师，我为你唱支歌吧，听了我唱的歌，你的病就会好的。老师，老师我爱你，阿弥陀佛保佑你，愿你拥有一个好身体，健康又美丽。老师，老师我爱你，阿弥陀佛保佑你，愿你拥有个好心情，永远都快乐……"

听着听着，我的眼泪止不住地流了下来，我没想到桑长江还会改歌词并唱得那么好。孩子们看到我掉泪都吓坏了，孔令辉用他的小手一边为我擦眼泪，一边说："许老师不哭，许老师是个勇敢的孩子。"他把我平时安慰他的话用到了我身上。多么可爱的一群小天使啊！我为他们真诚的话语而感动，老师留下的是幸福和满足的眼泪啊。孩子们让我体会到了做一名幼儿教师的幸福和快乐，还有什么能比收获孩子们的爱更值得欣慰的？

我们常说"爱唤醒爱"，就是因为在爱的给予中，给予者不但唤醒了对方身上有生命力的东西，使对方也成为一个爱的给予者，还激活了自己身上有生命力的东西，在给予的过程中有得而无失。

以爱育爱，以爱换爱。幼儿对师爱的回报，让教师在辛苦的工作中真实地体会到了做幼儿教师的幸福。

**2. 爱是教育有效进行的前提条件**

近代著名教育家夏丏尊先生说过："教育之没有情感，没有爱，如同池塘没有水一样。没有水不能成其为池塘，没有情感，没有爱，也就没有教育。"

英国教育家卢梭也曾说过："凡是教师缺乏爱的地方，无论是品格还是智慧，都不能充分自由地发展。"

关爱幼儿是幼儿园的首要任务。诺丁斯认为"学校的首要任务是关心幼儿。我们应该教育所有幼儿不仅要学会竞争，更要学会关心。教育的目的应该是鼓励有能力、关心他人、懂得爱人、也值得别人爱的人的健康成长。"冷漠的教育过程，培养出来的也多是冷漠的人。从教育爱的要求出发，教育者应关心每一个幼儿，关心其生命活动，关心其现在，关心其未来。[6]

**3. 师爱是幼儿良好人格形成的重要条件**

师爱是幼儿心理健康发展的重要条件和必要环境因素。幼儿有得到爱和爱别人的需要。实践证明，一个充分享受到成人正确而有理智的爱的幼儿，总是充满自信，心情愉快，积极向上；反之，被成人厌弃的幼儿，则常常自暴自弃，形成自卑或反社会心理。通过爱心教育，使幼儿得到爱的满足和学会从爱别人中获得快乐，提高能力和自尊。

关爱对幼儿心理健康成长有着十分重要的意义。一个充分享受到老师和同伴关爱的幼儿，总是心情愉快，积极向上，幼儿园便成了他们向往的地方，成为他们的乐园；反之，幼儿如果被老师和同伴漠视，他们被关爱的需要得到不满足，幼儿就会通过各种手段，甚至不惜通过不符合常规要求的行为来引起人们的关爱，如，攻击性行为、恶作剧、毁坏物品、故意捣乱、生病、对抗、退化行为等，许多时候这些行为只是幼儿用来引起人们对他关爱的一种手段。

关爱可以减少幼儿的攻击性行为。有一个很著名的心理学实验，美国一所孤儿院里的很多孩子表现得性情暴躁，攻击性强。为此，孤儿院组织了一批高校的女大学生定期来孤儿院，给孤儿们以持续一定时间的拥抱、抚摸等身体接触的爱抚。结果，孤儿们每次被爱抚后都表现得较为温和。如果长时间没有得到爱抚，孩子就又会表现得易躁和有攻击性。

关爱影响幼儿的身心健康与发展。在第二次世界大战后的德国，有两所设备和食品质量都完全相同的幼儿园。但是，当调查人员对这两所幼儿园的幼儿健康状况进行调查时却发现，甲园的幼儿身心都很健康，情绪也很愉快，而乙园的幼儿却身心健康状况较差。迥异的结果使调查人员十分困惑，他们经过认真地调查分析之后，终于找到了原因。原来，甲园管理幼儿吃饭的保育员态度和蔼，富有爱心，在幼儿吃饭时总是以微笑、鼓励对待和帮助幼儿，而乙园的保育员则对幼儿缺乏耐心与爱心，每逢进食就训斥幼儿，致使幼儿一到进食时就害怕、流泪，甚至小便失禁，进餐时情绪低落，严重地影响了幼儿的食欲及消化吸收，最终对幼儿身心健康产生不利的影响。

#### 4. 师爱是一种教育力量

师爱就是一种推动幼儿不断向前发展的力量。幼儿都渴望得到老师的关爱，为此，他们都努力成为老师心目中的好孩子。因此，在平时的各种保教活动中，幼儿教师应努力创造条件满足幼儿的关爱需要，让幼儿在老师的关爱下健康成长。

### 一朵栀子花

嘉嘉是个可爱的男孩，就是不爱开口说话，喜欢独来独往。每天早晨，我一见他就微笑地说：“嘉嘉，早上好！”可他总是躲在爸爸身后，耷拉着脑袋拒

绝向老师问好。时间一天天过去了，他爸爸灰心了，说："老师，别费心了，我这'哑巴'儿子，你别理他算了！"我并不灰心，天天坚持主动向他问好，平时关心他，鼓励他的眼神更多了。

终于，在一个栀子花开的早晨，嘉嘉拿着一朵小小的栀子花，跑到我跟前说："老师，送给你！"我是多么惊喜，激动地吻了吻栀子花，又吻他，高兴地说："谢谢你！嘉嘉。哇！好香的栀子花。"小家伙终于肯和我说话了，我知道一定是我的执着感动了他，他是借着这朵小花向我敞开了心扉。接下来的日子，嘉嘉每天都带一朵小小的栀子花送我，用他亮亮的眼睛看着我，羞涩地叫一声"老师"，偶尔也跑过来和我说上一两句话。我用更高兴、更惊喜的表情回复他。从那以后，嘉嘉变得爱笑了，爱说了，也爱和同伴交往了。[6]

### 变得守纪律了

小勇很好动，一刻不停。可这天，小勇却不声不响地趴在桌子上。陈老师看到了说："昨天肯定玩到很晚才睡觉，现在没精神疯了吧。"同班的王老师看到了，走过去一瞧，原来，小勇的牙龈发炎了，半边脸肿得像红苹果。王老师经询问才知道小勇为了不影响妈妈上班，坚持带病上幼儿园。王老师在全班孩子面前表扬了小勇，还决定在讲故事的时候抱着小勇作为奖励。从这以后，王老师发现：小勇变了，变得守纪律了。

（莫源秋）

**5. 师爱是幼儿喜欢来园的一个重要因素**

有爱在，幼儿园就会成为幼儿向往的地方。我们的调查发现，当不爱幼儿的老师（准确地说是没能让幼儿感觉到师爱的老师）带班时，幼儿就不喜欢上幼儿园，甚至有时还会找种种理由（如装病等）不上幼儿园；相反，当爱幼儿的老师带班时，幼儿对幼儿园就抱着一种向往的态度，甚至有时幼儿还坚持带病或者冒着大雨也要上幼儿园。

案例 3-16

**老师肯定是不喜欢我了**

4 岁多的娟茹这几天正在为上幼儿园的事和爸爸妈妈闹别扭。每次一提去幼儿园，她就一脸不乐意。问及原因，娟茹支吾了半天，然后说："老师上课问问题，让我们举手回答。她问的我都会，可我举了好几次手，老师都不叫我。还有，我们吃饭前老师会叫小朋友摆碗，可是最近一直没叫我摆，老师肯定是不喜欢我了。"

孩子感受到老师不爱他了，因此，就失去了去幼儿园的动力。

（莫源秋）

案例 3-17

**老师不爱我了**

一向开开心心上幼儿园的毛毛突然不想上幼儿园了，妈妈问他怎么了。他说："教师不爱他了。"

调查发现，原来毛毛上幼儿园时，教师因为忙于其他的事而忘记了对他微笑。

每个孩子都渴望教师的关爱，教师要充分理解幼儿的情感需求，时刻关照他们的情感需求。

**6. 幼儿对教师的爱特别敏感**

案例 3-18

**老师不喜欢我了**

一孩子不想来幼儿园了，老师去家访了解其原因。经过询问，孩子说："入园时，老师摸了其他小朋友的头，没有摸我的头，老师不喜欢我，我就不喜欢去幼儿园了。"

幼儿非常渴望得到教师的关爱，同时，对教师的爱又十分地敏感，而爱又是幼儿健康成长的基础之一。幼儿往往会因为老师的一点点疏忽而认为老师不爱他了，进而连幼儿园也不想去了。

**李老师不喜欢我了**

一天早上，红红在奶奶的带领下来到幼儿园，当时李老师正在跟一位家长谈话，红红大声地向李老师问好，可是老师只顾着跟那位家长说话，没有回应她。红红闷闷不乐地坐到座位上，没有吭声。红红在班上是个非常活泼的女孩，见到她很反常，我就过去问她怎么了，她告诉我："李老师不喜欢我了，我跟她问好，她不理我。"

名慧小朋友是一位可爱的孩子，笑起来很天真，像春天开放的花朵。然而有一天来园，低着头不敢看老师。名慧的一反常态令人诧异，"什么原因使她突然转变了呢?"通过与她交流，知道了原因：某天下午妈妈来接名慧离园，名慧高高兴兴背着书包逐一向老师说再见，当时我正在照顾一位患病幼儿，没有听到她一遍又一遍地对我说"再见"。于是名慧一路回家都不开心，并且不断地问妈妈：张老师为什么不理我？是不是老师不喜欢我了？"

（张翠婵）

老师的一点疏忽，可能会让孩子一整天，甚至好长时间都处于疑惑、不高兴状态。

**7. 师爱是获得家长认可之前提**

幼儿教师要想获得家长的接受与认可，就必须通过各种方式让家长感受到你很爱他的孩子。如果孩子喜欢你，一见到你就过来和你亲热，在家五句话有三句是表扬你的话，时间长了，家长也就不得不喜欢你。你爱他孩子，他孩子也爱你，父母慢慢地就认可你、接受你了。

## （二）关爱幼儿的策略与方法

为了更好地促进幼儿的健康发展，教师关爱幼儿应该遵循以下策略与方法：

**1. 师爱要公平**

师爱要公平，要让每个幼儿都能感受到老师对他的爱，并且这种爱是公平的。公平的爱，有利于幼儿心理的健康发展，偏爱不利于幼儿心理的健康发展。

在美籍华人周励的自传体小说《曼哈顿的中国女人》中有一段令她刻骨铭心、难以忘怀的幼儿园生活的描写：

> 一位年轻漂亮的老师很不喜欢我，嫌我丑，嫌我脏，嫌我穿戴土里土气。我总是悄悄地望着她一会儿抱抱莎莎——莎莎的爸爸很有钱；一会儿抱抱艳艳——艳艳长得特别漂亮……我多么希望老师也抱我一下，亲我一下。于是我鼓足勇气，怯生生地挨到老师身边，低声说："老师，您也抱抱我好吗？"谁料她却厌烦地一把将推开我说："去去，看你那两筒鼻涕，脏样！"
>
> 我幼弱的心一下凉到冰点，认为自己是世界上最难看、最不幸的孩子，放声大哭起来……
>
> 这时，另一位漂亮的好心教师快步来到我身边，抱起我，用她干净、柔和，还带有香味的手帕，给我擦眼泪、鼻涕，又抱我到她房间给我洗耳洗脸、抹香香、点胭脂、梳头、扎小辫子，然后抱我到镜子前，甜甜地亲一下我的小腮帮说："看，励励是个多么漂亮可爱的孩子……"此时，我感到我是世界上最幸福的小女孩。

现实中，在幼儿园里，我们时常可以看到，一些相貌好看、性格开朗、聪明伶俐、善于言辞而且在学习、游戏中组织能力强、活动水平高的幼儿和家庭有较高经济地位、社会地位的幼儿，更容易得到幼儿教师的喜欢，特别是行为上的喜欢，如表扬、夸奖、抚摸、抱、微笑等，而那些内向、不漂亮、顽皮、衣着不整、学习上有困难，社交有障碍的幼儿和经济地位、社会地位较低家庭的幼儿则较少得到幼儿教师喜爱，他们极少得到教师的表扬、夸奖、抚摸、抱、微笑等，他们也没有得到充分地表现自我的机会，他们处于师幼互动的边缘，他们很容易形成自卑、自闭、自我否定等不良性格倾向。

为了无悔，我希望幼儿教师经常对孩子们，特别是对那些"不起眼"的孩子说："来，老师抱抱你！"让每个孩子都在教师爱的阳光里健康成长。

### 来，老师抱抱你

下课后，我抱着梦叶小朋友逗她玩。梦叶是个很讨人喜欢的小姑娘，既聪明文静，又漂亮可爱。正玩得开心，我无意间瞥见曹星星小朋友正静静地站在旁边看着我们，一脸的羡慕。我记得五分钟前他就已站在那儿了，以前似乎也有过这种情况。我的心头猛地一惊，像是被针刺了一下，在记忆库中搜寻，我好象真的从来没有抱过他。

曹星星是一个外乡人，上课不守纪律，下课到处乱跑，说实在的我不大喜欢他，更别说抱他了。眼下看到他那眼巴巴的样子，一定也想让我抱抱他。可为什么我就从来没有想到要这样做？就因为他上课不守纪律，他调皮么？作为老师，应该无条件地关爱每一个孩子，不应该心存偏爱。想到这里，我连忙放下梦叶小朋友，走到曹星星身边蹲下，亲切对他说："来，老师抱抱你。"他马上开心地张开手臂，坐到我的腿上，我心头一热，抱紧了他，边抚摸着他的头，边和他聊起来。

这一天下来，曹星星小朋友表现得特别好。放学时，望着他充满欢快的眼神，我禁不住再次提醒自己；平等对待每个孩子，让孩子们的幼儿园生活充满阳光。往后的日子，我知道，我会经常对孩子们说那句话——"来，老师抱抱你！"

（莫源秋）

有了老师公平的爱，幼儿在园里就会生活得心安，他们不会为了得到老师的爱而刻意地去表现自己或者通过一些能引人注意的"违规行为"来引起老师的注意，进而得到老师的爱。

幼儿教师不要对幼儿有偏爱倾向。偏爱是指老师不能把爱公平地撒向每一个幼儿，而出现的厚此薄彼的一种情感偏向。老师的偏爱影响着老师对不同幼儿的不同态度和不同的教育行为，而这些又影响着幼儿心理的健康发展。

在幼儿园见习时，我就曾见到过几位平日受到老师冷落的孩子围攻一位得到老师过分宠爱的孩子。我问那几个孩子，为什么要围攻人家。他们的回答很干脆："谁叫老师那么喜欢他！"——这都是因为老师对幼儿偏爱造成的心理伤害的恶果。由于偏爱而造成的相类似的事件还有很多，如，在幼儿园里，我们时常见到被老师冷落的孩子通过偷或毁坏老师偏爱的孩子的物品来求得心理上的平衡。我想，这种由于老师的偏爱而形成的心理氛围，对所有孩子心理的健康发展来说都是不好的。

幼儿教师的偏爱，不仅会使得被冷落的孩子产生心理异常，同时也会使得受宠爱的孩子心理发展上出现偏差。比如，在我曾经见习过的中班里，有一个特别调皮的小孩，他喜欢跟别人争吵，还经常违犯课堂纪律，老师警告多次他都熟视无睹。是什么原因使得这个孩子变成了这个样呢？经过了解，我们才知道，原来该班的保育员是他的姑姑，犯错误有人帮他"撑腰"，所以有恃无恐。我们不禁要问，这是在爱孩子吗？这分明是在害孩子呀！

由于偏爱而导致教师的教育行为失当，进而影响孩子心理的健康发展，这是十分普遍的。例如，有位优秀的幼儿在跳舞、弹琴、讲故事方面表现都很突出，为老师争得了不少荣誉，老师很是喜欢她。有一次，那孩子和别的孩子意见不一致，结果她就骂粗口话，老师不但不批评她反而责怪其他孩子为什么不听她的话。又如，老师喜欢的丁钉把小勇弄哭后，他先去告状，说是小勇先打他的。听完丁钉的诉说后，老师不分青红皂白地把受了委屈的小勇批评了一番。而孩子们的眼睛是雪亮的，觉悟也是挺高的，其他知道真相的孩子则争先恐后地帮助澄清事实，而此时的老师却听不进去，然后对孩子们说："那你们就别惹她！"……

相类似的事件还有很多。幼儿教师应该明白，偏爱对所有的孩子都是一种伤害！为了所有孩子心理的健康发展，我们应该公平地关爱每一个孩子——不管他们的个性如何，长相如何，能力如何，社会背景如何，他们都是我们祖国的未来，他们都需要我们的关爱！

因此，为了让每个幼儿生活得安心，我们应该努力给予每个孩子以公平的爱，让孩子们在我们爱的沐浴下健康快乐地成长。

### 2. 特殊的爱给特殊的孩子

前面提到，不要偏爱孩子，但是有时候一些处境特别的孩子，确实也需要教师特别的关爱。如有一位老师有一次跟我讲起她是如何对待班上的特殊的小朋友的：有一个单亲家庭的孩子，她妈妈总是没时间、没心情亲近她，所以我有意识地每天花一点时间把她抱在怀里，有时是跟她讲一个故事，有时是带她唱一首歌……还有一个刚刚从边远山区来的孩子，讲的话谁也听不懂，没有小朋友跟他玩。他让我想起自己刚到幼儿园里的时候，所以马上教他几个班上小朋友最喜欢的游戏，这样他很快就能和小朋友玩到一起了。

对于这些特别的孩子，老师不仅要特别关爱他们，而且还要发动其他孩子一起去关爱他们。因为这种特别的关爱，不仅对被特别关爱的孩子的健康成长有利，对关爱同伴的孩子的健康成长也是有利的。

### 3. 师爱要让幼儿感受得到

我们曾做过一个调查：68 位幼儿教师——你觉得你喜爱你们班的孩子们吗？这些教师所带的 350 位幼儿——你觉得你们班老师喜欢你吗？结果 68 位幼儿教师 100%都明确地表示，他们喜欢孩子们；而他们所带的这 350 位幼儿中只有 34.7%感觉到他们的老师是喜欢他们的。这一调查结果告诉我们，教师的爱并没有让所有的幼儿感受到。

事实上，幼儿对教师的关爱是很敏感的，因此，我们建议，每天早晨都要安排一名老师在班级活动室门口热情地迎接每个幼儿的到来，并且在迎接幼儿时尽可能通过各种

形式，向每个幼儿表示我们对他的关爱，如，给他们一个关怀的眼神，一个灿烂的微笑，一个温暖的拥抱，或者关切地对幼儿说上一句话……这种爱的表示，会让幼儿快乐一整天。

**拥抱会让孩子心满意足**

在幼儿园见习时曾听到一位教师介绍，她为她们班的孩子设计了这样一个游戏：她告诉小朋友们，他们和老师有一个特别的游戏，如果哪位小朋友需要别人抱抱，心里才好过，只要冲到老师的面前说："老师，今天你抱过我了吗?"老师就会伸出双手抱住他。大家紧紧拥抱着对方，心里一起数数："1、2、3……"这位老师还说：每次小朋友们离开她的怀抱，都是心满意足的，乐颠颠地继续玩他们的去了。

（莫源秋）

幼儿的健康成长，真的需要老师的亲密拥抱，这样可以让幼儿感觉到老师的关爱，进而感觉到幼儿园的温暖。

**4. 了解幼儿求关爱的"伎俩"**

当幼儿的关爱需要未得到满足时，他们就会通过一些"伎俩"来寻求教师的关爱。因此，作为教师一定要了解幼儿这些求关爱的"伎俩"，方便更好地关照他们的被关爱需求。

有的孩子想让老师抱一下就说："老师，我肚子疼!"——其实他是想让老师抱一抱。

有的孩子搞破坏，他把枕头往地下扔，把书也往地下扔——其实他是想向你索要一些亲密的动作，如果你抱住他狠狠地亲了一下，他就哈哈大笑，躺在床上。

本来早已经会了的技能，现在突然变得"不会"了，有的孩子甚至返回到"无能的婴儿期"，有的孩子公开地说："我太小了，我什么也不会!"进而什么都需要成人的照顾。其实，这种"无能"——"不会吃饭""不会脱衣服""不会上厕所""不会梳头"等"倒退行为"都是幼儿寻求成人关爱的一种典型表现。

恶作剧也是幼儿寻求关爱的一种表现。我们时常看一些孩子一会站起，一会发出怪叫，一会又去打扰其他同伴的学习，一会儿推倒同伴用积木或积塑搭建的结构物，一会儿从后面用力地拍打老师一下——这往往是幼儿在"处心积虑"地想引起他人的关爱，特别是想获得老师关爱的一种“伎俩”。

**频繁喝水**

一天，小亮跑到王老师跟前说：“老师，我要喝水！”老师抚摸了一下他的头，说：“去接水吧。”他高兴地跑到饮水机前，接了一杯水走了。过了一会儿，他又回到老师跟前说：“老师，我还要喝水！”老师又摸了一下他的头说：“去吧。”可是，不到一刻钟，小亮又跑过来了，说：“老师，我又渴了。”然后主动把头往老师的怀里送。王老师恍然大悟，小亮不是要喝水，原来他是希望得到老师的爱抚呀。[8]

**5. 师爱应该是神圣的**

师爱不仅是无条件的，同时也是神圣而无价的，它是不可以被收买的，它不可以用来“交换”。

**被操控的师爱**

一位漂亮的小姑娘给她们(两位教师)带了两个苹果，她们高兴得又是笑又是抚摸，不知有多喜欢，还不停地说：“真懂事！”我看在眼里记在心里。平时她们对小姑娘就关爱有加，而且她在各种活动中参与和表现的机会也最多，即使是做错了事老师也会原谅她。

一位网友时常给幼儿园老师送点礼物，每次老师都坦然、毫不客气地收下。投桃报李，她的孩子也受到了一些照顾。后来，她忙于工作，有一段时间没顾得上给老师送礼，某天孩子放学后很委屈地对她说：“妈妈，老师现在对我不好了。”她听了心里难受，赶紧买了礼物给老师送去，随之她的孩子就受到了“更上一层楼”的待遇。

(莫源秋)

师爱，不应该被金钱和权势所左右，它应该公平公正地撒向每一个孩子的心田；关爱孩子是幼儿教师的天职，对幼儿冷漠是幼儿教师缺乏职业道德的表现，靠家长以物相诱才显现出对幼儿的关爱行为，那是幼儿教师职业道德的沦丧。

### 6. 师爱应该是无条件的

无条件的师爱，体现为孩子在任何情况下，即便是表现出弱点，甚至错误的时候，都能够得到成人全部的、真正的爱。即无论是遵守规则，还是违规的时候，都要让孩子知道，老师都是深爱着他们的，我们不能因为孩子未按教师所期望的方向发展，而不爱他，更不能因幼儿的背景不同而将师爱分成不同的等级撒向不同的幼儿。

有条件的爱会导致孩子逐渐失去自我。因为有条件的爱，实际上就是迫使孩子逐渐用他人的眼光看自己。在这种控制氛围中长大的孩子，将始终难以了解自己，缺乏主见，甚至越来越不喜欢自己。因此，为了避免这种状况的出现，就要给予幼儿无条件的爱。

### 7. 让幼儿感受到师爱是永恒的

无论孩子犯了多大的错误，都不要对孩子说：“老师不喜欢你了。”否则，孩子就会相信你真的不喜欢他了。

#### 等待老师的爱

今天户外游戏活动时，小朋友们玩得正高兴，忽然听到薇薇小朋友的哭声，王老师赶紧走过去询问。原来是“调皮鬼”航航抢走了薇薇的木马。王老师拉过航航对他说：“你抢别人的东西，以后老师和小朋友都不喜欢你了。”又安慰了薇薇几句，小朋友便各玩各的去了。

一天的活动结束了，离园的时间到了，小朋友们都由爸爸或妈妈带着，高高兴兴地走了。而航航却是慢腾腾地走向妈妈身边，还一边走一边回头看王老师，王老师向他挥了挥手说：“航航再见。”他却跑回了王老师的身边认真地问：“王老师，你还喜欢我吗?”王老师说：“喜欢呀，老师一直很喜欢你的。”听了王老师的话，他才一蹦一跳地跟着妈妈走了。

（莫源秋）

老师不经意的一句“以后老师和小朋友都不喜欢你了”，让航航郁闷了一整天。如果有些孩子没有胆量与老师沟通验证，那么，整个幼儿园阶段他都有可能会在忧郁中度过。

**8. 幼儿教师关爱幼儿的具体方法**

幼儿教师可以通过以下方法来让幼儿感受到教师是爱他的。

(1)每天至少抱孩子两次。

(2)让微笑成为幼儿教师的一种职业习惯。

(3)见面要有一种能表达爱和热情的仪式活动：击掌、拥抱、口号……

(4)每个月给每个小孩送点小礼物。

(5)适当的肢体语言表达爱：亲一下他，摸摸他的脸，拍拍肩，拉拉他的手……

(6)每周至少表扬他一次进步或表扬他的一个优点和表现。

(7)每周至少让他帮你干一次活：发餐具、拿教玩具、接杯水……

(8)及时关注幼儿的需求并适当回应。

(9)不要用愤怒的眼神看孩子。

(10)每天至少与每个小孩进行个性化互动一次。

(11)每个月至少让每位小孩坐在你旁边吃饭一次。

(12)每个月至少让每一个孩子站排头一次。

(13)给特殊孩子(生病者、情绪不好者等)以特殊照顾。

(14)掌握批评中爱的技能：既批评幼儿，又能让他感受到教师这样的批评是基于爱，教师没有因为批评他而不爱他了。

(15)适当的口头语言表达爱：热情的问候、关心的询问……

(16)每年为每个幼儿开展一次生日活动，使得每个孩子每年至少有一天，在隆重的仪式下成为全班小朋友关注的中心，这有利于满足幼儿被关注的需要。

(17)会使用富有爱意的语言。

幼儿教师应该学会在适当场合说一些表达关爱的语言：

★关心幼儿心情的语言：“某某小朋友今天怎么没有见你笑呀，是不是有什么不愉快的事情？跟老师说说好吗？”“今天有什么高兴的事？能不能说出来让我听听？”“能不能告诉老师，昨天晚上在家有什么高兴的事情？”“你心里很难过，愿意告诉我吗？”“别担心，我来陪你。”

★关心幼儿日常生活的语言：“你喜欢跟班里哪些小朋友一起玩？为什么？”“轻轻地吹一吹再喝。”“还有时间，慢慢来，今天真能干，可以自己吃完饭了。”“再

试试，将旁边的衣服塞进去，就很整齐了。”“要换牙了吗？吃慢点，换个位置嚼可能会舒服些。”

★关心幼儿进步成长的语言：“做了错事没关系，改正了就是好孩子。”“你又改正了一个小缺点，老师真为你高兴。”“别着急，你一定能学会的。”

★某某小朋友今天生病没有来园，晚上我要打个电话给他……

★今天还没有和某某小朋友交流过，我要过去和他说几句话，或者拉拉他的手，抱一抱他……

★某某小朋友两天没到幼儿园了，我要打个电话去问候他。

★某某小朋友一个星期没到幼儿园了，今晚我要去他家看看他。

★我昨天好像没和这个小朋友说过话，我现在要过去和他说一说话。

让幼儿园处处充满爱，让幼儿时时感受到爱，那么，幼儿园就会成为幼儿真正向往的乐园。

## 四、尊重幼儿

尊重幼儿和关爱幼儿一样都是幼儿心理健康的基础。在幼儿园保教工作中，幼儿教师要努力关照幼儿的尊重需要，让幼儿感受到被接纳，被赏识，同时体会到在同伴中有地位，有声望，有一定的影响力，进而体会到有尊严，过着一种有面子的生活。

### （一）尊重幼儿的意义

尊重幼儿的意义主要有以下四点：

**1. 得到尊重是幼儿人格健康发展的保证**

当幼儿的尊重需要得到满足时，他就会产生有尊严、有价值、有能力、有地位、自信等感觉，他就会为自己感到骄傲和自豪，进而建立积极的自我概念，他对老师、对同伴、对集体活动就会满腔热情，对学习、生活就充满进取心；反之，尊重需要一旦受到挫折，幼儿就会产生自卑感、虚弱感和无能感，进而建立起消极的自我概念，他们丧失了最基本的自尊与自信。作为一种稳固的心理特征，幼儿的自我概念一经确立，便会相对持久地保持下去。

幼儿喜欢盲目攀比，好大喜功，过分看重别人的评价，自我表现欲过强，有强烈的嫉妒心，是其爱虚荣的表现，而爱虚荣是幼儿自信心不足，尊重需要得不到应有满足的一种表现。爱虚荣的幼儿，向外表现为自尊心过强，对某些事物过于敏感，在意别人对自己的评价，对内表现为自卑，不相信自己通过努力能够达成愿望，希望通过快捷的方式获取荣誉、地位。

**2. 自尊心受损会刻骨铭心**

当年苏联著名的作曲家肖斯塔柯维奇到70多岁口述回忆录时，还说到童年如果自尊心受到伤害，那是无法磨灭的。他现在仍然记得伤害他自尊心的那些老师的名字，甚至还记得他们是如何伤害以及伤害时脸部的表情。一个行将就木的老人，在生命快要走到终点的时候，对从前所受到的伤害仍然刻骨铭心。[9]

**3. 自尊受损会诱发幼儿攻击性行为发生**

案例 3-25

**喜欢攻击的小韬**

因带班老师忘了提醒，那天午睡时小韬又尿床了，当起床时间到时，小朋友们纷纷起床穿衣服了，却见带班老师气冲冲地走进寝室，把还在熟睡的小韬拉起来就骂："你怎么不知道起来上厕所，老师不叫你，你自己就不知道起床去尿尿吗?！又尿床了，真讨厌！"

后来，所有的孩子都进活动室了，老师大声地在全班小朋友面前说："今天'癞尿虫'又尿床了，我们来羞一羞他。"然后，除小韬外的所有小朋友齐声地喊："癞尿虫，癞尿虫，不知羞！"……

此时，我发现小韬在下面气鼓鼓地站着，双手攥着拳头，怒发冲冠，小脸涨得通红……

再后来，许多小朋友都用"癞尿虫"这一外号来逗弄他，这令他很难堪，有时气愤不过，只要听到谁这样叫他，他过去对着这人的鼻子就是一拳……

（莫源秋）

小韬"犯错误"，本来特别需要尊重，可是，本案例中的教师不仅没有给小韬以应有的尊重，而且还发动全班幼儿来羞辱小韬，这让小韬在同伴面前失去尊严，这怎能不让小韬感到愤怒呢！

### 4. 尊重会赢得幼儿感激

**为孩子保面子而获得感激**

一天，我正在上课，忽然发现辰辰涨红了脸，手指不停地搓着衣角。“哎呀”，我暗叫不好，“她又尿裤子了，怎么办，停下课给孩子换裤子？不行，众目睽睽之下，她又觉得‘出丑’了。”我与同班老师取得“暗号联系”后，便顺手拿过身边的腰鼓神秘地说：“我和小朋友玩个游戏，快快闭上眼睛，我敲五下鼓，我们班就有一个小朋友变‘没’了。”小朋友们好奇地闭上眼睛，我敲着鼓，小朋友们数着“一、二、三、四、五！”随着“五”的话音一落，小朋友们睁开双眼，“看，谁不见了？”我看着辰辰的位子问。

“辰辰不见了？真奇怪！”

“啊！我也想变没了。到哪了？”小朋友们七嘴八舌。

“辰辰，快出来让小朋友看看！”我喊着，看着辰辰换上了裤子从帘子后面出来，小朋友们一看“啪啪啪”地鼓起掌来。在欢乐的游戏氛围中，原本不知所措的辰辰也被感染了，心情豁然开朗，笑成一朵花。

从此，辰辰见到我时总是用充满感激的目光看着我。

（莫源秋）

辰辰尿床后最希望的就是将她的这一“丑事”捂住——不让任何人知道，特别是不让小伙伴们知道。因为这一“丑事”一旦让小伙伴们知道了，小伙伴们会笑话她，那么，她在小伙伴面前就会觉得很没面子。教师了解并满足了辰辰的需要——教师在发现辰辰尿床后，不但没有张扬辰辰这一“丑事”，反而通过“高超的手法”让辰辰保住了“尿床”这一本属于她自己的隐私，让她在小伙伴面前保住了尊严，因此，教师也获得了孩子的感激和尊敬。在日常生活及教学活动中，能否让幼儿在幼儿园过着一种有尊严、有面子的生活，也是决定幼儿对教师好恶的一个重要因素。

教师不宣扬幼儿的“过错”，则幼儿对自己的名誉就愈加看重，他们觉得自己是有声誉的人，因而更会小心地去维持别人对自己的好评；如果你当众宣布他们的“过错”，使其无地自容，他们便会失望，而制裁他们的工具也就没有了，他们越是觉得自己的声誉已经受到打击，他们设法维持别人好评的动机也就越愈加微弱……

因此，为了更好地促进幼儿心理的健康和发展，在平时的教育活动中，应该注意满足幼儿的尊重需要，让幼儿在幼儿园过着一种有尊严、有面子的生活。

## （二）尊重幼儿的策略与方法

### 1. 尊重是无条件的

不同性别，不同民族，不同出身，不同家庭背景，不同天赋，表现好与坏……所有的幼儿都应该受到同等的充分的尊重。为此我们应该注意以下四点：

(1)幼儿个体的人格尊严从根本上来说与其知识水平没有什么关系，即便一个智力平庸的人，也有着做人的基本尊严。

(2)教育保护幼儿的尊严，其最好的方式就是平等地尊重和关怀每一个幼儿，让每一个幼儿在学习和生活中都能够发现和体悟自身的价值所在。

(3)教育承认幼儿在学业水平上有着差异，但不承认在人的尊严上存在着等差。因此，教育给予幼儿以关心、信任、尊重、支持、宽容则至关重要，它意味着把幼儿作为平等的人来看待，而不是把幼儿仅仅当作受教育者或者学习者来看待。

(4)不能根据"有用性"和"贡献"编排幼儿的人格尊严。在幼儿尊严上产生等差，从而使教育不可避免地在尊重和关怀某一部分幼儿的同时，歧视和侮辱了另外一部分幼儿。[10]

### 2. 完整地接受每一个幼儿

对幼儿的尊重应该表现为对其整个人的尊重，既要尊重他的优点，又要尊重他的缺点；既要尊重他的成功，又要尊重他的失败；既要尊重他的长处，又要尊重他的短处。

### 3. 尊重是幼儿教育的底色

试图用贬损幼儿人格尊严的方式来提升幼儿的人格尊严感，不仅在经验上无法证明，在逻辑上也存在悖谬，很难想象一种根本不尊重幼儿尊严的教育会培育出具有人格尊严感的幼儿来。

### 4. 人的尊严是一种目的性价值

人的尊严是一种目的性价值，而不是一种条件性价值。试图给予一部分幼儿更多的尊重和信任，促进他们更好地发展；试图给予另一部分幼儿较多的冷漠和否定，激发他们的自尊心。这些做法是错误的。

### 5. 让每个孩子都感受到尊重

“少数服从多数”作为一种实行民主的操作性原则，在有时候可能会变成“多数人”对“少数人”的不尊重——少数人的权利，少数人的意愿也应该被尊重——特别是在教育的过程中。因此，我们万万不可将“少数服从多数”作为一种教育选择的普遍性原则，我们要尽可能地使得我们的教育变成对每个孩子兴趣、愿望的尊重——而不应仅仅是对部分或多数孩子的意愿、意见的尊重。“为了一切的孩子”应该是幼儿教育追求的一种理想。

**少数服从多数**

活动开始前，教师向幼儿发问：“大家想玩积木还是想玩橡皮泥?”“积木……”“橡皮泥……”小朋友们纷纷表达自己的意见。由于意见不统一，教师让幼儿举手表决。通过点数，想玩橡皮泥的幼儿比想玩积木的多 2 个，于是教师作出决定，玩橡皮泥。[1]

### 6. 尊重幼儿的具体方法

幼儿教师可以通过以下具体做法来让幼儿真切地感受到他是被尊重的。

(1)在幼儿园里，任何人都不能因为任何理由取笑别人。

(2)给幼儿的各项任务要与其能力相匹配，以便幼儿产生胜任感，进而对自己充满信心。

(3)所有的幼儿都有充分表达自己观点、意愿、情感的机会。

(4)避免使用伤害幼儿自尊心的语言。

幼儿教师在与幼儿交往过程中应该避免如下七种有可能伤害幼儿尊严的恶语：

①侮蔑——“你简直是个废物。”“你的脑子是猪脑子!”“你真是不可救药!”“我现在都成养猪专业户了，教了你们这群蠢猪!”“我当那么长时间的老师，我还真没见过像你这么笨的小孩，真是笨得没治了。”“什么坏事都轮到你，你真是坏透了!”“你爸你妈是近亲结婚吧!”

②责备——“你真笨，这点小事也做不好。”“你又做错事，简直坏透了。”“你把我的脸都丢光了!”“就你给班级丢脸!”“我一看见你就不高兴。”

③强迫——“我说不行就不行。”“你给我去干。”“不许你说不行!”“闭嘴！你怎么可

以不听我的话呢?!”“不许哭!”“不许……”

④失望——“我对你完全失望了。”“对你我没法管了!”“你真是笨得无法教了。”“你真是笨得没治了!”

⑤预言——“你将来肯定没出息!”“你要是能学好，太阳就会从西边出，公鸡就会下蛋。”“你一辈子都不会有出息!”“这孩子不是读书的料。”

⑥辱骂——“傻瓜”“没用的东西”“人渣”“蠢猪”“傻瓜”“神经病”“坏蛋”“笨蛋”“讨厌”“白痴”“别给脸不要脸”“你连猪都不如”“吃人饭，不干人事”“整天跟白痴似的”“你怎么这么笨啊，整天跟白痴似的”“告诉你多少遍了，你就是记不住，没长脑子啊?脑子进水啦?”“我说话你听见没有，没长耳朵啊?”

⑦讽刺——“亏你想得出这种蠢办法，你可真聪明。”“你画的什么破画啊，简直就是四不像!”“就你五音不全，还想当歌唱家，门儿也没有!”“你看看，英语这么差，某某比你强多了！这辈子我看你是学不好了。”

(5)只要不伤害他人，不同的观点，不同的行为方式，在幼儿园里都应该受到充分的尊重。

(6)不要将幼儿的过错进行累加。当幼儿做错了一件事，有些教师喜欢借题发挥，爱算旧账，再三数落幼儿数周数月甚至数年来的过失和不足，多次重复批评幼儿大小缺点或错误，严重打击甚至摧毁幼儿的自尊和自信心。

(7)不要揭穿幼儿为保存尊严使用的“伎俩”。老师应该很容易看破幼儿为保护尊严所采用的“伎俩”，但为了让孩子有尊严地生活，老师不仅没有必要揭穿幼儿的“伎俩”，而且还要为幼儿保守他们某些可能会让其在同伴面前失去尊严的“秘密”。

(8)对幼儿要多些纵向评价，少些横向评价。只要孩子有进步了，就值得肯定和鼓励；即使没有进步，幼儿努力了，也值得肯定和鼓励。

(9)列出每位幼儿的10个优点，并熟记于心，每天真诚地对每位孩子说出一个他的优点。

(10)让每个幼儿每天都有为集体做出积极贡献的机会，让每个孩子在班集体中发挥出其独特的作用，以彰显其才能和价值之所在。

(11)善于发现每位幼儿每天的进步。我们经常教育幼儿要尊重他人，爱他人，可从来没有告诉他们要尊重自己，爱自己。幼儿因为找不到自己的可爱之处，于是，就放弃了许多追求。

因此，幼儿教师要形成一种习惯——每天都要不断地发现每位幼儿的进步，并且不断地告诉幼儿他什么地方又进步了——相信这些幼儿将会在教师不断支持和鼓舞下不断地取得进步，进而逐渐树立起自信心和自尊心。

(12)不要给幼儿起有损他们声誉的外号。

(13)告诉幼儿："老师小时候也犯过同样的错误。"当幼儿犯了某种丢人的错误时，老师告诉幼儿"老师小时候也犯过同样的错误"，会让幼儿觉得犯某种错误并没有什么可丢人的，更不会因此而觉得失去了做人的尊严。

(14)尊重并且保护幼儿的隐私。凡是有可能导致幼儿难堪、尴尬、丢脸的事情都属于幼儿的隐私，都应该严格保密。

(15)每周至少让每位幼儿有机会在班上展现自己的才能。展示能让幼儿看到自己存在的价值，进而拥有做人的尊严。

(16)通过细节表现出对幼儿的尊重。

①避免不尊重幼儿的行为。

②常对幼儿说"请""谢谢""……，可以吗？"也让他们学会对别人如此说。

③为孩子布置一个发表园地。让每个孩子都有展示的机会——展示自己的才能，让别人欣赏自己。

④经常告诉幼儿他的"当年勇"。

⑤让幼儿教你一些"新"事物——给幼儿机会，让他教你一些他知道而你不知道的"新"事物，这将令他神采飞扬。

⑥做错了与幼儿有关的事，要勇于向幼儿教育说"对不起"。

幼儿教师需要通过以上策略和方法关注幼儿的尊重需要，让幼儿在幼儿园过上一种有尊严的生活，进而促进幼儿心理的健康成长。

## 五、有强烈的责任心

所谓责任心就是对事业和工作有一颗负责任的心，责任心来源于进取意识和责任感，责任心来源于对自己事业的高度热爱。幼儿教师面对的是一些没有自理能力的孩子，[11]因此，在幼儿启蒙教育阶段，教师要有强烈的责任心，用爱心去感化孩子的心灵；用细心观察孩子，促进他们身心和谐的发展；用耐心去教育幼儿，不厌其烦地帮他们走好人生的第一步；对幼儿教育有信心，同时帮助他们建立自信心，让幼儿在教师的关爱下健康茁壮成长，为他们今后的学习与生活奠定一个良好的基础。

### （一）幼儿教师做事有责任心的意义

#### 1. 责任心关系到幼儿园教育工作的质量，关系到幼儿的身心健康

纵观诸多幼儿安全事故的发生，都与教师的责任心差有很大关系。一个幼儿教师，

尤其是一个合格的幼儿教师不仅需要具备扎实的专业知识和牢固的专业技能，更应具备强烈的责任心和使命感，对班上的每一个孩子负责任。怀着责任心，以主动积极的态度做好任何一件事，这是事业成功的保障。以感恩心做人，以责任心做事，对幼教工作始终保有一份敬意和责任，这是提升幼儿园工作质量，保证幼儿身心健康的关键。[12]

**2. 强烈的责任心能够促进幼教事业的发展**

幼儿教师每天面对的是孩子们天真无邪的笑容，听到的是孩子们童真、稚气的语言，幼教工作和其他行业有着极大的区别。幼儿教师每天面对的不是产品，而是一群身心发展尚未成熟的、活泼可爱的孩子。这就要求老师具备强烈的责任心，以更饱满的热情投入到一天的工作中去。幼儿园就是对幼儿进行最好的保育和教育的机构，作为老师除了做到细心、耐心、爱心之外，还需要责任心。当你带着这几颗心去工作的时候，你就能充分发挥自己的聪明才智，从根本上提高自身的素质，从而真正像《幼儿园教育指导纲要》中所要求的那样——幼儿园的任务就是对幼儿进行保育和教育，促进幼儿体、智、德、美、劳全面发展，让家长安心工作。

## （二）成为做事有责任心的幼儿教师的策略与方法

**1. 要有充分的教学准备**

幼儿时期是养成良好习惯的重要阶段。作为幼儿园老师来说，要时时刻刻将这牢记心头，充分做好教学功课，上好每一节课，进而不断完善自己的教学水平，尽量让幼儿在每一节课之后都有所获益，有所进步。[13]有人说，幼儿教师工作繁杂、琐碎，任务重，但这都不应当作为我们推卸责任的借口，所以我们应当摈弃那种只喜欢教一些简单的、易教的知识，上课形式单调的懒惰思想，因为这会导致幼儿的知识面变窄，能力得不到适当的激发，在幼儿这个汲取知识的关键时期，对什么都很喜欢问为什么，这就需要我们努力地钻研教材，扩充自己的知识面，提高自己的业务素质和教学水平。

**2. 把握每名幼儿的心理状况，平等对待每一位幼儿**

幼儿的发展水平参差不齐，教师难免有时有偏袒心理，但是只要你细心观察，善于引导，其实不难发现，那些被冷落在角落里的孩子其实也有闪光点。家长将孩子交给老师，我们就要了解身上的责任有多重！幼儿教师应该像妈妈一样呵护孩子、关爱孩子、帮助孩子。除此之外，我们要培养孩子良好的习惯和积极进取的心态，教他如何做人、如何学习、如何生活，引导他们明白道理，帮他们探索世界奥秘。

**3. 要从幼儿园与家庭的互补中实现**

由于幼儿所处的年龄特征，在脱离单独的环境进入全新的集体生活后，都会有无所

适从的感觉，此外部分幼儿养成的一些不好习惯或多或少都受家长和前期的家庭环境影响，所以做好与家长的沟通工作也尤为重要，以便老师能尽快地找出问题的根源，调整施教方式，帮助幼儿克服困难，让他们能健康快乐地成长。

#### 4. 保持稳定的工作情绪

虽然幼儿教师经常会遇到工作、生活上的困难，甚至情绪低落，但绝不能让这种情绪影响到正常的工作，甚至将生活中的负面情绪带给孩子。因为只有保持稳定的心态，工作中才会对幼儿产生积极的、健康的影响。因此，既然从事了这份职业就要明白自己肩负的责任，就要想办法做好，孩子们是需要理解和沟通的，有一颗诚挚的心，他们才愿意接近你，才会听你的话，所以有时候你要“蹲下来”说话，他们才愿意告诉你他们的秘密。

人的一生中，无处不承担着各种责任，对社会、对单位、对家人、对朋友，对自己。既然要承担责任就要不分大小、不分轻重，勇于承担。每个人在这个社会中都有着不可推卸的责任，责任也是一个人道德品格的诠释。它有着不可忽视的、不可替代的作用。我们从事的职业最不能抛弃的便是我们的责任，只有认识到这一点我们才能从端正自己的思想认识开始，直面自己的缺点和不足，努力做好每一天的工作，对家长负责，对孩子负责，帮助他们发芽、开花及茁壮地成长。

### 责任心比制度更重要

我园喜羊羊班有一位天真可爱的小朋友，名字叫佳佳，近一段时间教师发现佳佳不像以前那样开开心心的了，就试着问她，可她什么也不说，问来接送她的爷爷，爷爷也不说。事隔不久的一天中午，有一位家长在门卫处刷了卡，来到佳佳所在的班级，对教师说家里有点事，想提前接走佳佳。教师一看眼生，就不让接，那位家长说：“我是佳佳的妈妈，请老师让我把孩子接走吧！”听了这话，教师就问佳佳是不是她妈妈，佳佳低着头，轻轻地点了点。原来佳佳的妈妈在外省工作，基本上都是节假日才回家，平时都是爷爷接送佳佳。知道来人确实是佳佳的妈妈，教师就放心了。于是佳佳妈妈拽着孩子向园门口走去。教师发现此时的佳佳并不像正常情况下孩子看到妈妈来接很欢喜雀跃，而是心不甘情不愿地跟着她妈妈走。这一反常的现象引起了教师的警觉，她立即追上去说：“佳佳妈妈，请等会儿。”这时佳佳妈妈有点着急了：“老师，有什么事明天再说吧，我们还有事呢。”佳佳妈妈又拽着佳佳往前走，可佳佳的脚步明显地慢了下来。看到这，教师更是觉得不能让佳佳跟她妈妈走。于是，就上前拉住佳佳，又蹲下来抱着佳佳问："佳佳，你愿意跟妈妈走吗?"佳佳两眼噙满了泪水，摇了摇头。看到孩子快哭了，教师赶忙劝道："佳佳乖，佳佳不哭，佳佳有什么事跟老师说。"佳佳终于忍不住了，边哭边断断续续地说："妈妈不要爸爸了，妈妈要把我带到很远的地方去，我不想去。老师，让我妈妈别走好吗?"

听了孩子的话，教师一下明白了，难怪近阶段佳佳情绪低落，对任何事情都不感兴趣。虽然教师也问过她爷爷是什么原因，可佳佳爷爷可能是碍于面子，不愿告诉实情。于是教师立即拨打佳佳爷爷的电话，问是怎么一回事，让不让佳佳妈妈把佳佳带走。佳佳爷爷一听急了，说："不能，千万不能。"随后他把实情告诉了教师，原来佳佳已判给爸爸了，而佳佳妈妈很爱佳佳，想瞒着佳佳爸爸把佳佳带走，还趁佳佳爷爷不防备时拿走接送卡。

按照《安全接送孩子制度》的规定，每个孩子上幼儿园时，园方都要求家长办理门监卡手续，然后每天来园接送孩子时都要刷卡，这样门卫才会放行。有了这样的操作程序。在园孩子的安全性大大提高了，解决了家长担心孩子被接错或被别有用心的人接走的忧虑。

本案例中，佳佳妈妈持门监卡顺利通过门卫。从程序上说，门卫没有过错，门卫制度上明明白白写着："请家长凭卡接送您的孩子。"佳佳妈妈有卡在手，来接自己的孩子无可厚非，而且她确实是佳佳妈妈。如果今天孩子被佳佳妈妈接走，孩子的爷爷应该负有不可推卸的责任，因为他一开始因碍于面子没有把佳佳父母闹离婚的实情告诉教师，且没有保管好幼儿园接送门监卡。

教师严格遵守幼儿园的规章制度，认认真真做好本职工作，今天就是佳佳被接走，这位教师也无过错。但是，本案例中的教师却是做到了尽心尽责，由于她的细心，防止了争女风波在幼儿园发生。海恩曾指出："再完美的规章，在实际操作层面，也无法取代人自身的素质和责任心。"虽然幼儿园制定有安全工作的制度，但是，比制度更重要的是教师的责任心。所以，在日常的管理中，园长应该加强教师的师德教育，使每一位教师在恪尽职守、做好本职工作的基础上，再多一份细腻与责任感，防止偶然失误带来安全事故的发生。

## 六、要细心

细心对幼儿教师至关重要，人常言，知己知彼，百战不殆。要管好孩子。必须了解孩子，掌握孩子的性格、兴趣，乃至饮食、睡眠等底细，更要了解孩子的心理。所有这

些信息的获取，都必须通过对孩子言行的细心观察、分析。和孩子在一起每天都有很多琐碎的事情，但每一件琐碎的事情都可以说关系到孩子的健康、安全、成长和快乐。因此，幼儿教师必须把“细心”渗透于工作的各个环节、各个过程之中，粗心大意不行，主观想象更不行。要学会在共性中把握个性，在个性中认识共性。从一定意义上讲，对孩子的实情掌握到什么程度，对孩子的教育方能深入到什么程度，才能工作有的放矢，收到事半功倍的效果。教育如果脱离孩子的实际、空对空讲一通，就难免有隔靴搔痒之嫌。虽说苦口婆心，也很难达到预期目标，甚至功败垂成，事与愿违。[14]对幼儿教师而言，“细心”不单单是事无巨细地看护、照顾到每一位幼儿，它还包含了更多的含义。

## （一）幼儿教师做事细心的意义

### 1. 工作对象的幼稚性需要细心

因为幼儿独立生活和活动的能力较差，他们还不能全面照顾和保护自己，需要成人特别是幼儿园教师给予细心地照料和教育，在身心各方面才能得以健康成长。

### 2. 细心是干好工作的关键

苏霍姆林斯基说：“教育是一种最为精细的精神活动。”细心而智慧的老师，用他们最为精细的精神活动，改变孩子的童年，甚至影响他们的一生。教育的主体是孩子，孩子的潜力是无限的，这需要老师细心的发现和巧妙的挖掘。发现幼儿的点滴进步，发现他们的闪光点，并及时给予肯定和鼓励。作为老师，还要善于捕捉孩子的性格、情绪、生活等方面的不良苗头，防微杜渐，把其消灭在萌芽状态。

## （二）成为做事细心的幼儿教师的策略与方法

### 1. 关注幼儿的各种表现

作为一名细心的幼儿教师，要注意关注幼儿的各种表现，特别是当孩子出现异常的行为时。作为教师的第一个反应不是批评、指责幼儿，而是应该思考：孩子怎么啦？怎么会出现这样的行为呢？然后细心观察孩子的言行，以便及时帮助解决孩子遇到的各种问题。孩子随着年龄的增长和经验的丰富，他们不断在摸索、尝试自己独立，逐步摆脱对别人的依赖。[15]只有在不断地观察中，才会发现孩子的各种情绪，以及他们细微的动作，你知道它代表什么意思，知道如何去帮助他们，这都需要教师平时细心地观察。

### 2. 支持幼儿的探索

问题是幼儿学习的关键，问题的产生促进幼儿尝试各种各样的方法去探索。著名的认知心理学家皮亚杰认为："幼儿的思维是在活动中、操作中形成和发展的。幼儿的思维是在与环境的相互作用中发展起来的。"细心的老师需要为幼儿提供有助于他们学习的环境，其中包括充足的探索时间、自由开放的操作空间、丰富"可变"的材料，这些是外在的环境，同时还需要轻松、愉悦的心理氛围。幼儿有各种各样的学习方式：模仿、讨论、合作、观察、同伴学习、经验迁移等。这些学习方式都离不开老师的支持，鼓励他们去自由地探索。细心的老师善于发现幼儿的需求，及时提供经验的支持。

"细心"二字并非对幼儿生活考虑周到那么简单，幼儿教师的工作也不是单纯照顾幼儿饮食起居、保障幼儿健康成长那么容易。"细心"的老师更能够关注幼儿生活中任何一个细节，抓住一个小小的问题从而引发幼儿深入地探索和学习，让一切真实地发生，让孩子们自然地学习。

### 我来做你舞伴

有一次，我带着孩子们在跳集体舞，这时我发现张庆容小朋友跳得一点都不认真，当时，我就批评了他，可他还是不跳。我就走到张庆容那边，看看是怎么回事。这时我才发现，他的舞伴没有来，所以显得不开心。当我做他舞伴时，他跳得可高兴了。所以说我们老师不能一直居高临下。只看到了事情的一部分，有的时候你就发现不了问题，当你走到孩子们中间的时候，了解到他们的内心世界，你就会发现很多问题。我们要做一个细心观察的人，并在其中寻求教育的措施，这样孩子会得到很多。

### 原来如此

我们班的袁晓琪小朋友，每次小便回来，我发现她都会尿裤子，我问她："你去小便了吗？"她回答说："我去了。"第二天，她去小便的时候我就观察，她是坐在座便器上，由于她比较胖结果小便不能顺畅地流到座便器里，而是流到了裤子上，这个时候我及时到走到她的跟前，告诉她如果遇到这种情况她可以去蹲便，这样就不会弄湿裤子了，然后我教她如何使用蹲便，而且还要小心注意不要摔倒，从这以后她再也没有尿湿过裤子。

### 细心细心再细心

十月的天气就是这样，早晚凉，中午热，孩子来园都穿着比较厚的毛衣、外套，户外活动时，稍稍动几下，就会出汗。我们为了减少孩子发生感冒的概率，户外活动前，早早地做好了一切准备工作，把外套脱下并折叠整齐，放在固定的地方，等音乐响起，孩子们便像一群群可爱的小鸟，来到操场，自由自在地飞翔。活动后，我们会根据天气情况、孩子的穿着，及时地提醒孩子穿好衣服，或者等一会穿，或者不必再穿。每天离园前，留几分钟，把孩子的外套逐一发给他们。就是这么一件平常事，竟使我有一次感到内疚、不安。记得在一次活动后，我一看时间已经差不多，就像往常一样，篮子拿在身边，把里面的衣服一件件分给他们，"这件米老鼠衣服是谁的?""看，红衣服是哪个宝宝的?"孩子们看着衣服，有的环顾四周，仔细搜寻，想到了便大声说出同伴的名字；有的自己认不出来，旁边的孩子认出来了，便会推推、拉拉他们：快去拿。衣服一件件地少了，没有拿到衣服的孩子急切地盯着篮子，希望下一件衣服就是他的。我也加快速度，当我拿到一件毛衣，发现是重重、湿湿的，自然感觉不妙，怎么会湿的？再往下看，竟全是湿的，而且一件比一件厉害，孩子们发现我异常的举动，都笑了，我看着湿衣服，再看看孩子们的笑脸，不好意思地说："对不起，有几件衣服湿了，你们不好穿了。"他们回答："不要紧的。""衣服怎么会湿的?"孩子说着自己的猜想，我引导孩子以后喝了水一定要关紧水龙头，同时也暗暗提醒自己也要加强巡视。

看着善意的笑容，听着宽容的话语，我内疚、紧张的情绪得到了缓解，感动于孩子们小小年纪就知道谅解别人。我也向家长道了歉，看着几个没有穿外套的孩子离去的背影，知错就改，我马上把篮子挪了地方，远离了水桶，相信以后再也不会发生类似的事情。

### 这是我们应该做的

平时跟孩子在一起，安排孩子的饮食、生活、学习都是我们一天需要做的事情。有时候孩子生病或者不舒服，我们要及时地关注，细心地照顾。前两天班上的欢欢小朋友在上课的时候趴在桌子上，看着孩子没有精神，我走到孩子跟前，询问孩子哪里不舒服。没想到孩子的泪珠哗啦啦地滚下来了，我以为是班上孩子欺负欢欢了，伸手摸了一下孩子的额头才知道，孩子体温很高。量了体温表发现孩子确实发烧了，让他喝些热水后，我马上给家长打电话。我想家长来还需要一段时间的路程，看着孩子很难受，我抱起孩子去了保健室先给孩子物理降温，后来孩子的爸爸及时将孩子送到医院，发烧没有恶化，孩子休息了一天便开心地来园了。听到家长道谢的话语我也只是微笑着说，这是我们幼儿园老师应该做的。细心地观察，认真地照料孩子，才能让孩子们健康成长。

## 七、有耐心

耐心是指对人对事不急躁、不厌烦。耐心是幼儿教师必须具备的优良品质，是使教育工作卓有成效的一个起码条件。教育需要等待，这种等待是漫长的，作为教育者的我们只有放慢脚步，耐心教育，才能等到花朵自然绽放、果实自然成熟的那一天。幼儿教师的耐心不应该仅仅是表面的动作、行为，它应该是来自于幼儿教师的观念之中，来自于幼儿教师的心理素质，是一种良好的心态，是一种良好的对待幼儿的态度，是一种热情。[16]幼儿教师有了良好的心态，才能静下心来耐心地教育幼儿。

### （一）幼儿教师做事有耐心的意义

#### 1. 耐心是幼儿教师不可缺失的素养

好动、好新异是孩子的天性。当今孩子大多是在爷爷、奶奶、爸爸、妈妈、外爷、外婆的多重呵护中成长的。难免有“皇帝”“公主”之“独尊”的一面。加之当今社会又是信息时代，孩子可以说已经“社会化”了。他们的思想、情感、志趣、性格、品质……是在多元中形成的。环境塑造人，这种社会存在势必决定了当今孩子成长过程中的不稳定性、多变性、多样性。所有这一切必然给孩子的教育带来新的困惑。如：老师苦口婆心的教育常常泡汤，孩子屡教屡犯。对此，老师的“伤感”是可以理解的，但万勿灰心，更不能放弃。需要的倒是百折不挠，不厌其烦，孜孜不倦地“重复”“回锅”，百不厌烦地给孩子讲道理，耐心开导，改正他们的不良习惯。同时还要加强与孩子家长的交流、沟通，以便超前掌握孩子的相关信息，提前疏导，未雨绸缪，防微杜渐，防患未然。古人云，“精诚所至，金石为开”“滴水穿石，绳锯木断”。这或许就是对幼儿教师要有“耐

心”素养的最好诠释。

**2. 耐心是幼儿教师内在的心理素质，而不只是外在的行为表现**

有耐心是幼儿教师应当具备的一种职业心理素质，而不应仅仅表现为某些外在的动作和行为，它应根植于教师的教育观，代表着教师良好的职业心理素质。虽然幼儿园的管理制度可以对幼儿教师能否做出耐心的教学行为起到良好的鼓励和监督作用，但关键还是要依赖教师主动地表现出有耐心。“当前我国幼儿教师职业承诺主要是种规范承诺，而不是情感承诺，也就是说，他们只是服从社会规范而不是真正喜欢幼教事业才从事这一职业的。”而要真正让教师形成耐心的心理品质，也就不应只是依靠幼儿园的管理和规范，而要注重对教师进行职业热情的激发和良好的专业态度的培养。幼儿园只有真正从教师的心理需要出发，强化教师的责任心、爱心和敬业精神，才能从根本上促进教师耐心品质的形成与发展。

**3. 耐心是教师理解和认同自身多重角色与责任的结果**

由于幼儿教育相比于其他任何教育更具生成性，强调由“学习取向”转为“成长取向”，幼儿教师需要从传统“教”的前台走到“支持”幼儿成长的幕后。这都要求教师能够适时理解并及时转变自己的专业角色，很好地处理自身同幼儿、家长以及其他教师之间的关系。换句话说，教师作为一个独立的个人，除了要承担自己在家庭中的角色和责任外，他在教学中的角色也是十分多样的，与之相伴随的就是专业责任的多样化。很明显，如果一位幼儿教师只将自己定位为“教”的角色，那她很可能会以一个缺乏弹性的教学标准来要求所有幼儿，只注重幼儿知识的学习，而不注重幼儿人性的发展，自然会表现出对幼儿的个性化需求缺乏敏感和耐心。实际上，教师除了要适当的“教”之外，还要扮演幼儿的朋友、父母以及长辈等多重角色，才能在最适当的时候给予幼儿最人性化和合理的成长支持。[17]由此可以看出，教师的耐心实质上是教师全面认同自身多重角色和充分体悟自身专业责任的结果。

## （二）成为做事有耐心的幼儿教师的策略与方法

**1. 把耐心与细心、爱心融合在一起**

教师最显性的耐心体现在对工作的诚心，教师在对孩子进行思想教育时，必须诚恳、耐心地诱导，要采取“动之以情，晓之以理”的教育办法，和风细雨地循循善诱，艰苦、诚心地工作，使孩子为之感动，愿意接近你，愿听你的话，愿意接受你的耐心教育。另外，教师的诚心也表现在平常待人接物和言行举止上，一个装模作样、夸夸其谈、文过饰非，甚至捉弄蒙骗孩子的教师，是不能获得孩子好感的。教师的耐心也体现在做事的细心，要通过日常对幼儿的细心观察，关注他们任何细微的行为变化。因此，教师要耐心教育幼儿，就要把幼儿当成自己的孩子，用“爱生如命”的思想感情去耐心教育孩子、感染孩子。[18]

**2. 耐心是持之以恒的过程，贵在坚持**

一是要增强教师职业道德的修养，把耐心教育幼儿的重任作为自己的神圣职责，不忘记耐心教育幼儿是自己的本职工作；二是要对幼教工作具有责任心，对幼儿有诚心和爱心，以及具备良好的敬业精神，这样，就可以在耐心上做得更好；三是不断克服自己功利浮躁及其所造成的急于求成的不良心理，始终保持良好的耐心和态度；四是在管理孩子的方式上要做到灵活、细致、耐心，同时对孩子要给予耐心的引导，经常与家长沟通。

**3. 耐心地和孩子沟通**

首先，耐心听孩子讲。天真活泼使孩子爱问，教师若能平静地与孩子交流，倾听他们的“自言自语”“唠唠叨叨”，可以获得很多信息，这些信息会告诉教师：他们在想什么事，什么是他们现在最需要的等。

其次，耐心看孩子玩。孩子在游戏时、在玩耍中，需要老师静下心来仔细观察，用一种良好的心态——“耐心”去观察他们的行为，教师在静心的观察中能发现许多可教育的良好契机。

第三，耐心和孩子说。教师若以童言无忌理解孩子的幼稚、天真，以平常心态来看待这些问题，静下心来心平气和地和孩子谈话，那“耐心”也就自然而然出来了，就能耐心地帮助幼儿勇敢地面对错误，克服困难，找出对和错的原因。

总之，幼儿教师在对幼儿实施教育方法时，只要保持良好的心态，并做到持之以恒，这样，每一位幼儿教师在耐心上就可以做到更好。

**不是孩子不会，而是老师耐心不够**

升林和少烨刚上小班的时候，涂色怎么学都不会，几次下来都是在一块地方涂，速度非常慢。我耐心地说了好多遍，还是不管用，他们也干脆不画了。当时我真的火冒三丈，可是仔细想一下，毕竟他们刚接触到涂色活动，老师要给他们一个适应的过程。总有一些能力弱的孩子，也不能一口气让他们吃成胖子。每天在区域活动的时候我安排他们在涂鸦区，让他们慢慢练习，我一点一点地教，一点一点地引导他们，这回还真有成效，后来他们的涂色就好多了，速度也提高了。所以说，有的时候不是孩子不会，而是老师的耐心不够。

## 做一名耐心的幼儿教师

“老师，臧坷越又拿我的彩笔了！”“老师，臧坷越拽我的衣服了！”“老师，臧坷越打我了！”前一段时间我经常听到小朋友们这样的“小报告”，而对于臧坷越小朋友，我已不止一次地对他所犯的这类小错误进行了批评教育，他当时也都很容易地接受了，“老师，我不拿他的彩笔了”“老师，我不和她打架了”……但不久他又会犯一些小错误。对这孩子屡犯屡教、屡教屡犯的行为，我真是伤透了脑筋。

静下心细细想来，是不是我的教育方式用得不恰当呢？幼儿年龄小，自我控制能力差，动作、行为往往比较冲动，想到什么就做什么，看到什么就说什么。大多数情况下孩子们都不是有意犯错的。另外，我们在幼儿心理学课上学过，幼儿的长时记忆尚处在发展中。如果我们所讲的道理超出了孩子的理解能力，他就可能根本听不懂老师的话，记不住那么多的道理。再说，他也不一定能够把一个情境中学到的概念用到另外一个情境之中，所以才会出现“屡教屡犯”的现象。

后来我便换了一种积极的教育方法，不再对他进行批评，而是尽量用简洁、明了的语言，耐心地告诉他哪里做得不合适了，应该怎样做才对，并注意在不同的情境中反复强化。慢慢地，臧坷越小朋友的行为有了很大的变化，他所犯错误的次数越来越少了，小朋友们都愿意跟他一起玩了。有时候，老师的耐心和容忍反而是激励幼儿上进的动力呢！

## 换种语气说话

一次去某幼儿园参观，幼儿正在游戏，涵涵在娃娃家做“炒菜”游戏，不知什么时候，涵涵把娃娃家的餐具搬到了活动室外边空地上了。老师看到后非常生气，对涵涵吼道：“讲过多少遍了，娃娃家的东西不能到处乱放，赶快把这些餐具放回去。”听到老师的吼叫，涵涵哆嗦了一下但还是站在原地没有动，脸上露出很不情愿的表情。看到涵涵一直不动，于是老师改变了语气对涵涵说：“你这样做是不是有什么原因，可以跟老师说说吗？”涵涵这才抬头对老师说：“娃娃正在睡觉，我怕炒菜的声音把娃娃吵醒了。”

**特别的孩子**

赵智辉小朋友是班上一个很特别的孩子，从第一天进班开始，我就发现了他的与众不同，每次上课他总是把大拇指放到嘴巴里含着，而且我还发现孩子每次睡觉只有把拇指放在嘴巴里才能睡着。有时候看到孩子睡得很香，我就轻轻地把他的手拉出来，可是孩子好像不自然地又放了进去。给孩子提醒了很多次，孩子还是改不过来，跟家长沟通才知道，孩子从小就是奶奶带着，爸爸妈妈上班很忙，基本上没有时间照顾孩子，有时候孩子想念爸爸妈妈了，就一个人躲在墙角吃手指，这样长时间下来孩子就养成了这样的习惯。了解到这样的情况，我很是担心，孩子毕竟已经长大了，这样的习惯不改掉很不好。所以在平时的生活中，我就特别注意他，只要发现他把手放到嘴巴里就提醒他拿出来，还找了很多机会耐心地给孩子讲解吃手不卫生以及容易生病，只要发现孩子有所好转就给孩子一些小小的奖励。现在回想起来，不知道多少次对孩子耐心地开导，不知道多少次进行“拇指”教育，以及跟他父母沟通，一学期下来，孩子真的变化很大。有时候我偷偷观察，他一天基本上不会再吃手了。孩子很小，很多道理不明白，我觉得我作为孩子的老师，需要给孩子更多的耐心去引导孩子朝着好的方面发展。

## 八、教书育人

苏霍姆林斯基说过：“我们教育工作者的任务就在于让每个幼儿看到人的心灵美，珍惜爱护这种美，并用自己的行动使这种美达到应有的高度。”百年大计，教育为本；教育大计，教师为本。教书育人是教师的基本职责，教师之所以要坚持教书育人，是贯彻、落实党的教育方针的客观要求，是培养新世纪建设人才的客观要求，是孩子成长过程的客观要求，也是教学规律的客观要求。陶行知先生也曾说过，千教万教，教人求真；千学万学，学做真人。可见，教书与育人的关系密切。教书的目的是为了育人，而育人也反过来影响教书。[19]幼儿受到良好的思想教育，有了好的品行习惯，才会端正其学习态度，更快更好地理解新知识，从而收到良好的教学效果。

## （一）教书育人的意义

### 1. 教书育人是教育的本质要求

教书育人，就是指教师根据社会发展的需要和幼儿身心发展的规律，在教育教学过程中自觉地把教授幼儿知识技能与教幼儿做人结合起来，尽职尽责，既给孩子们传授科学文化知识，又对他们进行思想品德教育，把幼儿培养成为德、智、体、美身心和谐发展的人。教书育人既是教师的责任，同时也是义务。教育的根本目的就是育人，教育以培养全面、完整的人为己任。教育事业以人为主，育人为本。教师是人类灵魂的工程师，是科学文化知识和技能的传播者。教师职业行为就是通过教师的劳动培养人、塑造人、改造人、促进人的全面和谐发展。因此，只有将教书和育人紧密结合起来，才能培养出身心和谐发展的、健全的幼儿。

### 2. 教书育人是幼儿教师职业道德的关键

国家的兴衰，取决于教育；教育的兴衰，取决于教师。教师是立校之本，而师德师风则是教育之魂。只要用真诚的心去感化孩子，用真诚的爱去引导孩子，只有真的爱孩子才能当之无愧地说热爱教育事业。教书育人是师德师风的关键。教师要把自己的幼儿培养成为有用的人才，就必须把书教好。[20]这就首先要求教师具有渊博知识，其次，还需要教师具有良好的师德。师德师风不仅是教师个人问题，也是教师群体问题。个人师德师风不好，虽然有时会在小范围里造成“一个臭鸡蛋毁了一锅汤”的坏影响，但毕竟还只是小范围的事。教师群体如果风气不好，特别是与社会上的不良风气沆瀣一气，其危害性就大了。这时的师德师风问题就演变为整个教育行业的道德问题，这时的不良师风就演变为教育行业的不正之风了。

## （二）教书育人的策略与方法

### 1. 热心岗位，认真负责，甘于付出

作为人民教师要热爱党、热爱社会主义祖国，认真贯彻党的教育方针，忠诚党的教育事业，树立正确的教育观、人才观，自觉进行素质教育，增强社会责任感和使命感，为国家培养合格的接班人。为此教师应该全身心地投入教育教学，努力学习，不断创新，与时俱进，锐意改革，更新教育观念，不受市场经济条件下人们道德观念及价值取向深刻变化的负面影响，爱岗敬业，乐于奉献。

**2. 履行职责，热爱幼儿，耐心育人**

作为幼儿教师，就要真心喜欢自己的行业，热爱幼儿。幼儿是受教育的主体，具有主观能动性，他们天生需要被爱护，渴望理解和尊重，因此教师就要亲近他们，平等相对待每一个孩子，因材施教，尽可能为幼儿创造和谐宽松的教育气氛，使每个幼儿都得到平等、健康、主动的发展。

**3. 严以律己，坚持学习，率先垂范**

作为幼儿教师，须宽以待人，严于律己，这是一切育才者不可缺少的职业品质。教师的一言一行对幼儿产生直接影响，我们一定要在思想政治上、道德品质上、学识学风上以身作则，加强师德修养，只有做到这些，才能率先垂范，为人师表。把"言传"和"身教"有机地结合起来，德以修己，教以导人。知识在更新，观念在更新，作为教师就要不断地学习，努力充实自己。

**4. 以身作则，塑造形象，树立榜样**

幼儿教师的一言一行都会对幼儿的思想、行为和品质具有潜移默化的影响，教师的一言一行，幼儿均喜欢模仿，这将给幼儿成长带来一生的影响。因此，教师一定要时时刻刻以身作则，为孩子做出好的榜样，凡要求孩子要做到的，自己首先做到。因为教书育人能否收到实效，关键在于教师能否在孩子的心目中塑造好自身形象，真正起到为人师表的作用。

幼儿教师作为"人类灵魂的工程师"，不仅要教好书，而且要育好人。因此，教书育人，是对每一位教师的基本要求，也是我们义不容辞的责任。

## 九、为人师表

"教师是太阳底下最光辉的职业。"这句话既肯定了教师这一职业的伟大，又赋予了教师崇高的责任与使命。教师是人类灵魂的工程师，更是自身形象的塑造者，我国古代著名的教育家、思想家孔子说，"其身正，不令而行；其身不正，虽令不从"。著名教育家叶圣陶也曾说过："教育工作者的全部工作就是为人师表。"这就是说做教师工作的，必须要规范自己的言行举止，这也是作为家长把孩子放心交给老师的首要标准，作为教师要以自己的"言"为幼儿之师，"行"为幼儿之范，言传身教，动之以情，晓之以理，导之以行，做名副其实的人类灵魂工程师。[21]

幼儿园教师作为人的心智的启蒙者，不仅要"教书"，传递知识技能技巧，重要的是要"育人"。只有立身为教、为人师表的幼儿教师，才能正面地教育、影响幼儿。因

此，幼儿教师不管是从思想作风到生活作风，从言行到举止，从心灵到外表都应该以身作则，为人师表，以良好的师德去教育和影响幼儿。

## （一）幼儿教师为人师表的意义

### 1. 为人师表是作为一名教师的基本要求

幼儿教师的一言一行无不给孩子留下深刻的印象，有的甚至影响孩子的一生。因此，幼儿教师一定要在思想政治上、道德品质上、学识学风上全面以身作则，自觉率先垂范，真正为人师表。[22] 凡是要求孩子做到的，幼儿教师自己要率先做到；要求孩子不能做的，自己坚决不能做；比如要求幼儿讲卫生、不随地吐痰，教师也一定要做到，看似区区小事，实则细微之处见精神做表率。为人师表对孩子是一种无声的教育，它爆发的内驱力不可估量。因此，为人师表是当好教师最基本的要求。

### 2. 为人师表也是教育事业对教师人格的特殊要求

教师的工作对象是正在成长、变化着的幼儿，教师的一言一行、一举一动对幼儿的发展有着潜移默化的深远影响，教育无小事，事事皆教育。叶圣陶先生认为，教育工作者的全部工作就是为人师表。倡导“为人师表”，就是要求教师言传身教，以身立教。“为人师表”对教师工作具有特殊重要的意义。

## （二）幼儿教师为人师表的策略与方法

### 1. 有高尚的个人品格，既教书又育人

教书育人，是教师的天职，教书是手段，育人是目的。作为幼儿教师，我们不必在意那些耀眼的光环，教育、关心幼儿才是我们永远的追求。幼儿教师不仅向幼儿传递知识，更要做好幼儿心灵的塑造者。幼儿具有较强的模仿能力，幼儿教师的言行都对幼儿有潜移默化的熏陶感染作用，凡是要求孩子做到的，幼儿教师应率先垂范。比如，教育幼儿要诚实守信，教师自己就应有磊落的言行。[23]

所以，作为幼儿教师，应以乐观积极的心态面对繁重的工作，力求做好每一个细节的时候，身教重于言传，对幼儿才会更有说服力。教师是人类灵魂的工程师，幼儿教师更是幼儿人生的第一位启蒙者，要让幼儿具有健全的人格，从小养成良好的行为习惯等，教师除了要对他们进行耐心的说理教育外，还必须用自己言行举止来感染幼儿，孩子才会在潜移默化中受到启发。

**2. 规范自己的行为，注意言传身教**

在日常生活中，教师只有把遵守师德规范变成自己深刻的信念，才能有为人师表的自觉行动。教师是孩子们心目中的偶像，教师的一举一动随时随地展现在孩子们的面前。试想，一个随地乱扔垃圾、不讲卫生的教师，如何让孩子养成良好的卫生习惯；一个言行不一、经常撒谎的教师又如何教出诚实守信的孩子？

身教重于言教，要求孩子做到的，教师自己也一定要做到。比如，幼儿园开展"捡起一片纸，整洁我们的家园""争做文明小卫士"等德育活动，如果要想让孩子们能养成自觉拾捡废纸废物、保持环境整洁的习惯，那么，当教师看到一片废物时，也应当自然而然地捡起。因为只有老师做到了，孩子才会做到。

除此之外，幼儿教师的语言也起着非常重要的作用，因此要把好语言这个关口。特别要注意：幼儿教师的语言要文明、要豁达，不讥讽、挖苦幼儿，不夸大，时时要掌握好分寸，要让语言中的分量起到"事半功倍"的效果。

**3. 要有健全的人格**

著名教育心理家钱频先生说，"人格健全的教师能在教室里制造出一种和谐与温馨的气氛，使学生如坐春风，轻松无比。反之则如坐针毡，痛苦无比"。钱频先生的这番话充分说明了教师人格的重要性，实际上在我们现实的工作和生活中，品行修养是关系事业成败的关键因素。教师的工作是有形的，但影响是无形的，幼儿教师这一职业更加是用有形的言行，对孩子施加无形的、潜移默化的影响，这就是我们要追求的"随风潜入夜，润物细无声"的教育效果。因此，一个人格健全的教师能透过自己的言行，给幼儿形成良好的心理素质。"百行德为先"，孔子说："为政以德，譬如北辰，具其所而众星共之。"古人还说："修其心治其身，而后可以为政于天下，不患无位，而思德之修也，不思位之不尊，而患德之不崇。"说的都是做人与做官、修身和立德的道理。道德不存何以为师，教育的责任就是教人做好人，教人有好格。因此，做教师首要的问题就是要有健全的人格。

**4. 要有乐观的心态**

乐观的心态是人之品质的一种表现形式，是人们对生活和工作的一种态度。乐观是心胸豁达的表现，比地大的是天空，比天大的是人心。心胸豁达的人是真正的强者，乐观是他们的情绪体验。悲观的心态泯灭希望，乐观的心态能激发希望，乐观是工作顺利的条件。知足长乐是指心平气和地对待当前的各种境遇，确定一个切实可行的可望可及的追求目标，不要过高的奢望，也不要过低地看待自己。期望过高总是感到不如意，工作就会不顺利，进而产生悲观失望之感，处于一种恶性循环的情绪与行为之中。要具备宽阔的眼界，开阔的胸襟，宽广的气量，容逆耳之言，从谏如流；容不顺之事，逆境奋

发，不怨天尤人。俗话说：海纳百川，有容乃大。只有把眼光放长远，才能胸怀万物，才能容下人生的喜怒哀乐。作为一名幼儿教师，必须全身心投入祖国的幼教事业，必须把自己的全部爱心洒在幼儿的身上，以幼儿为本。

**5. 要有奉献精神**

奉献精神就是我们平常所说的服务精神、牺牲精神，是教师正确的人生观和价值观的集中反映。教师的奉献精神表现在热爱自己的职业，坚守自己的岗位，不为金钱所动，不为权势所屈，甘为人梯。陶行知先生说过：“在教育活动中，我们确实感受到教育者所得的机会，纯系服务的机会，贡献的机会，而无丝毫名利、尊荣之可言。”所以，幼儿教师这一职业注定了必然要追求的是“捧着一颗心来，不带半根草去”的精神境界。因此，当我们走上幼教岗位的时候，别问幼儿园、家长给了你什么，先问你为幼儿园、家长做了什么。

幼儿教师无论何时何地都必须在思想品德、学识才能、言语习惯、生活方式和举止风度等方面“以身立教”，成为孩子的表率。幼儿教师职业的特殊性决定了其品格、言行对社会、公众、儿童所产生的影响远远比其他的职业更为深远。因此，从事幼儿教师职业者必须承载起比普通人更多的道德义务和社会责任。

**说到就要做到**

一天上午，我们上了一节关于撕纸的手工课，课程结束，地上有些纸片。正当我想提醒孩子们的时候，突然看见班里最爱动的张晨语小朋友又在班里乱跑，于是我对她说：“老师想请你帮忙，把地上的纸片送到垃圾桶里去，可以吗?”她高兴地说：“好啊!”开始还以为她坚持不到最后，毕竟爱动的孩子注意力时间短，没想到她竟然把地上的纸片全部捡起来送到垃圾桶里去了。于是，我就抓住机会，表扬她能够坚持，还对她说：“你这么能干，居然把所有的纸片都送走了，那这次老师奖励你一颗小砖石(贴画)好不好?”她很高兴，等着我给她拿奖励。因为当时要组织孩子喝水进餐，我没有立即给她去拿贴画，而是对她说等会忙完再给她拿。下午放学前由于忙其他事情不在班里，再加上我想着都一天了，孩子可能早就忘记奖励这件事了，也就没回去给她拿。第二天一大早，张晨语小朋友第一个来班，进班第一句话不是平常的“老师，早上好”，而是：“老师，昨天放学你去哪了，我的小砖石你还没给我呢!”听她这么一问，瞬间我好尴尬，不知道说什么好，于是就实话实说：“对不起，老师以为你忘了，老师当时也忘记了，那我现在就给你拿去，好吧。”可是戏剧性的一幕发生了，贴画没有了。为了让孩子相信我没有骗她，我还抱着她让她看看放贴画的地方，真的没有了。看过之后，孩子很失望，我也很抱歉，于是对她说：“请你相信老师，等你中午睡觉醒来，小砖石会放在你的枕头旁边。”中午吃完饭，我赶紧去外面买，跑了好几个地方，终于找到有卖砖石贴画的。午睡醒来，看到孩子脸上的笑容，我觉得很愧疚。孩子，以后老师说到做到，请相信我。

## 十、平等对待每位幼儿

每一个幼儿都是一个独特的个体存在，在幼儿园保教工作中，幼儿园教师要公平公正地对待每一个幼儿，让幼儿感受到自己是独特的，是被老师关爱的。陶行知先生曾说：“真的教育是心心相印的活动，唯独从心里发出来的，才能达到心的深处。”这句话告诉我们，作为幼儿教师，无论幼儿是调皮的，还是开朗的，还是内敛的，还是行动缓慢的，亦或是愚笨的，我们都不能冷眼相看，或者恶语相迎，而应该给予每一个幼儿平等的关爱、平等的关注、平等的支持与引导，用我们博大的爱心去指引他们，呵护他们幼小的心灵，促进幼儿心理健康的发展。

### （一）平等对待每位幼儿的意义

幼儿教师平等对待每一个幼儿的意义主要有以下五点：

**1. 平等对待每一个幼儿是促进幼儿身心发展的基础**

每一个幼儿都是独特的，他们有自己的个性，有各自独特的天赋和兴趣，幼儿教师要根据每个幼儿的天赋和兴趣，遵循幼儿身心发展的规律，为每一个幼儿提供平等、多样的发展空间，最大限度地发掘幼儿的发展潜力，让每一个幼儿都能得到极大的发展，成为一个自信、独立，有积极情感的幼儿。

当幼儿教师平等地对待每一个幼儿时，幼儿就会感受到他是被尊重的，就会觉得自己在班级中是有存在感，被重视的，进而产生积极的自我概念。他对老师、对同伴就会产生喜欢与亲近的感受，并愿意积极地参加幼儿园的集体活动；反之，幼儿感受到老师对自己与对别人是不一样的做法时，幼儿就会产生极大的自卑感，常常怀疑自己，否定自己，是不是老师不喜欢我，是不是我做错了事情，进而在集体活动中有强烈的退缩行为和回避行为。因此，幼儿教师平等对待每一个幼儿是维护幼儿身心健康发展的基础。

**2. 平等对待每一个幼儿有利于塑造幼儿的健全人格**

马卡连柯说过："无论他将来成为一个怎样的人，主要得决定于你们在五岁之前把他培养成一颗什么样的种子。假如你们在五岁之前没有把他按照需要的样子进行教育，那么，以后就得进行再教育。"这句话告诉我们，健全人格的培养，对于幼儿将来成为一个什么样的人，具有决定性的作用。健全的人格品质特点包含有乐观积极、自信自立、适应环境等特点。

在师幼平等的关系中，教师会将幼儿看成独立个性的人，并尊重和理解幼儿个性的独特性，以平等的身份倾听幼儿的想法，形成一个民主、合作、互助、温馨的氛围，这样幼儿也敢于表达自己的想法，进而产生自尊感，形成良好的人格。慢慢地，幼儿也会用平等、合作、理解、接纳的眼光来看待周围的世界，愿意亲近他人，适应社会，形成良好的社会关系。

**3. 偏爱会使被冷落的幼儿产生心理变异**

**雪亮的眼睛**

在排队喝水时，很受老师喜欢的思琦把小亮弄哭了，他反而跑去告诉老师说是小亮先推了他。老师听后很生气，不问理由，不查清真相，就将小亮叫到身边，并当众狠狠地批评了他。可其他孩子们都看到了明明就是思琦推的小亮。有些孩子们开始嘀咕说，小亮没有推思琦。老师听后，说道，大家以后喝水时要避开小亮。

**她的什么都是好的**

雨桐在班上是一个漂亮、能说会道的女孩，尤其在舞蹈、钢琴、讲故事方面表现突出，也经常代表幼儿园参加一些比赛活动，为幼儿园争得了许多的荣誉。可在一次角色表演的活动中，别的小朋友没有按照她的想法来进行，于是她就骂了这些小朋友。老师知道这件事情后，非但没有批评雨桐，还责备其他小朋友为什么不听雨桐的话。

在一些幼儿园，幼儿教师常常会特别喜欢那些漂亮、能干、能力超强、多才多艺或者是家庭背景比较好的幼儿，而冷落一些行动缓慢、愚笨、爱搞小破坏的幼儿。这种偏爱导致幼儿教师在处理问题时不能做到一视同仁，久而久之，不管是对偏爱的幼儿还是被冷落的幼儿，他们的心理上都会产生一些偏差。这也就是为什么我们经常看到得宠者被一些被冷落的幼儿围攻的现象。

**4. 平等对待幼儿有利于赢得尊重**

案例 3-40

### 来园和离园的拥抱

我曾经到过一所幼儿园，发现这位老师每次在早上来园的第一时间，给了每个孩子一个拥抱，在离园的时候，她也做到了给每一个孩子一个拥抱。

我问她："这件事情你坚持了多久?"她说："从我开始与孩子们的第一次见面开始。"

"你真的是给每个孩子一个拥抱吗? 没有因为别的事情影响你无法给某个孩子一个拥抱吗?""也有过，但是事后我都会叫住这些孩子，跟他们说原因，孩子们也理解的。"

是的，每天早晚两个拥抱让孩子们满满地感受了来自这个教师无私的爱，让孩子们有存在感；渐渐地，我发现每到节假日时，孩子们都要求爸爸妈妈给这位老师发消息表达祝福，有时候有什么好吃的、好玩的，孩子们也能想起老师，为老师时常准备一些小礼物。

这位老师的做法时常提醒我们在与幼儿交往的过程中，完成一个简单的行为可能是件容易的事情，但是要做到长久坚持，需要我们每一个幼儿教师真正地做到平等对待。在你真正做到平等地对待每一个幼儿时，你也可以获得来自幼儿的喜欢与尊重，得到家长的认可和支持，从而达到一种双赢的效果。

因此，为了更好地促进幼儿心理的健康和发展，在一日的生活活动和教育活动中，应该平等地对待每一个幼儿，让每一个幼儿的生活每天都充满阳光，逐渐成长为一个自信、独立、有尊严、有责任感的人。

**5. 平等对待幼儿有利于建立平等的师幼关系**

在我国传统观念中，教师是至高无上的，受人尊敬的。这种观念使得教师处于一种优势地位，教师自觉地维护着自身的权威，并使这种权威不被挑战。近些年来，我们经

常在新闻媒体和网络报道中，看到幼儿教师对幼儿打骂、变相体罚、虐待幼儿。因此，社会、幼儿园、幼儿教师、家长急需幼儿教师正视他们与幼儿间的关系，他们应是朋友、玩伴、亲人。幼儿教师须从这一平等视角下去支持幼儿的发展，并在“有教无类”的平等教学态度下运用启发式教育，这样，能让幼儿在幼儿园里更加快乐地生活，幼儿还能感受到家的温馨与甜美。不仅如此，能够帮助幼儿教师有效地组织幼儿园生活活动和教育活动，培养幼儿积极向上的情感，形成良好行为规范。所以幼儿教师需以朋友之心、父母之心、伙伴之心去关心与支持幼儿的身心发展，并为他们创造快乐而有意义的童年。

## （二）平等对待每位幼儿的策略与方法

### 1. 尊重幼儿是平等对待每个幼儿的前提

幼儿教师只有把幼儿当作积极主动发展的个体来看待，尊重幼儿在与教师互动中的主体地位，才可能与幼儿建立真正平等、和谐的师幼关系。从人格的意义上来说，幼儿是与教师平等的，同样具有独立的存在。在与幼儿的平等交往中幼儿教师才能更多地关注幼儿的需要、兴趣、想法，也才有可能投入更多的时间和精力与幼儿平等对话、沟通，倾听并理解幼儿。

### 2. 平等对待每一个幼儿是教育的起点

在教育活动中，如果一开始幼儿就感觉到老师对他与对别的小朋友是两种不同的做法，就会让幼儿产生心理落差，变得怀疑自己，也让幼儿失去学习的兴趣与动力。很难想象，长此以往，我们能否培养出德智体美劳各方面协调发展的人。

### 3. 平等对待每一个幼儿是无条件的

平等地对待每一个幼儿，体现为幼儿在任何情况下，即便是表现出弱点，甚至错误的时候，都能够得到平等的对待和处理方式。即无论是遵守规则，还是违反规则的时候，都要让幼儿知道，老师的处理方式都是一致的。我们不能因为幼儿违反了规则，就暂时取消他继续玩游戏的权利，而当下一次别的幼儿也违反了规则时，你却没有取消，只是对其错误行为进行了轻描淡写。如此一来，幼儿教师两面派的做法很容易引起班上幼儿的反感，家长从孩子那里获知教师如此为人做事后，也会不再信任与支持幼儿园及幼儿教师的工作。

### 4. 平等对待要做到一视同仁

不同性别，不同民族，不同出身，不同家庭背景，不同天赋，不同长相，不同个性，表现好与坏……所有的幼儿都应该受到幼儿教师平等的对待。

在一视同仁地平等对待幼儿时，要注意以下三点：

(1)即使是禀赋稍差的幼儿，也要给予平等的机会。

(2)即使是特别让你省心的幼儿，也要给予平等的关注。

(3)平等对待不意味着忽略每个幼儿的个体差异。要承认并考虑到幼儿的个体差异性，适当地给予每一个幼儿不同的活动材料或环境，做到因材施教。

### 5. 让每个孩子都感受到平等的地位

在需要全班幼儿参与的活动中，应该让全部幼儿全身心地参与进来，一个都不能落下。不能让一些活动成为某一部分幼儿的专属而忽略了未能参与幼儿的热情。每一个幼儿都有在活动中自我表现的需要，幼儿教师要做的就是提供机会与创造条件极大地满足幼儿自我展示、自我表现的需要。

#### 我长得胖，老师不让我上台

又到了一年一度"六一"儿童节的时候，每个幼儿园都忙活起来了，每天的排练活动占据了幼儿园的一日生活的大部分环节。可是清清小朋友就无所事事。我问他："你一个人坐在这里干什么呢？你没有要表演的节目吗？""我……我……没有表演节目。""为什么呀？""老师说我有点胖，时装走秀的节目不适合我。"说完，他低下了头。我明显地感觉到他的眼睛里藏着失落与小泪珠。"我们班有3个节目，那你想表演哪个节目呢？""我想演那座大山。"清清骄傲地大声说。原来有一个节目是儿童剧《西游记之火焰山》的片段，清清认识到自己的体型可能是有点微胖型的，很符合火焰山的外形特征。

我不禁感叹清清的勇气，即使在老师眼里，他确实不适合上台，但是在属于清清的"六一"儿童节，他希望自己"扮演大山"的行为也能够给大家带去欢乐。

这个案例告诉我们，每一个孩子都有一颗勇敢的心。或许在当下，这个孩子不是最优秀的，在班上也可能是不起眼的一个，但是他眼中有同伴，想和小朋友们一起完成表演活动，并为集体献上自己微薄之力的大智慧值得每一个幼儿教师反思。

### 6. 平等对待每一个幼儿的具体措施

幼儿教师还可以通过以下具体措施来让幼儿感受到老师的公平。

(1)准确叫出每一个幼儿的名字。不要有的幼儿叫出完整的名字，有的幼儿又是叫

出的小名，有的幼儿叫出“小可爱”“小宝贝”之类的名字。

(2)与幼儿交流时，尽量蹲下身或单膝跪地，与幼儿视线保持平行，这样会让孩子感受到强烈的平等感。

(3)让每一个幼儿在活动中都有充分表达自己想法的机会。

(4)来园和离园时，给每一个幼儿一个拥抱或一个微笑。

(5)分发食物时，做到数量平均。

(6)表扬或批评幼儿时，做到公平公正。

(7)在细节的处理上以相同的方式对待幼儿与对待同事。身教胜过言传，幼儿教师要树立榜样作用。在与配班老师和保育员的和谐共事中，要亲切地称呼对方“×老师”，不会叫小名，更不会直呼大名。与幼儿的交往中，就算不小心和孩子撞到了，碰到了，也会说：“有没有撞疼？不好意思老师没看到，原谅我好吗？”……虽然这只是生活中的一些小小的细节，但幼儿看在眼里，在耳濡目染中，他们能够感受到班级平等和睦的氛围，感受到老师对自己的关怀、关爱和尊重。

(8)使用正确的行为和语言平等地对待每一个幼儿。为此我们要做到以下两点：

①幼儿教师用心倾听，行为善意，创造愉快的沟通氛围。教师态度要友善，一个眼神，一个微笑，一个抚摸，一句问候，都可以如浴春风般地温暖每一个幼儿，并快速地与幼儿拉近关系。

②教师积极回应，耐心等待。必要时给予积极的语言回应，“是吗？这太有趣了！”“还有吗？我还想知道”等。对于不善表达的幼儿也要创造条件和机会让幼儿想说和敢说。例如孩子们在讲故事时不知道接下来说什么，幼儿教师要耐心地加以引导，“没关系，你可以说说今天早上你做了什么事情？慢慢说”。幼儿说完后要给予肯定反馈：“很好！你已经说出来了呀。然后呢？我还想听一听你又做了什么？”一点一点慢慢地引导幼儿说下去。

(9)让每一个幼儿都有平等的自我表现机会。幼儿教师不仅要让幼儿有自我表现的机会，还要考虑让每一个幼儿在自我表现方面都有平等的机会。让每一个幼儿在小朋友面前自由地表现自己，不仅有利于提高他的自信心，满足他的自我表现的需要，同时还能让别的小朋友懂得和学会欣赏他人。

①对适合幼儿自我表现的活动采取轮流制。在某些常规性的活动中采取轮流制，让每一个幼儿都有表现的机会。比如幼儿教师的提问、班上小小值日生或当小干部或小小法官等、当国旗护卫手、六一活动或毕业典礼活动中表演节目、为班集体服务、领操、和老师完成一些特殊任务等。在活动中，每一个幼儿可以轮流担任角色，每个幼儿都有发言的机会，操作的机会，表演的机会。

②在一些大型活动中，让每个幼儿都有自我表现的机会。节日活动、运动会等大型互动活动中，提供给每个幼儿表现自我的机会。但也要考虑为每个不同能力层次和兴趣特长不同的幼儿提供相应表现自己的机会，让每个幼儿愿意参加活动，并能从活动中体验到快乐，从而实现全面发展。让每个幼儿都“动”起来，而不是成为旁

观者。

③举办各种展示活动。幼儿的各种绘画作品都应该展示出来，不能因为这些作品“不像”或“不美观”而扼杀了幼儿展示自我的机会。

当幼儿完成了自制小玩具(或教具)、制作小红旗、制作小灯笼等任务后，都应该有专门展示的区域，满足幼儿自我表现的需要。

轮流让幼儿在班上讲述暑假或周末或近一段时间发生的有趣的事情，不仅提高了幼儿的语言表达能力，也可以锻炼幼儿，让其更加大胆地展示自己。

## 十一、仁慈宽容善良

**来自一则《佛家禅语》的故事**

相传古代有位老禅师，一天傍晚在禅院里散步，突见墙角边有一张椅子，他一见便知有位出家人违犯寺规越墙出去溜达了。老禅师也不声张，走到墙边，移开椅子，就地而蹲。少顷，果真有一小和尚翻墙，黑暗中踩着老禅师的背脊跳进了院子，当他双脚着地时，才发觉刚才踏的不是椅子，而是自己的师傅。小和尚顿时惊慌失措，张口结舌。但出乎小和尚意料的是，师傅并没有厉声责备他，只是以平静的语调说：“夜深天凉，快去多添件衣服。”我们可以想象听到老禅师此话后，他徒弟的心情，在这种无声的宽容教育中，徒弟不是被他的错误惩罚了，而是被教育了。

幼儿活泼又淘气，心理成熟水平较低，容易制造一些或大或小的麻烦。雨果说：“比大海更宽广的是天空，比天空更宽广的是人的心灵。”对成人而言，宽容是一种境界，是一种艺术，更是一种智慧。幼儿教师应当具有平等、尊重、理解、宽容的教育理念，懂得宽容并掌握宽容的艺术。以宽容的态度对待每一个幼儿的每一个失误，以赞许、善良的目光肯定幼儿的点滴进步，以真诚、真挚的情感发现幼儿的创新闪光点，用现代教育思想引导幼儿的全面发展。

### (一)幼儿教师仁慈宽容善良的意义

幼儿教师仁慈宽容善良地对待幼儿的意义主要有以下五点：

### 1. 仁慈宽容善良是促进幼儿进步与发展的重要手段

宽容是促使幼儿进步与发展的重要手段。在幼儿犯错、调皮捣蛋的时候，为人师者，务必要用一种宽容的心态对待幼儿的过失。古人云："人非圣贤，孰能无过?""金无足赤，人无完人。"幼儿教师对待每一个幼儿应当多一些接纳、多一些尊重、多一些宽容、多一些激励、少一些计较；善于发现每一个幼儿身上的闪光点，多提供给幼儿成功的体验，让幼儿发现自己的价值。过去教师往往比较注重发现幼儿的缺点，然后纠正它们。幼儿教师应当把注意力放在发现幼儿的优点与长处上，激励他们继续向优点方面发展，激励他们进步与成长。要给幼儿以成功的体验，这样幼儿就相信自己是有能力的，他会再一次尝试，并追求下一个成功。而对待幼儿的缺点或短处最好的办法就是扬长以避短。每个幼儿都有各自的成长背景、不同的家庭教养方式、不同的个性，教育幼儿要从他们的实际出发，要从他们的发展水平出发，要让他们的个性得到充分发展，使得他们在幼儿园健康快乐地成长。

**一只爱叽叽喳喳的小麻雀**

红红是个爱说话的孩子，总喜欢在集体教育活动中与旁边的小朋友兴高采烈地说话，有时候真的会影响到其他小朋友，但老师又不好当众提醒她。幼儿教师想了一个办法，每次在离园前的十分钟，老师请红红到前面来，给小朋友们讲一讲今天发生的有趣的或好玩的事情。渐渐地，红红开始意识到自己在集体活动时的讲话行为是不好的做法，因为影响了他人。她开始变得能克制住自己的行为，变得安静起来。在每次的交流活动中，红红的语言表达能力得到了较大的提高，在表达上的兴趣也越来越浓厚了。

案例中教师对红红的"小毛病行为"的处理可谓是表现出了教师的睿智。在一般情况下，教师对幼儿一而再再而三出现的行为会表现出讨厌、厌烦等心理状态，可是这个教师不但没有当众批评，反而提供和创造了让红红表达的条件和机会，也让红红认识到何种场合才能够自由地表达，另外，还逐步提高了红红的语言表达能力。

### 2. 仁慈宽容善良是滋润师幼关系情感的催化剂

古语云："水至清则无鱼，人至察则无徒。"这句话说的是人与人在相处的时候不要用放大镜看人的缺点，如果过分地追求完美，不断指责幼儿的过错，放大错误，就会失去教育幼儿的契机，就会失去与幼儿做朋友与伙伴的机会。用仁慈宽容善良对待幼儿的一些过失，对于幼儿教师来说其实并不很难。就事论事，不放大错误，巧妙地化解错误与过失才是教育的根本目标。在幼儿园班级管理过程中，有些幼儿的表现并不是很理想，偶尔大声喧哗，偶尔争抢玩具，偶尔调皮捣蛋，对于这类幼儿，幼儿教师更应该发现他们身上的优点，缩小这些不足。如果幼儿教师用一颗仁慈宽容善良的心，不责问他们的过错，委以重任，用小值日生的责任感约束，巧妙地让幼儿自控与自律，或者适当地安排一些他力所能及的任务，这样教育的效果不言而喻。同时还化解了紧张的师幼关系，让幼儿也深切地体悟到老师的良苦用心。

**3. 仁慈宽容善良会让幼儿的生活变得充满阳光**

幼儿在很多时候经常会做出一些让人无法忍受和无法接受的事情，例如莫名其妙的破坏行为、同伴间的肢体冲突与争抢玩具、打架行为等。因为好奇心的驱使，把家里的电视遥控机拆了，把爸爸新买的遥感飞机拆了，把妈妈新买的口红涂得自己满脸、满墙壁，把妈妈的高跟鞋穿在自己脚下，满屋子咚咚咚地走来走去。这些事情都会让心智成熟的大人火冒三丈，大动肝火。但是谁在年少轻狂时代没有做过荒唐事？谁不曾好奇，不曾调皮，不让大人操心？当我们平复下自己的心情后，耐心地蹲下来，仔细聆听孩子的想法，原来是："我想知道遥控机里有什么神奇的魔法，可以有那么多好看的画面。""妈妈涂口红漂亮，我也想做妈妈，想像妈妈一样穿着高跟鞋去上班。"这时你会发现他们的很多行为是能够被理解的。基于此，幼儿教师也应该以仁慈宽容之心理解孩子们的这些荒唐行为。

**4. 仁慈宽容善良就是对幼儿权利与尊严的尊重**

**她又尿床了**

午睡起床后，丽丽低下头，没有和老师打招呼，就快速地走出了寝室。保育员老师在整理孩子们的床铺时，发现丽丽的垫被全湿了。保育员赶紧对我小声地说："丽丽裤子又湿了。"我并没有马上破坏孩子们的午点时光，趁小朋友们没有关注我时，走到丽丽身边，轻轻地拍拍了她肩膀，说："老师想请你帮我做一件事情，你可以跟我过来一下吗？"丽丽跟着我走回了寝室，我说："没关系，尿裤子是很正常的事情，老师小时候也经常尿床呢。下次裤子湿了，一定要及时换上干裤子，要不然很容易感冒的。记住了吗？"丽丽点了点头，说好的。

尿床行为在幼儿园时有发生，这位幼儿教师悄无声息地处理了这件事情，不但保护了丽丽的自尊心，还以“过来人”的身份告知丽丽不用羞愧，消除了丽丽紧张和恐慌的情绪。如果当时幼儿教师马上当众大声指出丽丽又尿床的行为，无疑会给丽丽的身心带来很大的伤害。在保护了孩子尊严的同时，这位幼儿教师也用仁慈宽容善良收获了来自丽丽的尊重。

**5. 仁慈宽容善良是人生的底色**

仁慈宽容、行善向善是中华民族的传统美德。哪里有仁慈，哪里就有诚信和互助。哪里有宽容，哪里就有理解和希望。哪里有善良，哪里就会有团结和进步。有了仁慈宽容善良，生活就会有幸福和安全。古人说：“勿以恶小而为之，勿以善小而不为。”因为善良让世界充满爱，让岁月溢满温馨，让青春洋溢甜蜜。仁慈是一种智慧，宽容是一种远见，善良是一种精神力量，这些都是社会生活中人们不可缺少的品德。当我们用仁慈宽容善良谱写人生的乐章时，也会让我们的人生更加精彩与无悔。

## （二）成为仁慈宽容善良的幼儿教师的策略与方法

**1. 仁慈宽容善良是幼儿教育的起点**

在幼儿园每日的活动中，幼儿教师若一直用仁慈宽容善良之心来对待幼儿，幼儿也会在潜移默化中感受到来自老师对她的包容和关爱，幼儿就会喜欢上幼儿园，每天都会对幼儿园有所期待，对小伙伴们产生喜欢和亲近的感觉，这样的幼儿教育的场地无疑是充满着真善美的精神乐园与童真美好的乐园。

**2. 仁慈宽容善良是无条件的**

我认为，当幼儿因为好奇、“无知”犯错误时，幼儿教师都应该以仁慈宽容善良之心对待幼儿的过失，平静而耐心地处理好，以免挫伤了幼儿的积极性和主动性。若是故意为之，那就要冷静处理。把握住这一教育契机，化解危机。

**3. 让每个孩子都感受到你的仁慈宽容善良**

在幼儿教育中，我们提倡要让爱看得见。同理，幼儿教师也要让幼儿感受到你的仁慈宽容与善良。幼儿长期滋润在充满仁慈宽容与善良的养分中，幼儿也会慢慢形成世间万物皆为善的积极观念。

**我的衣袖再也不湿了**

每到盥洗时间，总能看到孩子们欢呼雀跃的身影。早餐后，俊俊小朋友擦了嘴巴，独自走到卫生间，卷起袖子，开始洗手。由于天冷，他只将外面的厚衣服三下五除二地卷起来，而没能将最里面的秋衣往上卷。水龙头开得太大了，水顺着小手臂往下流，他的右衣袖湿了一大片。我赶紧提醒他："俊俊，你的水龙头要关小点哦，袖子还要往上卷高一点。"他尝试着这样去做，可是湿袖子怎么办呢。"没关系，等下你把书包拿来，老师帮你换衣服。"

过了5分钟，俊俊还没有来到我的身边，我快速地扫视教室，发现他一个人在积木区垒着积木。

我向他走过去，说："俊俊小朋友，可以请你出来一下吗？"

"老师，我书包里没有换洗的秋衣了。"

"没关系，袖子湿了要赶紧处理，今天天冷，要不然很容易感冒的。老师有办法的。"

我赶紧借了一个吹风机，帮俊俊将衣服吹干，还提醒他下次一定要请爸爸妈妈多准备换洗的内衣。他点了点头。随后我又将一些干净的纸巾叠在一起，放进俊俊的袖口处，他开心地走开了。

在今天一天的洗手环节中，孩子们都格外地小心，按照洗手的步骤认真地完成洗手。

在幼儿园，我们经常见到孩子们在洗手时打湿衣袖的事件。有些保育员会大声呵斥，甚至用命令恐吓的语言让孩子们学会洗手的正确方法。殊不知，孩子们幼小的心灵上会留下恐惧的阴影，变得害怕洗手，害怕水龙头。而这位幼儿教师用自己的仁慈之心和包容之心巧妙地处理，让孩子们再也不用担心洗手了。

### 4. 不对幼儿说无情的话

在前面的论述中，我们主张，幼儿教师用爱心、关心、细心、耐心等对待幼儿时，可以营造宽松温馨的师幼互动关系，同时我们也要尊重幼儿的人格，保障其合法权益。所以，幼儿教师偶然间对幼儿说的一些无情或具有伤害性质的言语，就会让幼儿慢慢地形成"老师是粗暴的，好凶，我不喜欢TA，不喜欢幼儿园"的观念。幼儿教师要时刻注意自己的语言中是否经常会有一些口头禅或是不适合与幼儿对话的语言，因为这些恰当

的语言会在不经意间伤害到他们。我们建议幼儿教师应该多用温柔、简单、客观的语言与幼儿交流，让幼儿充分感受到你的仁慈宽容与善良。

**5. 用宽容、善良的方式优化处理幼儿的“小插曲”**

幼儿活泼好动，对周围的事物充满了强烈的好奇心和探索欲，但由于幼儿经验尚浅，经常会出现一些意外的“小插曲”，这时候就需要我们针对幼儿的不同特点(气质、性格、能力等)，用宽容、善良的方式化解幼儿的这些行为。当幼儿因自己本身的调皮捣蛋行为破坏了班级的常规时，幼儿教师可以用委婉的方式提醒，切不可直接大声呵斥TA；当幼儿是因为“不会”或能力稍弱暂时掉队时，我们不妨私下耐心地引导与帮助他们；当幼儿是因为行为缓慢，跟不上其他幼儿的脚步时，我们更要以等待的心态，留给他们足够的时间慢慢体会。

**6. 把握仁慈宽容善良的“度”**

仁慈宽容善良，并不是放之任之，更不是放纵幼儿自由散漫、为所欲为。所以在幼儿教育工作中，幼儿教师一定要把握好“度”。

**谦让有度**

班里一个语言发育较为迟缓的孩子妍妍总是在活动中影响旁边的小朋友，一次去抢同伴思思的玩具，思思眼睁睁地看着玩具被抢走而没有告诉老师，进而再去拿了另一个玩具。这一幕碰巧被我看到，我以为思思是用一种宽容的心来对待妍妍，不跟她计较，于是悄悄问思思：“为什么你的玩具被妍妍抢走了，你不去拿回来?”思思告诉我：“妍妍只要坐我旁边，就经常拉我的头发或是摸我的衣服。”

我陷入了深思：这是宽容与大度吗？不，这是长期被小朋友“欺负”而产生的懦弱和迁就，另一方面也助长了妍妍更加以自我为中心的心理，而不顾别人的感受和想法，增加了其不良行为发生的几率。

这个案例值得我们深刻反思。蒙台梭利认为：“孩子们的自由，就其限度而言，应在维护集体利益范围里。”幼儿教师和家长要从身边的小事抓起，适时适当地对幼儿进行明辨是非的教育，让幼儿知道欺负弱小是不道德的行为，认清善与恶，及时制止并纠正一些不良的行为，在谦让分享的同时也懂得要维护自己的权益不受损害，而非一味地忍让。

**7. 言传身教感染幼儿**

幼儿天生喜欢模仿。要培养幼儿仁慈宽容善良的品格，幼儿教师和家长应该自己先具有这些品格。当我们以善意、宽容的方式对待幼儿并理解幼儿的行为时，他们也会感受到我们对他们的仁慈与包容，进而幼儿也会用这样的方式去对待身边的人与物。这有助于幼儿养成善良的品格，也让幼儿学会悦纳自己，善待他人。因此，幼儿教师的言行举止至关重要，必须时刻保持自己正面、积极的状态，这些都会潜移默化地对幼儿仁慈、宽容、善良品格的培养起着榜样示范作用。

**8. 宽容就是等待**

在幼儿园教育中，对幼儿宽容即意味着等待幼儿。

(1)学会“静候开花”

无论孩子的天资如何，家庭背景、社会关系如何，每个孩子都是一粒种子，只不过每个人的花期不同。有的花，一开始就开得很灿烂，很耀眼；有的花，需要时间的洗礼，漫长的等待。所以，不要看着别人的孩子绽放了，自己的孩子还没有动静就十分着急。幼儿教师和家长都要相信：是花都有自己的花期，细心地呵护自己的花慢慢地长大，陪着他沐浴阳光、经历风雨，这何尝不是一种成长，一种幸福？相信孩子，静待花开。也许你的种子永远不会开花，因为，他是一棵参天大树。

(2)学会“接住抛球”

当幼儿的活动乱糟糟的时候，幼儿教师不必觉得乱而马上介入；当幼儿遇到困难时候，成人不必急于热心帮忙解决；当幼儿发现问题、尝试得出结论时，幼儿教师不必着急给予答案或总结；当幼儿之间发生矛盾冲突时，教师不必急于干预和处理。幼儿教师和家长需要做的是：给予幼儿多一点时间、多一点空间思考、放手让幼儿自己尝试去寻找答案、寻找解决问题的方法。慢慢地，幼儿也会学会等待。

(3)学会“因材施教”

马卡连柯说过，“每一个儿童就是一个独特的世界”。世界的美不是因为相同，而是由于差异。面向全体，尊重每一个孩子的发展节奏，抓住其个性特点，因材施教，从而找到适合他的教育方法。

## 十二、尊重幼儿个体差异

《3—6岁儿童学习与发展指南》中提出：“幼儿的发展是一个持续、渐进的过程，同时也表现出一定的阶段性特征。每个幼儿在沿着相似进程发展的过程中，各自的发展速度和到达某一水平的时间不完全相同。要充分理解和尊重幼儿发展进程中的个别差异，

支持和引导他们从原有水平向更高水平发展，按照自身的速度和方式到达《指南》所呈现的发展‘阶梯’，切忌用一把‘尺子’衡量所有幼儿。”《幼儿园教育指导纲要》也指出，幼儿园教育应尊重幼儿的人格和权利，尊重幼儿身心发展的规律和学习特点，以游戏为基本活动，保教并重，关注个别差异，促进每个幼儿富有个性的发展。每个幼儿都有自己的发展速度，每位幼儿都有自己的独特性，都以不同的方式展示着自己的不同个性。这种差异性，幼儿教师既要关注到，也要尊重和理解。

## （一）尊重幼儿个体差异性的意义

尊重个体差异性的意义主要有以下四点：

**1. 尊重个体差异性是促进幼儿心理健康发展的基石**

当幼儿的个体差异性受到尊重时，他就会产生有尊严、有价值、有能力、有存在感、自信等感觉，他会因自己感到骄傲和自豪，他对老师、对同伴、对集体活动就会满腔热情，对学习、生活就充满进取心；反之，幼儿的个体差异性没有受到尊重，幼儿就会产生自卑感与无能感，进而失去最基本的自尊与自信，从此上幼儿园对他们来说就会变成一件可怕的事情。

**2. 尊重个体差异性是对幼儿个体权益的保护**

我们经常发现，在区域活动时间，幼儿会自主灵活地选择自己喜欢的区域活动。在他选择的活动区域中，幼儿自己可以自由地交流，自由地活动。而这些都来源于对幼儿的尊重和对幼儿权益的保护。

**3. 尊重个体差异性是增进双方互信的润滑剂**

在了解了每一个幼儿的特点之后，保护和尊重幼儿的个体差异性就会变得可操作起来。幼儿在感受到了幼儿教师对他个体差异性的保护和尊重后，他也会去尊重班上的教师，也能做到尊重同伴。因为尊重是一个需要双方相互参与的过程。这样，幼儿与幼儿教师之间的关系也会变得融洽、平等与互信。

**4. 尊重个体差异性凸显了幼儿教师的专业性**

如果幼儿教师认为每一个孩子都是一样的，他就会用一种眼光、一把标尺来对待孩子，就发现不了孩子身上与众不同的地方，这将会极大地扼杀孩子积极主动的信心。而幼儿教师坚信孩子之间存在个体性，就会尊重这一差异性，并提供支持适合个体差异性发展的机会和条件，帮助幼儿更快更好地发展，这无疑会体现幼儿教师的专业性，反过来，也促进了幼儿教师的专业成长。

### 我只是想擦掉积木上的水

明明是个十分调皮的孩子，在幼儿园时总是和别的小朋友抢东西。如果幼儿教师第一时间去批评明明，根本不能起到教育他的效果，明明还是会一味地抢别人的东西。

有一次，在明明抢了玩具后，教师没有立即去批评他，而是轻声地询问："明明，你刚才做了什么呀？"

"我把东东的积木抢了过来。"说完，还一边把积木举得高高的，脸上完全没有做错事情后的内疚感。

"那你为什么要抢东东的积木呢？东东不是正在好好地堆积木嘛！你突然拿走他的积木，是会影响到他的。"

"嗯，但我发现，那块积木上有几滴水，我想……我想帮他把积木擦干净点。"

教师听后陷入了沉思，但很快，她就告诉明明如果下次还有这种情况，必须和小朋友解释清楚，他允许你这么做，你才能拿走小朋友的东西，这样才是一个好孩子。这次之后，明明再也没有抢过小朋友的东西。因此，要尊重幼儿的个性化差异，要对幼儿进行纠正鼓励，而不是一味地责备，这样才能真正帮助幼儿解决问题，而幼儿教师正确的处理方式也正好印证了自己的专业性。

## （二）尊重幼儿个体差异性的策略与方法

### 1. 树立科学的、正确的儿童观

儿童观，简单来说，就是人对儿童的看法。它主要关注儿童的地位、权利、特点、个性以及儿童的发展前景、儿童时期开展教育的意义等，而现代化的儿童观要求关注幼儿发展中的个性化差异，倡导个性的发挥，将儿童群体当成积极、主动、有能力的权利主体来对待。[24]因此，在开展幼儿园教学活动时，教师必须将幼儿放在首位，关注幼儿的个性、变化和喜好，在教学活动中树立科学正确的儿童观。

### 2. 了解每一个幼儿的特点是尊重个体差异性的前提

幼儿教师在开展个性化教育之前，要充分把握幼儿的性格特点、兴趣爱好、认知水

平等，这样才能充分了解幼儿的优势和劣势，才能够根据幼儿的特点展开活动。在采取适宜性指导时，教师对幼儿特点的掌握是前提和基础。例如，有些幼儿争强好胜，凡事喜欢争第一，不管是吃饭、上厕所、回答问题等生活的各个细节，都喜欢争第一，因此很容易在实际生活中为了争第一和别的幼儿起冲突。这个时候幼儿教师要告诉幼儿按照顺序排队，并且遵守秩序，做一个谦和礼让的好孩子，不要处处和别人争抢东西，这样才是个有礼貌的好孩子，才是教师和小朋友心中真正的第一。这种个性化教育就要求教师在平时多观察幼儿，准确了解每一个幼儿的特点，这样才能有利于幼儿的全面发展。[25]

**3. 尊重个体差异性，促进幼儿全面发展**

每一个幼儿身上有共性的地方，也有不同的地方。幼儿教师要无条件地尊重这种个体之间的差异性，包容与接受每一个幼儿有自身的发展速度和发展轨迹。既承认幼儿的个体差异性存在，又要创设条件，帮助幼儿认识到他身上的不足之处，引导和发扬他的优点，促进幼儿全面发展。

## （三）尊重个体差异性的具体措施

尊重幼儿个体性的具体做法可以参看前面本章“四”条目的相关内容。下面主要论述的是在幼儿园教育活动中尊重幼儿个体差异性的措施。

**1. 建立符合幼儿思维、活动特点的区域活动**

在幼儿园区域活动教学中，最重要的就是环境与资源的质量，创建符合幼儿心理发展水平相适宜的区域活动，是开展基于个体差异基础上的区域活动教学不可缺少的重要内容。幼儿教师要营造一个轻松、积极的心理环境，也可以创设出高效的物质环境，在幼儿和环境之间的碰撞中，让幼儿有动手操作和实践的机会。因此，在开展区域活动教学中，幼儿教师必须不断结合实际，去探索和挖掘教学资源的优势与特点，结合幼儿的个体差异，设置出符合幼儿身心发展的操作环境。

(1)投放不同层次的操作材料

区域活动中的材料，是幼儿操作、探索、学习的工具。幼儿参与活动的兴趣与积极性主要来源于幼儿教师是否根据幼儿的特点做了全面而充分的准备工作。幼儿在其身心发展水平、学习兴趣及需求等方面存在较大的不同，为了让每一个幼儿都能在区域活动中得到发展，幼儿教师应当重视幼儿之间的差异，为幼儿提供针对性的适合自身年龄特点、发展程度以及需求的各种可利用资源及操作材料。

(2)以能力、兴趣、性别的差别为基础实施分组教学

在实施分组教学的过程中，应该根据教学内容的不同而选择合适的分组方法，通过

对不同的分组方式进行分析，选择具有差异化的教学方法。

在活动开始之前，应当根据幼儿的基本情况来实施分组，教学目标的设定要根据幼儿的发展水平与发展阶段，不能用同一个标准来评价幼儿的学习过程。让每一个幼儿都可以快乐地去进行探索和创造，尽量让每一个幼儿都有成功的体验。

(3)根据个体差异性采用不同的指导策略

区域活动开始之后，幼儿教师要认真观察幼儿的种种表现，比如是否对材料感兴趣，对材料的使用情况，在何种情况下需要介入，以帮助和支持幼儿的发展等。在区域活动中，本人建议幼儿教师尽可能的不直接干预或者较少干预，让幼儿在区域活动中自己主动学习和探索，学会发现问题，解决问题。但是应当注意，幼儿教师应当对不同层次幼儿的活动进行观察，同时对幼儿提供针对性的指导。即使是指导同一区域内的同一内容，指导策略也要因人而异。

(4)评价方式体现层次性

对能力一般的幼儿，幼儿教师可以多用激励性的语言进行评价。如“你的动作太帅了，如果双腿能伸直一些，就是优秀的小兵了。”“速度再快一点儿，你能赶上飞毛腿了！”[26]……由于活动中有了教师有针对性的激励评价，师幼间的交流更多了，关系更融洽了，幼儿练习的积极性也更高了。

对于能力强的幼儿来说，带有竞争性的评价更能适应他们进取心强的心理特点，激励他们去挑战更高的难度。当“山坡”叠到两层高时，一句“哪个勇敢的小兵能挑战这个双层山坡呀?”引得幼儿蠢蠢欲动，使他们瞬间具有了挑战精神，并立刻开始了新的挑战。这样的活动能帮助幼儿不断挑战自己，获得长足的进步。[27]

**2. 教育活动过程中的提问环节的处理**

在教育活动过程中，幼儿教师在提出问题后，到底让哪一个或哪一些幼儿来回答呢？一般来说，要根据幼儿不同气质类型的特点因材施教。一些偏向多血质和胆汁质的幼儿，一般会踊跃举手，敢于向老师和同伴表达自己想回答问题的意愿。而偏向粘液质和抑郁质的幼儿，一般不会主动地举手发言。这时候幼儿教师还要考虑的是所提问题的难易程度。

(1)问题较为简单时

当幼儿教师的提问较为简单时，不妨把机会多留给偏向抑郁质的幼儿，因为他们往往不善于在全班幼儿面前表现自己。尤其当他们出现主动举手的情况时，幼儿教师要将机会给到他们。当他回答正确时，还需要当众表扬与鼓励，如说：“嗯，你刚才说得真好，下次老师希望你还能这么完整地回答，谢谢你。”以此来增加他的自信心和自豪感。

(2)问题难易程度适中时

幼儿教师的提问难度适中时，偏胆汁质和偏多血质的幼儿常常会快速做出反应。可是，属于前者的幼儿给出的答案往往不太全面，这时幼儿教师可如下应对：“嗯，你的

反应很快，但是如果再深入些思考，你的想法就会超棒了。”

(3)问题比较难时

幼儿教师的提问比较难的情况下，偏粘液质的幼儿往往会给你一些惊喜。但这个时候你还需注意，偏粘液质幼儿需要一些时间和空间去深思熟虑，这样给出的答案会更加接近完美。同时，幼儿教师也要以支持者的姿态，鼓励他：“好，你跟我们分享的想法很好，可是你思考的时间有点久了，下次可以稍微快点，好吧？”而偏多血质的幼儿反应较为敏捷，回答的思路也较好，但往往回答也不够全面。这个时候仍然以肯定为主，辅以建议。如说：“嗯，不错，你给我们小朋友提供了一些参考，下次老师希望你的答案能更完整一些。”

# 十三、尊重幼儿成长规律和年龄特点

每一个学前教育专业的学生都必须很好地熟知幼儿的成长规律和年龄特点，这是幼儿教师专业理论知识需要掌握的内容。对于从事幼教工作的人来说，它既是理论支撑，又是实践之源。掌握幼儿的成长规律和年龄特点有助于幼儿教师更好地走进幼儿，读懂幼儿，进而为幼儿今后的发展提供条件支持，也给家长的教育建议提供了参考。

## （一）尊重幼儿成长规律和年龄特点的意义

尊重幼儿成长规律和年龄特点的意义主要有以下两点：

### 1. 违背幼儿的成长规律的教育，会阻碍幼儿的发展

幼儿的发展有着其自身的规律，一般遵循着从简单到复杂、不成熟到成熟、具体到抽象、被动到主动、零乱到成系统性、无意性到有意性的发展规律。一切违背了幼儿成长规律而实施的教育，都会阻碍幼儿的发展。在组织和安排教育活动方案之前，幼儿教师必须摸清幼儿的成长特点和规律。如果设计的教学活动太简单，幼儿容易注意力不集中，对学习和探索活动提不起兴趣。如果设计的教学活动难了，幼儿容易有挫败感，打击他们的自信心，消磨主动学习的积极性。因此在了解了幼儿的成长规律和学习特点之后，按照教育心理学的原理来设计的教学活动，会帮助幼儿更好更快地成长。

### 2. 根据幼儿的年龄特点来制定教育活动方案，方能取得预期的教育效果

幼儿教师在制定教育活动方案之前，需要明确如下问题：本班幼儿的能力水平如何、心理发展到了什么水平、我创设的环境或材料是否可以支持幼儿的发展。这样的活动设计或活动方案对幼儿的学习来说才是有效的，对于幼儿今后的发展才是有促进作用

的，才能实现教育活动目标达成，取得预期的教育效果。

## （二）尊重幼儿成长规律和年龄特点的策略与方法

**1. 了解并尊重幼儿的成长规律和年龄特点**

为了更好地尊重幼儿成长规律和特点，我们应该了解并尊重幼儿的成长规律和特点，进而明白幼儿教育能做什么。

（1）影响幼儿发展的因素

关于儿童发展的理论有许多，但是在概述部分，准幼儿教师们需要了解影响幼儿发展——尤其是心理发展的因素有哪些，这些因素在多大程度上影响了幼儿的发展，因素与因素之间的相互关系如何。了解了这些，我们才会悟出幼儿教育需要幼儿园、同伴、家庭、社区等共同作用，幼儿的发展离不开TA生活的所有环境：教育环境、经济条件、家庭环境等。

（2）儿童发展的相关理论

在了解幼儿成长规律和年龄特点之前，幼儿教师还需要关注一些关于幼儿发展的相关重要理论。如格塞尔的成熟势力说、行为主义观、社会学习论、精神分析理论、相互作用论、社会文化理论、人本主义观、生态系统理论、毕生发展观等。而在这些众多理论流派中，幼儿教师需要抽取出自己认为有价值的理论观点，并且逐步践行在幼儿园的教育活动中，这些都有助于我们获得幼儿教育需要什么，了解我们的教育对象——幼儿需要什么。

（3）幼儿注意的特点：无意性

幼儿注意的特点主要是：以无意注意为主，有意注意逐渐发展。刺激物的新异性、强度、运动变化、刺激物之间的对比关系等，会引起幼儿的无意注意。此外，幼儿自身的状态也会引起幼儿的无意注意，如幼儿自身的需要和兴趣、精神状态等。有研究表明，在高度装饰的教室环境下，儿童注意力更容易受到视觉刺激的干扰，无法集中学习，学习收获也更少。幼儿教师了解了幼儿的注意特点后，在幼儿园环境的布置上，教学活动的设计上，就会尽量减少导致幼儿分心的行为，从而增加幼儿深度学习的机会。

（4）幼儿心理活动的特点：不随意性

幼儿的心理活动带有极大的不随意性，也就是无意性，它是指幼儿的很多活动都是没有目的性的。这就提醒幼儿教师，要用语言和非语言的形式提醒幼儿，帮助他们提高对活动的认识，明确活动的目的与任务，保证活动顺利开展。

（5）幼儿思维的特点：具体形象性

在幼儿思维的发展中，会出现三种思维形式：直觉行动思维、具体形象思维和抽象逻辑思维。但占主导地位的是具体形象思维。幼儿具体形象思维的典型特点有具体形象

性和自我中心性。这告诉幼儿教师在幼儿园教育活动的组织时要帮助幼儿丰富他们的感性经验，提供可直接感知和操作的材料和活动等。

(6)熟知《3—6岁儿童学习与发展指南》中五大领域的学习与发展的特点

《3—6岁儿童学习与发展指南》从健康、语言、社会、科学、艺术五个领域描述了3—6岁各年龄阶段儿童学习与发展目标，提出了相应的教育建议，帮助幼儿教师和家长了解3—6岁幼儿学习与发展的基本规律和特点，建立对幼儿发展的合理期望，实施科学的保育和教育，让幼儿度过快乐而有意义的童年。

**2. 根据幼儿成长规律和年龄特点来制定相应的教育措施**

幼儿教师可以根据幼儿成长规律和特点来设计和实施幼儿园教育活动。

(1)幼儿教育中尊重幼儿成长规律

每一个幼儿在发展过程中既表现出阶段性的特点，也呈现出连续性的特点。在遵循并尊重幼儿的成长规律下进行的教育，可以让教育变成一件有意义的事情。

首先，幼儿教师要给幼儿营造一个充分自由的精神环境，让幼儿敢想、敢说和敢做。不要限制和束缚幼儿的想象力，不要打击幼儿行为的积极性，不对幼儿说些伤害他们的话，竭尽全力为幼儿的发展提供支持性、可持续性的帮助。

其次，幼儿教师对日常生活中幼儿出现的良好行为表达赞赏，满足幼儿自我表现的需要。幼儿会因为自己的行动产生的外在效果而欣喜异常，充满乐趣。这种行为如果得到幼儿教师和家长的赞许与支持就会极大地强化他们的好奇心和探索之心。

再次，幼儿教师要以幼儿的角度、赏识的眼光来看待他们在游戏中和在教育活动中的行为，不能站在成人的角度来解读幼儿的游戏行为和活动行为。教师要用欣赏的眼光来看待幼儿的游戏行为与教育活动中的行为，包括幼儿的语言、幼儿的动作、幼儿的游戏与教育成果，发自内心地认可每一个幼儿都是独特的、优秀的。

最后，即便在幼儿成长过程中，出现了一些“错误行为”或是“小插曲”或“小意外”，幼儿教师也应该理解与尊重这些行为，不过度放大幼儿的缺点与不足，用自己的仁慈之心、包容之心、同感之心合理地化解这些行为。

(2)幼儿教育中尊重幼儿的年龄特点

①小班的年龄特点与教育

一般来说，小班幼儿比较典型的特点有：

A. 开始学习按照指令行动，生活自理能力逐渐增强。初步学会在集体中的日常生活、游戏、学习活动所必须的生活自理能力，如自己吃饭(挑食、速度慢)，穿衣裤(不会整理)，自己洗手(弄湿袖子)，自己独立完成小便过程(不会擦屁股)等。

B. 有依恋情绪，行为受情绪支配。情绪不稳定，会大哭大闹。

C. 自我中心倾向明显，出现反抗现象。无法达到自己的需要或目的就会出现过激反应表现或行为(哭、闹、咬人、抢夺等)。

D. 开始认同、接纳同伴，模仿性强。他们喜欢模仿(玩一样的玩具)、重复(讲相同的故事)。

E. 动作协调性增强。大动作逐步协调(保持时间不长，如双脚交替上下楼梯)，小肌肉发展相对迟缓，双手协同能力有较大提高(折纸、画画等)。

F. 思维离不开行动，也存在于行动之中。思维处于直观行动阶段，认识活动依赖行动过程(先做后想或边做边想)。

G. 词汇发展迅速，听说能力基本形成。

鉴于此，家长和幼儿教师可以这样做：

A. 给孩子锻炼的机会。

B. 不恐吓孩子，不说反话，多些身体接触(拥抱、抚摸等)。

C. 伙伴之间矛盾频发，家长调整心态。

D. 说说班级孩子的名字，聊聊和谁一起游戏。准备与同伴一样的玩具，尽量不要让孩子交换玩具。倾听孩子的告状，不要当真。

E. 让孩子自己行走、奔跑，让孩子练习搭积木、分筷子等精细动作。

F. 不要求孩子长时间专注某种活动，多听听孩子的讲述。

G. 与孩子聊天，给孩子讲故事，鼓励孩子与同伴多进行语言交流。

②中班的年龄特点与教育

一般来说，中班幼儿比较典型的特点有：

A. 活泼好动。与小班幼儿相比，中班幼儿的动作进一步发展，活动能力增强，喜欢跑、跳、攀、钻等各种活动。

B. 道德感增强。中班幼儿能遵守一定的规则，具有初步自我控制的能力，如咬人、打人现象比小班时明显减少。

C. 思维以具体形象为主。

D. 口语发展迅速。中班幼儿已掌握了口语的基本语法和2000个左右的词汇。

鉴于此，家长和幼儿教师可以这样做：

A. 家长要尽量多抽出时间陪孩子进行一些有趣的游戏。

B. 一定要给孩子具体的道德准则或规范，树立道德榜样，帮助孩子分辨是非。

C. 幼儿园活动的设计一定要遵循幼儿年龄发展特征。

D. 家长和老师必须要有足够的耐心，尽可能做到有问必答。

E. 家长和老师的语言一定要规范、文明，家长切记不能过多地使用宝宝语言，如，吃饭饭，喝水水，睡觉觉，关门门，穿衣衣等。

③大班的年龄特点与教育

一般来说，大班幼儿比较典型的特点有：

A. 活动的自主性、主动性提高。

B. 活动更有目的、有计划。

C. 自我控制能力提高。

D. 好学、好问，喜欢完成一些有挑战性的学习内容。

E. 同伴间互动、合作多了，开始注意向同伴学习。

F. 思维中出现了抽象逻辑思维的萌芽。

鉴于此，家长和幼儿教师可以这样做：

A. 家长可以在家中为孩子提供一些机会让孩子学会根据自己的需要做选择、做决定。如：外出旅游、家庭外出、家庭事件……都可以让孩子们参与进来。

B. 帮助孩子完成活动。如与孩子一起制定家庭活动计划，周末的安排是什么？传统节假日的计划是什么？家长帮助孩子合理地安排时间，让孩子感受到制定合理计划的意义。

C. 老师和家长可以适当提出一些要求让孩子们来完成。如要求孩子在规定的时间内完成，在未完成期间，要求孩子不随意走动，坚持到最后，直到完成为止。

D. 经常与孩子谈话，共同探讨问题。给孩子信心，让孩子更愿意主动地学习，也引发孩子提出有深度的问题。

E. 经常为孩子们的同伴交往创造一些机会。如家庭聚会、公园里的同伴玩游戏、看电影、春游、秋游、采摘活动……让孩子们在这样的交往活动中相互模仿，相互学习，以促进孩子的发展。

F. 鼓励孩子多观察，并大胆地说出自己的看法、想法。每一个孩子的成长都是一个简单又复杂、惊险又快乐的过程，他们就像一棵棵小树苗，在成长的过程中需要我们精心地呵护和照料。什么时候需要浇水，什么时候需要阳光，什么时候需要施肥，什么时候需要修剪枝叶，都要遵循着他们自身的成长规律。任何违背幼儿成长规律的教育策略都是不科学的。因此，尊重幼儿的成长规律和年龄特点实施的教育，会让幼儿学有所获，学有所得。而这一收获的过程定是一个充满了无数欢声笑语的过程。

## 十四、做幼儿健康成长的启蒙者和引路人

当一个鲜活的生命呱呱坠地，他们经历了咿呀学语、用惊奇的眼神看着周围的人与物、用稚嫩的小手摆弄各种玩具等过程，这表明幼儿开始迈进探索新世界的历程。在与外界环境相互作用的过程中，特别是进入幼儿园的那刻起，幼儿教师在幼儿成长之路上就起着非常重要的作用了。幼儿教师是幼儿健康成长道路上的知识的启蒙者，也是其人格、价值观形成的引路人。

### （一）做幼儿健康成长的启蒙者和引路人的意义

做幼儿健康成长的启蒙者和引路人的意义主要有以下两点：

### 1. 幼儿缺乏人生经验

英国伟大的教育家约翰·洛克提出了著名的“白板说”，认为人的心灵如同白板，观念和知识都来自后天。“人类之所以千差万别，便是由于教育之故。”看来，他认为人生来的经验几乎为零，在后天教育的影响下，幼儿开始在这块白板下绘画出五彩斑斓的景象。而许许多多“景色”的描绘都离不开幼儿教师的助力。是幼儿教师们帮助幼儿获得了更多学习与生活的经验，让他们从不成熟走向成熟、从懵懂无知走向稳重克制、从一个“生理人”逐步成为一个“社会人”。

### 2. 幼儿期的经验与价值观会影响其一生

幼儿期获得经验不仅包括生活的经验，还包括知识的经验，这些经验的获得为他们今后的发展奠定了最初的基础。有研究表明，幼儿期也是行为规范、个性、价值观形成的关键时期。有了良好的行为规范、良好的个性特征和正确的价值观，幼儿会成为一个健康、完整的人。

#### 在幼儿园里学到最重要的东西

1978 年，75 位诺贝尔奖获得者在巴黎聚会。有个记者问其中的一位：“在您的一生里，您认为最重要的东西是在哪所大学、哪所实验室里学到的呢?”这位白发苍苍的诺贝尔奖获得者平静地回答：“是在幼儿园。”记者感到非常惊奇，又问到：“为什么是在幼儿园呢？您认为您在幼儿园里学到了什么呢?”

诺贝尔奖获得者微笑着回答：“在幼儿园里，我学会了很多很多。比如，把自己的东西分一半给小伙伴；不是自己的东西不要拿；东西要放整齐；饭前要洗手；午后要休息；做了错事要表示歉意；学习要多思考；要仔细观察大自然。我认为，我学到的全部东西就是这些。”所有在场的人对这位诺贝尔奖获得者的回答报以热烈的掌声。事实上，大多数的科学家认为，他们终生所学到的最主要的东西，就是幼儿园老师教给他们的良好习惯。可见幼儿期的教育对一个人的影响是非常深远的。

所以，在幼儿园的三年时间里，幼儿教师应当努力帮助幼儿获得各种成长经验，建立正确的价值观，养成良好的行为规范，让幼儿成为一个积极向上的人。

## （二）成为幼儿健康成长的启蒙者和引路人的策略与方法

幼儿期是幼儿各方面成长非常重要的时期，幼儿教师要充当好知识的传道者、启蒙者的角色，同时也要充当好幼儿的良好行为规范与人生价值观的引路人的角色。下面从这两个角度来谈谈做幼儿健康成长的启蒙者和引路人的措施。

### 1. 对幼儿进行人生启蒙

幼儿教师是幼儿健康成长道路上的启蒙者，幼儿教师自身的文化厚度直接影响甚至决定着幼儿的未来发展态势和生命质量。幼儿教师的文化知识沃土越深厚，为幼儿的成长和发展创造的自由空间就越大，提供的文化资源就越丰富。幼儿教师文化底蕴的积淀是多方面、多渠道的，其中通识性知识是提高幼儿教师文化素养的基础。

幼儿教师的通识性知识是指幼儿教师所拥有的有效开展保育教育活动和促进教师可持续发展的普通文化知识。这种知识对于幼儿教师的专业持续发展起着背景性和支撑性的作用，对于幼儿的全面、幸福、和谐成长起着基础性和决定性的作用。[28]

《幼儿园教师专业标准》中明确指出：幼儿教师的专业知识由幼儿发展知识、幼儿保育和教育知识、通识性知识三部分组成。通识性知识是幼儿教师必备的“教学内容知识”，这是由幼儿教师教育对象和教育目标的特殊性决定的。幼儿教师接触的多是3—6岁的孩子，从教育的对象和教育的目标来看，幼儿教师确实不需要教系统的学科知识。但是这个年龄阶段的幼儿好奇心强，会有很多个“为什么”，他们提出的问题涉及天文、地理、文化、数学、艺术、生活等众多领域，幼儿教师如果没有足够广阔的通识性知识，是很难应对幼儿提出的各类问题的。《幼儿园教育指导纲要》也指出，幼儿园的教育内容可以相对的划分为健康、语言、社会、科学、艺术等五个领域，但各领域的内容又是相互渗透、相互融合的，往往一个主题活动需要涉及各个领域的知识或通识性知识。因此，通识性知识是幼儿教师专业知识的必要组成部分，是幼儿教师必备的教学基本内容。幼儿教师只有具备广博的通识性知识，积淀丰厚的文化底蕴，掌握支持、引导幼儿学习与发展时所涉及的多个学科的领域知识，并在教学实践中融会贯通、有机结合、灵活运用，才能更好地组织幼儿园保教活动，促进幼儿全面、和谐、可持续发展。

幼儿教师如何才能拥有这些通识性知识呢？

- 通过在学校里学习通识课程与专业课程并加以融通，获得整体性知识，形成广博的知识视野和涵盖所有知识门类的整全意识。
- 在大学期间，广泛涉猎人文、社会、自然、逻辑等课程，努力让自己成为一个“通才”。

- 多使用合作探究式的学习方式，主动构建对通识性知识的理解及意义。
- 更新通识教育的观念，逐步形成通识教育的思想。
- 修炼个人的性情，形成健全的人格。

作为一个合格的幼儿园教师，要凸显其专业性，一定要有充足的通识性知识，了解幼儿一日的各个方面。在学习通识性知识时要与时俱进，满足幼儿所需。所以，幼儿教师只有不断充实通识知识、提高文化修养，才能成长为幼儿喜欢的好教师。

**2. 做好幼儿人生引路人**

作为一名教育工作者，要清醒地认识到在教书育人、立德树人方面的新的使命和内涵。在立德中，始终坚持以人为本，积极引导幼儿践行社会主义核心价值观，踏踏实实修好品德；在树人中，要始终端正教育观念，不断改进教育方式，培养德、智、体等全面发展的社会主义事业的建设者和接班人。

在幼儿教育中，幼儿教师承担着其发展的人生引路人的作用。我认为，“引路”重在价值观的引领，让幼儿在正确的方向上形成一个正确的观念。党的十八大以来，中央高度重视培育和践行社会主义核心价值观。习近平总书记多次做出重要论述，提出明确要求。习近平总书记在十九大报告中指出，要培育和践行社会主义核心价值观。富强、民主、文明、和谐、自由、平等、公正、法治、爱国、敬业、诚信、友善，这 24 个字是社会主义核心价值观的基本内容。其中“爱国、敬业、诚信、友善”，是公民的基本道德规范，是从个人行为层面对社会主义核心价值观基本理念的凝练。它覆盖社会道德生活的各个领域，是公民必须恪守的基本道德准则，也是评价公民道德行为选择的基本价值标准。因此，幼儿教师应当努力让幼儿形成基本的道德规范，并遵守这些基本的道德准则。

(1)践行爱国价值观的具体措施

爱国是基于个人对自己祖国依赖关系的深厚情感，也是调节个人与祖国关系的行为准则。它同社会主义紧密结合在一起，要求人们以振兴中华为己任，促进民族团结、维护祖国统一、自觉报效祖国。

为了更好地将幼儿教师自身的爱国价值观融入幼儿园中，以引导幼儿形成基本的价值观念，促进幼儿道德的全面健康发展，可以参考如下措施：

①以直观的方式表达对祖国的爱

我国有各种红色节日，如建军节、建党节、国庆节等。幼儿教师可以以这些节日为契机，通过举办形式多样的活动，以直观的方式传递爱国主义思想。如教师当着幼儿的面，自豪地歌唱祖国，绘画出祖国美好的山河和景色，让幼儿感受到幼儿教师作为一个中国人的自豪感，也感到了幼儿教师对祖国无限的热爱。在这种潜移默化中，幼儿也开始逐渐认识到自己是中国人，自己作为中国人是骄傲的。

②说一说，谈一谈家乡的事情，萌发对祖国的爱

时常在幼儿面前说一说自己家乡的自然环境、人文风俗，让幼儿感受到教师对家乡的热爱之情，同时也可以鼓励幼儿多介绍其家乡一些好玩的地方或好吃的东西，逐步升华他们对自己家乡的喜爱，萌发最初的爱国主义情感。

③身体力行，为幼儿树立榜样

幼儿教师还要善于捕捉日常生活中的爱国启蒙教育素材，引导幼儿从日常生活中萌生爱国情感。如利用每周一的升旗仪式，幼儿教师在幼儿面前，做出正确的升旗时的行为表现，让幼儿学一学。幼儿教师可以通过生动有趣的形式引导幼儿去了解与关注天安门广场上的升旗仪式，丰富幼儿的爱国情感。教师还可以与幼儿共同观看简明易懂的红色教育影片，为幼儿讲述简单易懂的中华传统美德经典故事，渲染爱国主义氛围。

幼儿爱国教育是一个长期的过程，在教育实践中，幼儿教师要从幼儿的实际情况出发，重视爱国教育的实效性，因势利导，让幼儿看得见，摸得着，听得清，做得到，并持之以恒地加以教育和影响，让爱国的种子在幼儿心中生根、萌芽。

(2)践行敬业价值观的具体措施

敬业是对公民职业行为准则的价值评价，要求公民忠于职守，克己奉公，服务人民，服务社会，充分体现了社会主义职业精神。

新时代幼儿园教师职业行为十项准则中也提到了广大教师要牢记使命、不忘初心，爱岗敬业、教书育人、改革创新、服务社会。在工作中，幼儿教师表现出的工作态度，如爱心、耐心、细心、责任心等都会潜移默化地影响幼儿的身心发展，幼儿感受到老师对职业、对工作的敬业精神，幼儿也会对自己的事情一丝不苟地完成。因此，幼儿教师自身在工作中要为幼儿树立榜样，同时还可以在社会教育中践行这一价值观的内容，可以参考如下措施：

①用热爱劳动的良好品质感化幼儿

可以组织幼儿参加一些力所能及的劳动，和他们一起打扫班级地面、桌面、书柜的卫生，一起整理班级内的图书和玩具，并定期进行评比，对表现好的幼儿给予奖励。也可以带领幼儿组成各种劳动兴趣小组，让其感受到老师对劳动的热爱，激发幼儿参与体验劳动的乐趣，逐渐形成爱劳动的好习惯。还可以经常讲一讲幼儿园厨师阿姨和保安叔叔劳动的艰辛与光荣，从小树立起爱岗敬业的意识。

②借助一些特殊事件，让幼儿体悟到你的敬业

班里幼儿生病是常有的事情，幼儿教师要利用好这一契机，有时候一个暖心的电话，一句轻声的问候，一件小小的礼物，一个不经意间的摸头或拥抱……这些细小的行为既可以让幼儿感受到你对 TA 的关心，同时也传达出了你对自己职业的热爱。

每到更换区域活动的主题时，主题的设计与区域中材料的投放，都可以体现出你的用心与细心，而这份用心与细心恰恰折射出了你对自己工作的尽心尽力。所以当园长、

同事、家长与你一起探讨区域活动的主题时，或者请教材料怎么做时，不妨当着幼儿的面，分享你的做法。这样不仅可以让幼儿认识到动手能力的重要性，明白劳动的伟大与光荣，体悟到双手的劳动可以带来满满的喜悦与收获，更为重要的是使其懂得幸福生活要靠自己的双手来创造。这样，幼儿在其发展过程中，也会逐渐滋生出对他人劳动的珍惜之情，意识到热爱自己的本职工作、对自己的工作负责可以体现并实现自己的人生价值。

(3)践行诚信价值观的具体措施

诚信即诚实守信，是人类社会千百年以来的道德传统，也是社会主义道德建设的重点内容，它强调诚实劳动、信守承诺、诚恳待人。

幼儿教师在与幼儿的相处中，必须践行好"诚信"这一价值观的具体内容，可以参考如下措施：

①对人真诚

从幼儿一日活动出发，从生活中的小事出发，践行诚实守信。大处着眼，小处入手，从细微处见风格，从小事中显精神。对园长、对同事、对家长、对幼儿要真诚，以真诚的言行善待人、关心人，对人有同情心。严格要求自己，人前人后一样，不说谎话、假话。有的幼儿教师在处理家长问题时，经常会根据自己与家长的关系而采取不同的方式。当家长跟自己关系较好时，其所拜托的事情往往做得很认真。而那些不怎么交流的家长麻烦一点小事时，就开始一拖再拖，还以各种借口来搪塞。这样因关系的亲近与否来行事的教师，是很难对所有的幼儿做到诚信的。长久下去，这样的幼儿教师也会失去幼儿的喜爱和家长的信任。

②说话算数，知错就改

幼儿教师应做到守时、守信、有责任心，说话要算数。做错事说错话时，也要承担责任，做到知错就改。教师不但要遵纪守法，也要遵守园规园纪和社会公德，还要让自己具有良好的社会道德品质。尤其在公众场合讲卫生懂礼貌，不做有失人格的不文明事。我们经常听到幼儿园老师说，"好的，我记住了，我下次一定注意"，可是真正同样的事情发生了，幼儿教师往往又忘记了。这种乱打包票的做法次数多了之后，幼儿就会觉得你作为一名教师都没有做到，哪还能要求他们做到。这样你在幼儿心中的地位也会一泻千里，难以服众。

此外，幼儿园和幼儿教师也要高度重视幼儿的诚信教育，加强幼儿诚信意识、诚信品质的培养，让每一个幼儿都成为一个具有诚信品质的人。

(4)践行友善价值观的具体措施

友善强调公民之间应互相尊重、互相关心、互相帮助，和睦友好，努力形成社会主义的新型人际关系。

幼儿时期是友善教育的重要时期，友善教育为幼儿终身发展奠定基础。友善不仅让

幼儿眼里有光，心中有爱，还能让幼儿形成良好的道德品质与道德行为，成为一个完整的人。幼儿教师在幼儿形成友善行为的过程中起着极其重要的作用，为了引导幼儿朝着正确的方向发展，幼儿教师可以从以下三个方面来践行友善价值观：

①幼儿教师树立友善的榜样作用

幼儿教师是幼儿进行友善教育的直接实施者，教师的一言一行、一举一动，直接影响着幼儿的心灵和行为。作为教师要以身作则，不断加强自身修养，对人对事热忱友好，为幼儿树立楷模。当有幼儿生病的时候，教师要给予最大的关怀和照顾；在幼儿遇到困难时教师要适时给予帮助和指导；在幼儿感到伤心、难过时，教师应及时地进行开导；当幼儿过生日的时候教师也应送上美好的祝福……这样都会使幼儿感受到被爱，同时也会在他们的心里埋下友爱的种子。

②幼儿园营造友善、平等、关爱的氛围

幼儿园可以从宣传栏、班级环境创设入手，营造友善、平等、关爱的心理氛围。幼儿教师之间要形成互帮互助的氛围，经常帮助需要帮助的同事或幼儿。如宣传一些助人为乐的先进事迹；在班级图书区投放一些绘本，如《朋友越多越好》《彩虹色的花》《阿吉的许愿鼓》《爱打嗝的斑马》《妈妈的红沙发》《好朋友》《今天运气怎么这么好》《鼠小弟的小背心》等。这些绘本，有的可以帮助幼儿理解好朋友间真挚的友谊；有的可以帮助幼儿感受家庭团结的力量；还有的可以让幼儿体会到帮助别人是快乐的，学习无私奉献、舍己为人、不求回报的精神；也有的让幼儿学会敬畏生命，关爱弱势群体。

③开展主题活动，宣扬友善

根据幼儿的年龄特点，开发一些友善类的课程。如小班把九月份设定为“抱抱月”，开学初是幼儿情绪最不稳定的时期，在“抱抱月”，教师和幼儿抱一抱，家长和幼儿抱一抱，幼儿和幼儿抱一抱等形式，让幼儿喜欢新朋友，喜欢幼儿园。中班每周进行“友善小标兵”“助人为乐之星”等评比。大班在晨间活动环节，更新晨间谈话内容，让“友善小标兵”在集体面前轮流播报班级好人好事，核心主题为“我来帮助你好吗”。还可以组织小型的亲子友善故事表演等。这样的活动让幼儿感受到与同伴和谐相处可以拉进人与人之间的距离，互帮互助的氛围可以让人心情愉悦。久而久之，幼儿就会以积极主动的方式去尊重他人，去关心同伴、帮助需要帮助的人。

太阳底下最光辉的职业就是教师，作为教师不仅应当自觉增强教书育人的荣誉感和责任感，还要做到为人师表，公平公正。在幼儿发展的重要时期，新时代的幼儿教师应该努力成为幼儿健康成长的启蒙者和引路人。

1. 根据书中原理列举出 10 条书中未列出的保障幼儿生命安全的措施。

2. 根据书中原理列举出10条书中未列出的关爱幼儿的措施。

3. 根据书中原理列举出10条幼儿教师工作中最容易出现的不尊重幼儿的行为和做法。

4. 请你结合幼儿园实践和自身的情况，说一说在“平等地对待每一个幼儿”上你的具体做法。

5. 阅读案例3-41“我长得胖，老师不让我上台”，你有什么体会？

6. 请你结合幼儿园实践和自身的情况，说一说在“仁慈、宽容、善良”上你的具体做法。

7. 请你结合幼儿园实践和自身的情况，说一说在“尊重个体差异”上你的具体做法。

8. 请你结合幼儿园实践和自身的情况，说一说在“尊重幼儿的成长规律和年龄特点”上你的具体做法。

9. 请你结合幼儿园实践和自身的情况，说一说在“做幼儿健康成长的启蒙者和引路人”上你的具体做法。

[1]方启华. 儿童权利保护的法制建设探讨[J]. 法制博览，2019(6)：20-21.

[2]查干. 儿童权利的法律保护机制研究[D]. 内蒙古大学，2019：34-40.

[3]王瑛. 从儿童权利看幼儿教师师德建设[J]. 中国教师，2019(6)：15-16.

[4]黄振威. 从儿童权利视角看我国学前教育的发展[J]. 教育探索，2019(2)：29-35.

[5][美]迈尔斯·戈登，凯思琳·布朗. 幼儿教育学导论：下册[M]. 成都：四川少年儿童出版社，2010：75-76.

[6]内尔·诺丁斯. 学会关心——教育的另一种模式[M]. 于天龙，译. 北京：教育科出版社，2003：5.

[7]王优玲. 一朵栀子花[A]. 高美娇. 幼儿园课程实践研究[M]. 北京：新时代出版社，2004：56.

[8]刘文. 幼儿心理健康教育[M]. 北京：中国轻工业出版社，2008：136.

[9]唐爱民. 道德成长：教师教育不能遗失的伦理维度[J]. 课程·教材·教法，2010，(2)：78-82.

[10]张文质，林少敏. 保卫童年[A]. 刘铁芳. 回到原点：时代冲突中的教育理念[M]. 上海：华东师范大学出版社，2006：86.

[11]张丽. 教师美德三部曲：激情、爱心、责任心[J]. 才智，2018(33)：8-9.

[12]顾芳燕. 谈幼儿教师的工作责任心[J]. 成才之路，2012(6)：3-4.

[13]徐淑婷. 如何做一名有责任心的幼儿园教师[J]. 读与写(教育教学刊), 2016(2): 259.

[14]朱永通. 教育的细节[M]. 上海: 华东师范大学出版社, 2016: 145-153.

[15]南希·布鲁斯金. 做富有洞察力的幼儿教师: 有效管理你的班级[M]. 王玲艳, 罗嘉君, 译. 北京: 中国轻工业出版社, 2018: 142-156.

[16]刘雪艳. 教师要学会耐心倾听[J]. 少年儿童研究, 2015(12): 64-65.

[17]沈亚娟. 幼儿教师的耐心现状及其影响因素[J]. 学前教育研究, 2010(5): 66-68.

[18]李永生. 教师爱心和耐心的实施方式[J]. 江西教育, 2009(18): 10.

[19]罗兴荣. 师者, 人之模范也[J]. 科技创新导报, 2009(25): 197-198.

[20]陈立武. 我们该如何理解"教书育人"的本意[J]. 教书育人, 2019(7): 1-3.

[21]郭广思. 以德育人, 为人师表[J]. 教育现代化, 2016(12): 61-62.

[22]程克英. 幼儿教师礼仪[M]. 重庆: 西南师范大学出版社, 2018: 57-60.

[23]王哼. 做有智慧的幼儿教师[M]. 福州: 福建教育出版社, 2018: 38-42.

[24]王颖颖. 立"宽"重"容"塑品格: 幼儿园宽容教育中的新思维与实践研究与[J]. 课程教育研究, 2016(6): 1.

[25]严晔. 关注个体差异完善幼儿园区域活动[J]. 职教科技, 2016: 167.

[26]许金华. 适宜性指导幼儿的个性化教育实践探索[J]. 课题研究, 2015(25): 4.

[27][28]苏文玲. 尊重差异分层指导: 谈幼儿园体育教学的指导策略[J]. 美育与体育, 2019(7): 78.

[29]周玲玲, 高晓敏. 做视野宽知识面广的启蒙者[N]. 中国教育报, 2013-11-24(3).

# 第四章　家园互动的道德规范要求

家园互动，是指幼儿园和家庭(社区)都把自己当作促进儿童发展的主体，双方积极主动地相互了解、相互配合、相互支持，通过幼儿园与家庭的双向互动，共同促进儿童的身心发展。[1]家园互动中幼儿园、家庭(社区)，有教育、有沟通、有反馈，多角度互动促进幼儿发展。同时，幼儿园和家庭也在不断地互动中得到发展与促进，在多方互动中实现共赢。

陈鹤琴先生说过："幼儿园教育是一件复杂的事情，不是家庭一方面可以单独胜任的，也不是幼儿园一方面胜任的，必须要两方面共同合作才能得到充分的功效。"家园沟通是一种双向互动的活动，是家庭教育和幼儿园教育在相互配合下，促进幼儿全面发展的有效途径。[2]

本章在介绍家园互动基本道德原理的基础上，重点阐述在各种情境中家园互动的道德行动原则与具体措施。

## 一、以幼儿利益为核心

幼儿园必须以幼儿利益为核心，以幼儿发展为中心，不歧视儿童，涉及儿童的一切行为必须首先考虑儿童的最大利益，任何牺牲幼儿最大利益的行为都必须禁止。促进幼儿的发展是现代幼儿教育的出发点和归宿！以幼儿发展为本是现代幼儿教育必须确立的一个十分重要的教育理念。它也是贯穿在我国《幼儿园教育指导纲要试行纲要》各部分中的一个基本观点。

### (一)以幼儿利益为核心的意义

以幼儿利益为核心的意义主要有以下四点：

**1. 开展家长工作的第一步**

这是开展家长工作的第一步。以"幼儿利益为中心"的理念向家长传递一个信号，教师是"一切为了孩子，为了孩子的一切"。期待家长和教师们一起为了孩子共同努力，彼此信任、

尊重、平等、理解、包容、合作、依赖，共同参与孩子的教育，为孩子的发展做出努力。

**2. 目标统一，与家长有话说**

幼儿是人生发展的初级阶段，每个家庭将孩子送到幼儿园的那一刻起，客观上，每个家庭、每个老师都已经形成了一个整体或者说是天然的共同体，即共同的目标是为孩子在原有水平的基础上进行富有个性的发展。虽然在教育观念、方法及具体的策略上，还有分歧，但是我们的目标是一致的。孩子在幼儿园的这几年间，大家共同参与，持续互动，通过分享、倾听、吸纳、质疑、碰撞，促进互动双方的理解，形成合力，争取实现幼儿发展的利益最大化。

**3. 与家长互动中，把保护幼儿放在第一位**

任何时候要把幼儿放在第一位，教师与家长说的每句话，做的每件事，都要从保护幼儿的角度出发，因此教师要谨慎地对待。

**心情不好的妈妈**

早晨入园，小明很沮丧，说今天不想上幼儿园，因为妈妈心情不好，他觉得是自己的错，因为昨天老师告诉妈妈他不乖了。听到这些话，李老师这时才想到小明是来自单亲家庭，妈妈一个人带小明很辛苦，经常会忽略孩子的情绪和心理感受。小李老师的一些不积极的反馈让本来在工作中遇到困难的妈妈更愤怒，让小明觉得是自己的错。李老师觉得以后对小明应实施关爱教育，尽量在他妈妈心情愉快的时候，提出建议。

**4. 任何事情都不能牺牲幼儿的利益**

**特色幼儿园**

“当初买这里，就是看中了这里双语国际幼儿园的配套，我希望女儿从小就能接受国际化的教育。”某一小区的业主李小姐说。打上了国际化、双语、蒙氏教育等标记的幼儿园，如今已经成为很多幼儿园招生的噱头。某一蒙氏特色幼儿园今年开始招生，仅学费每年就需5万元，虽然学费很高，却仍有不少家长关注。有很多幼儿园也清一色披上了高端的外衣花了家长的眼。你们如何看待呢？

特别指出的是任何一方面的“超常”发展不能以牺牲其他方面的正常发展为代价，所谓的特长发展不能以牺牲幼儿的全面健康发展为代价。在这方面，以突出特色为要旨的所谓特色幼儿园应特别注意，千万不可为了突出办园的特色，而忽视了促进幼儿的全面发展。特别是作为教师不仅仅是对知识要掌握和理解，也要充分地了解儿童、理解儿童，知道儿童的兴趣点，任何时候都要关注儿童的发展。特别是在与家长的互动中要保持清醒，给予建议也要适当。[3]

## 材料1　儿童有哪些权益

1. 心理安全的权益。有获得生活、学习安全感，避免遭受各种威吓、恐惧和帮助解除恐惧感的权利。

2. 被接纳、理解和爱的权益。不论儿童家庭地位、性别、成绩、行为、外貌、个性特点如何，都有得到教育者和儿童集体接纳的权利。儿童的心理、行为、处境有被教育者如实理解的权利，有爱别人和得到教师、同伴集体爱的权利。

3. 交往和发展愉快人际关系的权益。儿童有与他人交往的权利。并有在教师帮助下建立和发展与同学、老师之间良好人际关系的权利。

4. 被鼓励和尊重的权益。儿童积极的愿望、态度、行为和优点有得到鼓励的权利。儿童的想法、意见、情感、人格、创造性有得到教育者尊重的权利，儿童在面对困难、挫折时有得到教育者引导、鼓励的权利。

5. 自主选择并承担必要责任的权益。儿童有在恰当范围内自主决断，作出选择并对自己的行为承担必要责任的权利。

6. 民主参与儿童集体管理的权益。儿童有在集体生活中以适宜的方式参与民主管理、发表意见、行使权利，承担一定社会角色和责任，锻炼社会能力、发展和发现自我价值的权利。

7. 参与幼儿园教育活动的权益。儿童有参与学校所规定的各种教育教学活动的权利，有在课余时间中自由交往、进行各种有益游戏活动的权利。

8. 有学习上得到具体帮助的权益。儿童在学习上有提出各种问题，得到教育者必要和具体帮助、指导的权利。

9. 拓展生活和通过各种活动、想象获得各种体验的权益。儿童有在教育者组织、指导下，不断拓展其生活和活动领域，通过各种活动或游戏，丰富各种有益经验，获得各种新的体验的权利。

10. 得到心理辅导和服务的权益。儿童有获得关于自身心理成长发展和社会适应方面的具体帮助、指导和服务的权利。有在教育者帮助指导下以自己愿意的方式逐步改正缺点的权利。[4]

为了更好地促进幼儿发展，在平时家园互动中，应该注意以幼儿利益为中心，一切为了孩子，为了孩子的一切。

## （二）以幼儿利益为核心的策略与方法

在家园互动中，幼儿教师应从以下三个方面做到以幼儿利益为核心。

**1. 搭建家园互动平台**

园方和教师应该积极搭建教育宣传平台，如借助家园栏、开放日、家长学校、班级网页、家长会等形式，开展家长沙龙、专家引领、好文共享、信息交流等活动，引导家长关注最新的教育动态，逐渐改变家长的教育观。利用家长会、家长沙龙等活动，引导家长学习《3—6岁儿童学习与发展指南》；开展“家长每月话题”活动，请家长写下最关心的教育问题，教师收集并挑选出家长普遍关注的话题，然后请各位家长来支招，教师整理出有价值的意见，并加以提升和总结。

**乖宝宝**

杨洋的妈妈在QQ上留言：杨洋奶奶经常给她说，“杨洋真听话”“听话的宝宝”之类的话，杨洋有时候很想玩彩泥，奶奶说：“听话的宝宝，玩积木去吧。”杨洋就去玩积木了。有时候孩子想反抗，奶奶就说：“不听话了，不是奶奶的乖宝了。”这样可以么？会不会有问题啊？

在家里面，听话是一个很高频的词语。对于孩子来说，听话意味着孩子很通情达理；对家长来说，家长的权威得到体现。绝对的听话在一定程度上是不对的，是对幼儿性情的抹杀。家长应该允许孩子在有些时候说“不”。妈妈可以通过qq和老师互动，得到老师的指导。同时我们可以运用多种形式引发家长思考家庭教育中对幼儿的日常评价问题，帮助家长理解不同评价背后的意义，并提供合理的评价方法。

**2. 功夫在平时，成为家园互动主动方**

平时教师应通过家访、网络、便条、短信、家园联系本等多种方式主动联系家长。

对于工作繁忙、无暇来园的家长可以用短信、微信等互联网手段及时告知幼儿的表现与进步。比如，我们会在“一周活动计划表”中详细介绍活动主题的内容、发展目标、环境创设以及对家长的要求等，并提前张贴在“家园栏”中，让家长及时了解我们正在开展什么活动，孩子需要什么等。通过不定期的家访工作了解幼儿的家庭基本情况与教育背景，积极主动与家长增进了解，打下良好的沟通基础。

**3. 勤于交流，主动建议**

幼儿教师作为专业工作者，在家园沟通方面应该更加主动。

(1)关注不同类型的家长，与之保持沟通

**不自信的晨晨**

晨晨给人的印象是不合群。刚入园时，他既不和小伙伴玩，也不愿意参加集体活动。经过一段时间的观察，老师发现晨晨敏感而又缺乏自信，对自己和他人有较高的要求。针对这种情况，老师就寻找机会和家长沟通，在和爸爸的沟通中发现，爸爸属于完美型人格。爸爸对孩子期望过高，在日常生活中，不经常表扬孩子，对孩子过多干涉。久而久之，对孩子的影响是依赖心过强，不愿意尝试，也不自信。

老师就通过面谈、家长群、家访等形式，只要有机会就找家长沟通，逐渐调整家长的理念。

上述案例中，完美型家长对孩子的过高期待对幼儿造成负面影响，老师发现问题，及时沟通，如在早上入园，利用几分钟，普及心理学知识“期望效应”；下午接孩子，给家长分析危害，并提出建议。经过一段时间，把家长改变后，孩子在园的情况再给予反馈。

(2)从关心家长自身入手，进而引导家长关注幼儿

从家长自身处境出发，关心家长的处境，为其调整自己的生活建议，然后逐渐到对幼儿的关注上来。通过沟通，帮助家长认识幼儿的问题，幼儿在发展中遇到的困难，需要家长的帮助，并提出具体的建议。

(3)明确教师身份，多看家长的长处

教师一切工作的出发点都是为了孩子在园的快乐成长。多看家长的优点，是为了更好地在幼儿教育中给予幼儿更好的引导。作为教师要明确自己的工作和坚守的原则，切记不可过多地参与家庭纠纷中，教师没有责任去调节家庭纠纷。

# 二、让家长感受到被尊重

在人们的日常社会生活、学习和工作的交往和相处中，应当坚持一些基本的原则。尊重，便是其中的原则之一。尊重，是人的一种基本需要。在教师与家长的互动中更是如此。家园互动的关键在于教师和家长之间建立相互信任，相互尊重的情感桥梁。

## （一）让家长感受到被尊重的意义

在家园互动中，让家长感受到被尊重的意义有以下三点：

### 1. 尊重是赢得信任的第一步

尊重家长是赢得信任、开展家园合作的第一步。在家园互动中，特别是教师在与家长的交往中，要尊重家长作为孩子生命中最为亲近的人这一无可替代的事实，尊重家长的不同岗位，尊重家长的人格。

家长是幼儿第一任而且是最持久、最有影响力的教师，是儿童发展的重要他人。家长引导和帮助幼儿学习与成长，会对幼儿产生深刻而长远的影响。

美国学前教育立法中尊重家长权利，促进家长参与的规定主要有以下特征：尊重家长对学前教育的知情权；保护家长对学前教育的选择权；重视家长参与学前教育的决策权；明确规定开展各类学前教育家庭服务与培训，并提供投入和相关条件的保障。这对促进我国学前教育事业发展和立法保障家长权利，增进家长参与，有积极的借鉴价值。

### 2. 共同的教育目标需要教师尊重家长

我们每个社会上的人，都会对下一辈寄予莫大的希望，都希望自己的子女能成才，而老师们也都希望把自己的学生培养成为对社会有用的人才，这个共同的目标就需要我们老师与家长在教育过程中互相尊重，互相支持。正如苏联教育家苏霍姆林斯基所说："学校与家庭是两个并肩工作的雕塑家，有着相同的理想观念，并朝着一个方向行动。在创造人的工作上，两个雕塑家没有对立的立场是极其重要的。"[6] 只有充分地尊重家长，才能充分发挥家长的作用，才能使教育成效显著提高。

### 3. 换位思考也需要教师尊重家长

在自己做了家长之后，我更深刻地体会到尊重家长的重要性。换位思考一下，如果自己是家长，平时与孩子的老师交流时并没有得到应有的尊重，那我难免也会带着一点抵触情绪，那我怎么可能去主动配合教师和幼儿园的教育工作呢？教育效果就会大打折扣，不会出现我们希望的互促互进的结果。

## 委屈的老师

“小二班的西西和小三的思思的妈妈是同事，这天送完之后，两人在幼儿园聊天，一个说：“我们孩子班上的一位老师看起来凶巴巴的样子，好像不会笑一样，整天挂着一张没什么表情的脸，让我总不放心，心里怪怪的。”另外一个马上接着说：“好歹你们班的老师还是个年纪轻的，我们孩子班上的一位老师年纪大了，怎么能跟小朋友玩到一起呢？幼儿园的老师不是都应该是年轻漂亮的么！”“就是就是，我们班上的老师穿衣服时髦，我真怕教坏小朋友，你们班的老师穿衣服那么土，小朋友连审美观都没有了。”……两位妈妈你一言我一语地说了不喜欢自己班上老师的原因。悄悄路过的李老师，听了心里很不是滋味，也觉得委屈：这些都是不喜欢老师理由么？

## 美美

美美在爸爸妈妈、爷爷奶奶、姥姥姥爷等人的护送下，来到小二班。一开始，美美看见幼儿园有很多玩具，玩得很开心，可是没过几分钟，在周围小朋友哭泣的氛围中，她也开始大哭了。见状，爷爷奶奶心疼地不停安慰她，外公外婆也急得团团转，爸爸妈妈看孩子哭得这么伤心，也悄悄抹眼泪。主班老师建议家长离开，告诉家长孩子刚入园时哭闹是正常的，孩子过几天就适应幼儿园的生活了。美美奶奶一听，就不高兴了，“不是你的孩子，你当然不心疼了”。最后就带着孩子回家了，第二天再送来。

上述两个例子说明家长对教师的不喜欢和不信任，这里面既有家长也有教师的原因。在与家长交往的过程中，我们千万不能觉得自己的地位高，动不动就用居高的态度与家长交谈，使家长总感觉在老师面前低人一等。要知道我们与家长在人格上是完

全平等的，不存在尊卑、高低之分。尊重别人是自尊的表现，也是得到家长尊重的前提。

## （二）让家长感受到被尊重的策略与方法

### 1. 做一些让家长感动的事情

比如，教师要用爱心去感动家长，用专业素养去感动家长，用敬业去感动家长，用细心去感动家长，用热情去感动家长，用孩子的可喜变化去感动家长，用班级的温暖去感动家长，用自己的责任心去感动家长，用自己对孩子的深入了解去感动家长，通过家长开放日让家长了解教师对孩子的关爱以及教师工作的智慧、辛苦，进而深受感动等。[7]

**一件小事**

最近，幼儿园在装门禁卡系统，请家长把电子照片上传到教师的邮箱，咪咪妈妈交上来的照片不合要求，教师就主动用相机在幼儿园帮她拍了一张，制作好后发给了制作门禁的公司。事后，教师告知咪咪妈妈，电子照片已经拍好了，妈妈很感激。妈妈说："老师，太感激你了，你真是帮我的大忙了。老师不怕你笑话，我们家没有电脑，我又不会做，给你的不合格的照片还是我去邻居家弄的。实在太感谢啦！"

### 2. 尊重家庭的隐私和意愿

（1）幼儿园及教师要尊重各个家庭的隐私

不要有意无意地泄露一些家庭的隐私，否则，会让部分家长感到不适和尴尬。比如，春游、秋游，尽量由幼儿园租车，若实在需要自驾，在提供帮助时也要征求那些"无车"家长的意见，因此，帮助别人也要征求别人的意见，这是对别人的一种尊重。

再比如，幼儿园开展亲子活动，要求父母都来参加（虽然幼儿园此做法没有什么恶意），有的幼儿园的活动，如"我爱我家""我的爸爸妈妈""我的好爸爸""我的好妈妈"等涉及家庭人员结构。这样的活动，都会无意中暴露一些家庭的"单亲"隐私，此类活动会让一些单亲家庭的孩子不安，进而引发相关家长的不安和不满，要关注他们的心理状态。

(2)家长婉拒老师去家访应该得到谅解

有些家长可能对自己的处境感到难为情，也有些家长单纯地不喜欢别人到家里做客。所以，在家访前，教师一定要事先联系预约，征求家长的同意。如果家长找理由拒绝老师去家访，教师要心平气和地接受。

### 3. 通过共同的任务或活动增进彼此间的了解和感情

通过家长一起参加幼儿园组织的春游、秋游，参加亲子活动等，增进教师与家长的深入了解，进而增进彼此的感情。幼儿教师应该明确，让家长信服也是一种十分重要的专业技能。

### 4. 和家长建立良好的感情关系

这不仅有利于教师的工作得到家长的认可和支持，还有利于在教师犯某些难以避免的“错误”时得到家长的谅解。因此，幼儿教师一定要注意与每位家长建立良好的情感关系。

(1)美好的第一印象

教师给家长的第一印象是否良好、是否专业，对今后教师与家长能否建立积极的情感与互动关系是至关重要的。如果第一印象是专业的、良好的，那么，家长今后就会认可教师；要是第一印象让家长觉得教师的水平不高，那么，以后就可能会处处质疑教师，进而不配合教师的工作。所以，教师要注意做好在家长面前的各项“第一次工作”，如，第一次家访、第一次家长会、第一次家长开放日等都要努力做好，不得随便应付。

(2)家长委员会要有代表性

无论是幼儿园的家长委员会，还是班级的家长委员会，成员都要有代表性，其成员应该来自社区的各个不同的阶层，让幼儿园及其班级管理人员能听到各种不同的声音。

(3)不应贬损孩子及其家长

教师不应在任何场合贬损任何孩子及其家长，为此应该注意以下两点要求：不应在任何公共场合点名或不点名地斥责任何孩子及其家长；不得因孩子难教、笨拙而责怪、辱骂家长。孩子有行为问题，孩子难教，更需要家庭、幼儿园的精诚配合，更能让教师的专业素养特别是专业能力得到磨炼和提高。

(4)让家长体验教师的辛苦

通过家长开放日，让家长了解教师是如何辛苦地带班的，这样，家长就很容易对教

师产生感激之情。另外，让部分家长自愿报名尝试来园带班，让其真实地体验幼儿教师的专业性，很容易让家长对幼儿教师产生崇敬之情。

**体验日**

幼儿园的开放日，中班开展“宝宝当心”的安全教育。这个活动需要一位交警的家长，结合自身的工作经验来为孩子们上课。远远爸爸是一位交警，他自告奋勇，来给孩子上课，他说：“这不简单么？”

上课时间到了，孩子们闹哄哄的，他很茫然，心理很紧张。在老师的帮助下，孩子安静下来，他刚刚拿出安全标示牌，孩子们一下子涌上来……在老师的帮助下，一节安全教育活动在这种吵吵闹闹中结束了。他很尴尬，并说：“以后我再也不觉得幼儿园老师很轻松了。以前总觉得幼儿老师不就是陪孩子玩么？事实并不是这样，我只是几十分钟就很累了，而且孩子还闹哄哄的。幼儿园老师真的是很累，很辛苦。”

**5. 注意与家长互动的态度**

教师在与家长互动的过程中，要持有正确的态度：热情、平等、尊重、合作、关爱。教师的态度在每次与家长互动的过程中都会有意无意地显露出来。和家长会面时，大家尽量坐成圆桌形状或坐在他们的旁边，让家长感受到你是他的朋友。

## 三、平等对待每位家长

平等是指社会主体在社会关系、社会生活中处于同等的地位，具有相同的发展机会，享有同等的权利。平等包括人格平等、机会平等、权利平等。社会的平等，应当是人格平等、机会平等和权利平等的统一。

在家园互动的过程中，教师应该让家长感受到自己是平等待人的。一方面，教师和家长身份平等。在家园合作这个前提下，教师和家长的身份是一样的，都是教育者，教师在每个家长面前不卑不亢，平等相待，不要趾高气扬。另一方面，教师平等对待每个家长，要让每位家长感受到他们受到了同等的待遇，无论是何种职业，何种地位，教师对每一个家长都应一视同仁，一样尊重，不能因家长地位的高低而有亲疏之分。

### （一）平等对待家长的意义

家园互动中，平等对待家长的意义有如下两点：

**1. 平等是与家长相处的最基本的准则**

“人人相亲，人人平等，天下为公，是谓大同”，意思是人和人之间相互亲近，人人平等，天下为大家所共有，达到一种理想的社会氛围。平等是人和人之间的一种关系、人对人的一种态度。

**2. 平等是有效的家园合作基础**

“孩子进了幼儿园，教育的事主要由老师负责，我们家长就是打打杂，做好老师交待的任务，就是最好的配合了。”这一传统观念仍然存在。在家园互动中，教师拔高了自己的地位，而家长放弃了自己的权利。许多家长缺乏参与幼儿园教育的意识，没有认识到家园配合的重要性，加之许多家长打工在外，因而没时间、没精力参与幼儿园活动，大多孩子的爷爷奶奶心有余而力不足。不少家长认为“幼儿园的做法都是对的，家长只需要配合”显然，这样的合作无法称之为“合作”。地位的不平等使得家长难以发挥主动性。

**一言堂的家长会**

家长会开始了，张老师首先向家长简单总结上学期的工作，并对家长表达了感谢，接下来张老师按照准备好的讲稿开始介绍本学期的重点。只见他眼睛一直注视着稿子，与家长没有互动，像是宣读工作报告。张老师结束了发言，问家长们对于这学期的重点内容有什么问题。家长你看看我，我看看你，一言不发，在尴尬的场面中，结束了家长会。[8]

平等对待家长在家园互动中有重要的价值及现实意义。在平常的家园互动中要真正做到平等公正地对待每一位家长，只有这样，才能真正的让家长重视并参与到家园合作活动中来。

## （二）平等对待家长的策略与方法

建立平等性互动关系。从互动的本质来看，教师和家长在互动中均处于主体地位，双方在互动中是平等、民主的合作伙伴。他们不仅需要工作之间的互动，还需要情感之间的互动、朋友之间的互动，只有进行多重角色互动，才能进行有效的家园互动。因此，教师应注意日常与家长的沟通，以自己的教育行为来影响家长，还可以选择典型案例组织家长座谈，让他们在分析和讨论中逐步形成正确的教育观念。必要时教师还可以放下为人师的身份有针对性地主动家访，这样才能使家园有机结合，共同引导幼儿健康快乐地成长。

**1. 坚持“家长只是家长”**

在家园互动的过程中，幼儿教师应该在面对家长时一视同仁，将家长所有的背景忽略，每位家长都只是家长。一定让每位家长（不管其是否贫富，不管其孩子表现是否优秀）感受到自己是受教师尊重的。否则，容易引发家园对立甚至对抗，良好家园关系就无从谈起。[9]

### 礼物

班上的小米，体质比较弱，年龄又是最小的，午睡的时候经常尿床。保育张老师经常帮她换洗衣服，教师节来临之际，小米妈妈就买了一个包包，送给张老师，张老师推辞了，并说“这是我们应该做的”。可是小米妈妈却找借口说，“是不是不喜欢我送的包包啊”。

贝贝是一个比较任性的孩子。由于是老年得子，比较宠爱，比较调皮。在幼儿园，总是喜欢跑来跑去，还经常和小朋友起冲突。老师找来妈妈谈话，妈妈很不好意思，送了老师一份礼物，老师百般推脱，妈妈说：“你再推脱，是不喜欢我家贝贝么？”哎，王老师为此很郁闷，不想收，又还不了。

上面的案例中，给教师送礼物，主要是出于感恩的心理，一些家长认为教师照顾孩子很辛苦，对自己孩子照顾很周到，送礼物给教师，以表达自己的感谢。现实生活中，还有另外一些原因，出于变相要求的心理，出于补偿心理，或者是跟风心理等。但是作为幼儿教师一定要不断加强自己的个人修养，展示自身作为教育者的专业品性，当你为了一己之私收了家长的礼物，那么家长就已经不是家长，无形中给自己加了一把锁。

**2. 注意与家长说话的语气**

教师应该经常用商量、询问等语气与家长沟通，而不要用命令、训斥的语气与家长说话。有位家长说："我蛮害怕和孩子的老师沟通的，总觉得自己好像是个小学生。像我这样一个在农贸市场里卖菜的没有多少文化、经济基础也不好的家长，平时不太敢跟老师沟通，老师和我谈话的机会也很少……"这位家长的话里透露出她的无奈。一些老师高高在上，家长对这样的老师只有敬畏，没有与其沟通的欲望。

**3. 以平等心态与家长交往**

教师应保持自己在家长面前的尊严。教师对一部分家长另眼相看，往往会导致其他家长的不满，进而导致家园关系的恶化。当然，对弱势群体中的家长也要平等相待，而不是盛气凌人。

**4. 给家长平等交流的机会**

在家长早上送孩子和傍晚接孩子的两个时段里，教师应尽可能给每一位家长提供同等的交流机会。如果与哪位家长有更多的话要交流，则应另约时间。即使有时候，有的家长还有许多话要说，也应该提醒他再找时间谈。

**5. 巧用相同遭遇策略**

如果教师是一位已有孩子的妈妈，可以时常给家长讲教育自己孩子出现的问题。通常家长更愿意和一个"有相同遭遇的人"说自己教育孩子的失误和困难，而不愿意向一个高高在上的专业人士说。

**6. 有误会要主动化解**

**"看电视"那些事**

某幼儿园为了提高教师的教育教学质量，已引进了一套集体教学课件，并为班级配置了白板。有一天，某个班级的家长向院长投诉，反映自己在班级群

里看到孩子们每天都在看电视，认为幼儿园这样教学是不行的。园长马上向班级老师了解情况，并查看了相关微信和QQ群里的照片。原来，家长所谓的“看电视”就是教师借助于白板开展集体教学的活动，事后，园长向家长进行了详细的解释。

**麻将**

有一段时间，在区角活动里出现了麻将，四个小朋友有模有样地在打麻将，他们摸牌、出牌，很多家长看到后认为教师在幼儿园投放麻将会误导孩子进行赌博，不利于身心健康的发展，并进行投诉。在幼儿园教师的眼中，麻将只是作为一种幼儿操作材料，被投放在建构区以促进幼儿的发展，是几个幼儿自己把他们见到的场景搬到了幼儿园。

在上述案例中，当教师被家长误解时，教师应及时与家长沟通班级情况，通过多种途径展示自己的想法：投放材料，是一种新型的、有趣的、可操作性的低结构材料，幼儿可以拼搭，也可以感知上面的文字符号所表达的意义。比如以图文并茂的形式，利用QQ和微信群等上传信息，力求全面适度地使用，体现有效的教学活动，并在家园互动中建立正面的群聊氛围，建立互信、及时、高效的共享氛围。特别是在信息化时代，教师要学会在信息时代中与家长共享孩子的喜怒哀乐，让家园共育更有效。

## 四、让家长感受到你的体谅

体谅是对别人的一种尊重，体谅需要相互沟通，体谅需要设身处地地为他人着想。人与人之间体谅，需要善解人意，需要宽容和体谅。懂得相互理解，相互体谅，相互信任，就是一种尊重。

### （一）让家长感觉你的体谅的意义

让家长感觉你的体谅的意义有如下两点：

**1. 互相体谅才能传递正能量**

**暖**

××老师，感谢您×年来对我家×××的照顾，他(她)在您的照顾和教育下，已经比以前有了很大的进步，这一点我们都能体会到。真的很感谢您，您辛苦了！以后还要麻烦您教育他(她)，谢谢了，××老师！您一直兢兢业业，勤勤恳恳，每次去幼儿园接送孩子，总看到您在忙这忙那，没有歇息的时候，您默默无闻任劳任怨，用汗水浇灌，用心血滋润。

换位思考的实质，就是设身处地为他人着想，即想人所想，理解至上。人与人之间少不了谅解。谅解是理解的一个方面，也是一种宽容。

**2. 懂得体谅是最好的情感表达**

共情的力量，与家长保持适度的距离，在有问题的时候才能不拘一格，安全有效地进行处理。俗话说“三百六十行，行行出状元”，身为幼儿园教师，我们会接触不同类型的家长，这些家长来自不同行业，他们有自己的优点和长处，他们在专业、能力、时间等方面，都能为幼儿教育贡献自己的力量。作为教师，在我们处理一些专业问题的时候，可以向家长学习；尽量发动家长资源，可以让家长为班级尽自己的力量，同时也会让家长树立主人翁意识，为班级服务，提升自我价值，增进与幼儿园的感情。

## （二）让家长感觉你的体谅的策略与方法

**1. 换位思考**

由于幼儿教师与家长所处的位置不同，与孩子的相互关系不同，观察孩子的时空条件不同，加上双方的教育素养不一样，因此，对孩子的评价往往会出现不同的看法。无论是教师还是家长，都应该很好地学习掌握幼儿发展的内容和评价标准，全面地、客观地评价幼儿。

换位思考是人对人的一种心理体验过程，将心比心，设身处地，是达成理解不可缺少的心理机制。它客观上要求我们将自己的内心世界，如情感体验、思维方式等与对方

联系起来，站在对方的立场上体验和思考问题，从而与对方在情感上得到沟通，为增进理解奠定基础。它既是一种理解，也是一种关爱！

多从对方的角度考虑问题。有句话说得好："理解与体谅比什么都重要。"幼儿教师与家长如果能够互相站在对方的位置上来思考问题，那什么事情就好办得多，就会容易达到心理沟通的目的。

案例 4-14

**溺爱的家长**

在当今独生子女越来越多的今天，溺爱型的家长也自然普遍存在。他们最希望听到老师对自己孩子的肯定。沟通时老师首先对孩子的良好表现予以真挚的赞赏，即使再调皮捣蛋的孩子身上也会有一些闪光点，抓住他们的积极品质，力求表扬放大到人格。更要尊重家长疼爱子女的感情，让其感受到老师和他们一样在真诚地爱着孩子。这样家长才会从心理上接受老师从而能接纳老师提出的合理化建议。在此基础上，适时向家长反映真实情况，指出存在的问题。当然，对幼儿的批评要就事论事，不可放大。同时，也要用恳切的语言指出溺爱对孩子的危害，耐心热情地说服家长采取正确的方式来教育子女，千万不可袒护、隐瞒子女的过失，启发家长实事求是地反映孩子在家表现情况。老师要在肯定中提出要求，在要求中透着委婉，帮助家长全面了解孩子，从而主动与教师共同商讨教育孩子的方法，主动配合幼儿园的教育工作。

**2. 和谐相处**

搞好人际关系是一门艺术。所有人都需要不断地学习和实践，才能臻于娴熟。希望幼儿教师能根据自己的具体情况，作一个自我分析，从而冲破自我封闭的篱笆，虚怀若谷，去建立一个和谐的人际关系。

自古以来，人与人之间的相处是很讲究的：和得来的就来往，谈得来的就交谈，反之则互相排斥，不相往来也不交谈。在现实生活中的确有这种现象：人与人之间有成为朋友的，也有因为相处不好而成为仇人的。

在生活中，一个善于体谅他人感受、多从别人的角度想问题的人，总会受到别人的尊敬。同事、朋友相处，不能时时处处以自我为中心，应当多考虑别人的感受，约束过于个性化的言行举止，自觉维护公共环境和秩序。这样可以减少摩擦，避免不愉快的事情发生。

**脾气暴躁的家长**

牛牛的爸爸，脾气暴躁，孩子一出现问题，不分青红皂白就拳打脚踢。牛牛对爸爸很是恐惧，只要和爸爸在一起就很乖。爸爸很得意，还美其名曰“棒棍底下出孝子”。

李老师知道后，对牛牛爸爸做思想工作有理有节，面带微笑，让牛牛爸爸理解体会到：老师与家长沟通并不是希望给孩子招来一顿皮肉之苦，而是为了帮助孩子成长，尽快认识和改正自己的错误。如果家长把孩子痛打一顿，只会使孩子对老师产生反感，适得其反。

苏联教育家马卡连柯曾说过：“用殴打来教育孩子不过和类人猿教养它的后代相类似。”父母不知道，在打骂孩子的同时，他们也犯下了新的错误，与其惩罚孩子，不如做个榜样。要让家长理解这一切，首先就要以理服人，取得家长的信任。在面对他们时，难免也会遇到他们对幼儿园方面的指责与不满，教师要克制自己的怨气，给予最大的理解，不和家长争执，更不挖苦讽刺，保持脸上充满微笑，正确解释，那么无论是在多么尴尬或困难的场合，都能轻松渡过，最终赢得家长的信任与配合。

**3. 宽厚待人**

谅解需要宽大的胸怀，心胸狭窄的人一辈子都不懂如何体谅别人。体谅他人才能得到真正的快乐。人与人之间，需要善解人意，需要宽容和体谅。高尚的胸怀，并非一定要在轰轰烈烈的壮举中才敞开，平凡的小事里，也能把爱洒向人间。一个能包容的人，不管在什么地方都能够得到各种契机，他们的人生是圆满的，而他们送给生活的也是微笑多于眼泪；能包容的人不把那些鸡毛蒜皮的小事挂在心上，他们以善为基，以人为本，心存万物，微笑着面对天下的愁苦；能包容的人知足常乐，保持一颗平常心，不强求，不妄念，总是在努力地积极进取。

**脾气暴躁的奶奶**

花花又迟到了，这已经是这周第四次迟到了。其他的小朋友都已经吃过饭，等着老师讲故事了。老师告诉花花奶奶，吃饭时间已经结束了，下次若在

幼儿园吃早饭，请来早一点。花花奶奶很生气，就直接去园长那里投诉，说班上老师态度不好。

妈妈来送花花，向老师道歉，怕影响老师对孩子的情感。一学期过去了，老师还是一如既往地爱花花，有问题就和家长沟通，特别是对奶奶，态度一如既往，奶奶很是惭愧。

我们要体谅案例中的奶奶。换位思考，当别人做错事的时候你不体谅他，我相信他的心情一定和你做错事的时候别人不体谅你的心情一样。体谅为别人带来开心，也可以为自己带来幸福。俗话说“事实胜于雄辩”，处理问题要有纪律依据，要有原则，跟家长谈要不急不躁，不卑不亢，有理智，有智慧，从容大度，要消除与家长的误解和矛盾，从根源上解决问题。我们要充分利用好家长这一教育资源对孩子的影响，让家长配合老师的工作，产生合力把孩子教育工作圆满完成。

**4. 设身处地**

体谅别人的处境和感受，只有满怀善意才可能做到设身处地，超越自己的主观感受，站在对方的角度考虑问题，体谅对方的心情，理解对方的行为。站在对方的立场，使他认为你把他的事当成自己的事，这就是设身处地为他人着想的魅力所在。在人与人交往时，应学会以善良之心理解人、关心人，设身处地为他人着想，遇事经常想一想：假如这件事发生在我身上，我会有什么感受？我希望别人怎样对待我？我愿意别人怎样对待自己，我就怎样对待别人；我不愿意别人这样对待自己，我就不要这样对待别人。做一个知情懂理、品德高尚的人是每个人义不容辞的职责。

**5. 将心比心**

中国有句成语，叫作“将心比心”，意为“己所不欲，勿施于人”。在与他人相处时，人们经常想到“理解”这个词，每个人都渴求理解。为什么有那么多需要理解的心呢？就是说理解别人和被别人理解确实是不容易的事。而将心比心则是理解的最好前提，也是中华民族的传统美德。

将心比心就是理解和包容。家长体会到你的包容和理解。宽容与理解是做人的一种美德，也是为人处世的一个准则。相信人心换人心，世间有真情；相信心与心的感应，更相信播种什么就收获什么。

## 五、让家长感受到你的热情

热情待人是打开人际交往中的一把钥匙，特别是家园互动关系中，热情待人是迈开家园关系的第一步。

## （一）让家长感觉你的热情的意义

**1. 好的开始，是成功的一半**

俗话说得好，“举手不打笑脸人”。如果我们在处理矛盾时用积极的心态，热情待人，春风度人，我想一切就有了个好的开始。

**老师的“笑”**

小陈老师是一位新老师，刚刚参加工作。她有一个特点就是很爱笑。每天带班时便站在教室门口，用微笑迎接每个家长。她发现，那些觉得她是新老师的家长，慢慢地从刚开始的不信任，不接纳，变得后来接纳她，喜欢她，有事还愿意和她交流了。

另外一位张老师，也是位新老师。每天带班的时候，张老师总是面对教室大门，安静地坐在凳子上，有孩子来了，家长说“快喊老师好”，孩子便甜甜地叫声：“老师好！”而张老师总是面无表情地应一声“你好”。如此这般，渐渐地，家长来时，不再要求孩子给他打招呼了。有什么事情，家长总是绕过他，去跟另外一个班上的老师交流，更糟糕的是，有的家长实在忍受不了他的冷落，向园长投诉，他很郁闷。园长了解了事情原委，和他谈话。首先肯定他很努力，接着指出了他不苟言笑可能会对家长造成伤害。同时也提出了改进的建议。张老师回来后，反思一下自己的行为，并留心观察，班上哪位受欢迎的老师的一言一行。他开窍了，原来是“笑”。从那以后，他也和小陈老师一样，微笑面对家长（虽然对他来说改变自己原有的性格是艰难的过程，不过他一直在尝试）。令人惊喜的一幕出现了，家长也愿意和他交流了，也开始喜欢、接纳他，甚至有些家长已经开始赞赏和肯定他了。[10]

看到上面的两位老师的行为，一定记得对待家长不能冷淡。冷淡可以导致一个人心灰意冷、无精打采、情绪消沉、待人冷漠，乃至会使一个人失去心灵中的原动力。特别在与家人相处时，必须力戒冷淡，热情相对。有的家长会对教师的冷淡有更敏感地思考“老师怎么了”“我孩子在幼儿园表现不好，让老师生气了，老师不喜欢我们家孩子了”等，这些想法都会影响家长的心境，令家长不放心。家长的情绪也容易传给孩子，产生

不良影响。

陈鹤琴先生曾告诉我们："一个满脸笑容的教师，大家都会喜欢。"的确，在最初的交往中，面带笑容的老师能给家长留下美好的第一印象，也诠释了教师"为人师表，礼貌待人"的良好形象。教师热情对待家长，家长就会开心。认为"教师喜欢我，肯定我孩子表现好，喜欢我们家孩子，老师爱孩子""孩子交给她，我也放心"等，家长也会愿意和你接近，乐意听你的话，有助于互敬互学，互相支持，让教学变得轻松愉快，富有成效。

**2. 感到你的真诚**

人类的心灵是最敏感的，家长也不例外，他们对教师的举动是十分敏感和在乎的。友善真诚待人的结果是双赢。特别是对待那些不愿意听取意见的家长，要有耐心，从孩子的健康发展出发，尊重家长的观念，适时提出科学育儿的方法，让家长感到你的真诚，理解你的关爱和建议。

## （二）让家长感觉你的热情的策略与方法

**1. 让家长感觉到你热情时要注意以下两个原则**

(1)适度性原则

在与家长相处时，待人热情，但是也要适度，过犹不及。既不冷淡，又戒过于狂热。狂热是热情的扭曲，它对人际关系会起到破坏作用。因此，在待人的热情上必须适度，必须用理智来驾驭自己的感情，热过了头，变成了狂热，就会失去常态，显得过于刻意。

(2)一致性原则

教师的态度，要一致，戒忽冷忽热。热情是一种吸引力，而不是限制行动的枷锁。对人太热切、太乐观的人，会让人觉得你盛气凌人，甚至感到毛骨悚然；对人太冷淡，又会让人感觉到你过于孤傲，容易产生距离与不信任。事实上，待人忽冷忽热的人，总是表现为个性上的反复无常，行为上的顽固任性。在与人相处的过程中，必须有效克服个性上的不足，坚守尊严与真诚，既不卑不亢，又热情有加，只有这样，才会赢得尊重与友谊，取得成功与胜利。

**2. 让家长感觉到你热情的方法**

(1)主动向家长打招呼

俗话说："一回生，二回熟。"对于家长来说，老师先开口向对方打招呼，说明将你置于一个较高的位置。以谦恭热情的态度对待对方，一定能叩开相互沟通的大门。无论他们的年龄、职业、社会地位、文化水平高低。在与之交往时，以主人翁的态度认识家长，接纳家长，保持主动热情、谦虚、诚恳的态度，说话语气要亲切、平和。特别是遇到有问题求助的家长，和她一起分析，寻求解决办法。

(2)有“事”您说话

要保持一颗平常心。热情待人并不意味着对于家长的要求有求必应。特别是对于提出无理要求的家长，要学会拒绝；同时要反思，是否是自己的态度行为给与错误的信号，认识问题所在，调整自己的行为，或向有经验的老师请教，加快自身成长。教师要注意采用适当的方法，真诚地与家长交流，给予热心的指导。

(3)倾听的艺术

沟通是双向的。我们并不是单纯地向别人灌输自己的思想，我们还应该学会积极地倾听。倾听的能力是一种艺术，也是一种技巧。倾听需要专心，每个人都可以透过耐心和练习来发展这项能力。倾听是了解别人的重要途径，为了获得良好的效果。对于家长也是如此。

(4)注意肢体动作的运用

在沟通中要注意自己的动作，情绪表情包含了面部表情、动作表情，我们的动作必须与语言配合，起到强化语言的作用。人们往往更加相信他看到的。

## 六、让家长感受到你的廉洁自律

自律，是一剂必不可少的人生良药。拥有了自律，我们就能战胜诱惑，战胜自我。我们必须用自律的利刃将诱惑斩断，才能驶向成功的圣地。生活中，名利、金钱等诱惑必然存在，我们要以一颗自律之心去面对诱惑，才能迎来明媚的人生。自律，净化我们的人生。自律，能让人学会约束自我。

### （一）让家长感觉你的廉洁自律的意义

#### 1. 心理正视，行为尊重

廉洁自律是一个共产党员应有的品质，也应该是教师的品质。在现实生活中，有很多家长出于不同的目的给教师送礼物，或是出于感恩，出于跟风，出于补偿等的心理。针对这种情况，教师要严厉抵制，家长都是关注孩子的，也喜欢教师在工作中严谨、细致、耐心地对待自己的孩子。让家长看到你的廉洁自律，进而在心理上正视你，产生敬畏心，利于家园合作。

**倡议书**

亲爱的家长朋友：

您们好！

在这美好的日子里，我们活泼可爱的孩子们入园了，在这特别的日子里，我们想对您说：

平等真挚地爱孩子，教育好每个孩子，是我们的责任。教书育人，我们责无旁贷！虽然我们很辛苦，但是孩子的健康成长带给我们无尽的快乐；虽然我们的工作很烦琐，但是您的配合给予了我们信心和力量。

在此，我们向每位家长发出倡议：

我们谢绝礼金、礼物等一切馈赠！一句真诚的问候，一个甜甜的微笑，就已经让我们心满意足，您的支持和信任就是我们收到的最好的礼物。

谢谢您的配合。[11]

上面的倡议书，是我在某幼儿园的家园联系册上面看到的，这表明了态度，让家长产生了敬畏感，进而产生信任，缩小家园的距离，有利于幼儿教育的开展。

**2. 积极氛围，建立互信的基础**

积极的氛围，不仅仅使幼儿得到更好的成长，而且还能让家长感觉有尊严、有面子、有朋友，幼儿园会变成一个快乐的代名词。要特别重视家委会的力量，教师在参与家委会活动中，要发表自己的观点和主张，进而影响家委会委员，并通过他们传达给每位家长，让家长知道你的观点和看法，取得互信的基础，为下一步的工作打下基础。

## （二）让家长感觉你的廉洁自律的策略与方法

**1. 廉洁从教，一身正气**

在现实生活中，家长送礼现象频出，出于各种理由，那么教师应该如何处理？新时代幼儿园教师职业行为十项准则中有：坚守廉洁自律；严于律己，清廉从教；不得索要、收受幼儿家长财物或参加由家长付费的宴请、旅游、娱乐休闲等活动，不得推销幼儿读物、社会保险或利用家长资源谋取私利；教师要抵制社会不正之风，不利用自己的职位向家长谋求私利。另外教师对幼儿及其家长都要公平、公正、无私、有耐心、有责任心、热心等，同时让家长感受到教师的这些品性。为此，教师应该做到以下六点要求：(1)不将家长变成商业客户；(2)不帮家长代销产品；(3)不利用家长的权力谋取自己的利益；(4)不接受家长的礼物；(5)不接受家长的宴请；(6)私人活动不向家长发请帖。教师要将私人生活与专业生活严格区分开来，不要将它们混淆，否则，教师的专业尊严和威信就会受到损害。

**2. 当面送礼，巧妙拒绝**

当家长当面送礼时，教师要学会巧妙地拒绝，如用委婉的语气拒绝家长。比如，教师说："咪咪妈妈，照顾孩子，是我们的职责，我们是教师，你不必觉得不好意思，每个孩子都是我们的孩子，东西你自己用吧，你赚钱也不容易，您的心意我们领了，礼物不能收。"又如，教师用专业的表现消除家长的顾虑，可以和家长说一说孩子的在园表现，让家长对教师产生更加信任的感觉，让她知道教师对孩子的关怀是无微不至的，让她明白教师是专业的教育工作者，有责任心，有信任度。随后教师拒绝礼物，消除家长顾虑。

**3. 与家长多沟通，拒绝从第一次开始**

幼儿教师要不断充实、丰富、完善自己。加强个人修养，抵制各种歪风，踏实做好本职工作。教师要给予孩子一个纯净的成长环境。如开家长会，上面的案例《倡议书》，告诉家长教师是不收礼的，让家长明白教师的心意，让他们知道教师的责任，并鼓励他们为班级出谋划策，多参加幼儿园的各种公益活动，提供参加各种课程的机会等。教师要坚定立场，勇敢地说"不"。教师要注意采用适当的方法，坦诚地与家长交流看法，并以实际行动消除家长顾虑，取得家长信任，让家长放心。

**4. 严于律己**

家长都比较喜欢教师对自己的孩子更关心爱护，我们必须要形成工作中严谨自律的态度，严于律己。特别是对待那些高层次的家长，更要严谨、细致、规范，工作中要注意细节，以避免不必要的麻烦。

**细节**

糖糖的爸爸妈妈都是大学教授，教师第一次家访的时候，就明显感觉到家长非常明理，有教养。家里也收拾得很整洁。每次复印材料交给教师时，家长都是用信封装好。当教师给家长发通知信息时，家长也会及时回复，而且每次回复都一定是"某家长收到某月某日的活动信息，谢谢"。教师每次预约交流，家长都会准时到。

一次，教师通知某日要家访，他们早早在家准备好了，结果教师因为在上一家耽误了太多时间，临时通知改时间，他们就很生气，认为教师不守时，没有责任感。

在上面的案例中，教师要增强服务意识、守时观念、沟通意识，思考问题要细致，做到自律、自强，以赢得家长的信任和接纳。

## 七、让家长感受到你的自尊自强

自尊，是自我尊重，尊重自己、爱护自己，从身体、仪表到行为、心灵，维护自己的尊严。自强，是努力向上，自我勉励，奋发图强。无论是自己对自己价值的肯定，还是他人对我们价值的肯定，即自尊与被人尊重，都是快乐的。在与家长进行交流互动时，体现你的自尊自强，让家长有希望，有信心，放心把孩子送到你这里。

记得爱·马丁先生说过："自尊在礼节中是最微不足道的，彬彬有礼是有教养和友好的表示，也是对他人的权利、安逸和情感的尊重。"

### （一）让家长感觉你的自尊自强的意义

#### 1. 自尊自强会赢得家长群体对教师的欣赏

**经常生病的莉莉**

莉莉上中班了，但是经常生病，不能来幼儿园。莉莉奶奶经常给她穿得很厚，每天接送的时候总是提醒我们给莉莉擦汗，要在什么时候给换什么衣服，交待得很细致。平时莉莉在班级的自理能力也差，喝水、穿鞋、穿裤子都比较被动。老师给奶奶提了一些建议，但奶奶不以为然。后来，老师就多次跟奶奶讲，奶奶慢慢地接受了，莉莉的身体也好起来了。莉莉奶奶对老师的工作配合了，而且还经常夸奖和赞美莉莉的老师。[12]

幼儿的着装要遵循简洁大方、安全舒适、易于穿脱、便于活动的原则。幼儿脖子比较短，应选择领口低的上衣，以方便幼儿头部活动。上衣袖子不能太长，衣服上面尽量不要有装饰性的珠子、金属标志等。内衣应选择柔软、透气的。裤子应选宽松的，鞋子应选舒服透气的。上面案例中，奶奶给孩子穿得太多，导致经常出汗、感冒。教师在这个过程中要在尊重家长的审美标准的前提下，利用多种途径，展示你的专业性。教师自我价值的呈现更好地诠释了这一点。自尊自强，在形式和内容上更好地表现了教师的专业素养和个人修养。如掌握家庭教育常识增进自身的威信。教师具有家庭教育的常识，会更好地向家长报告、剖析幼儿的生长发育情况。有针对性地宣扬一些科学育儿的常识、办法，为家长在教育孩子过程中遇到的一些难题、疑惑进行剖析、点拨并提出建议，协助家长处理具体困难，然后增进家长对教师的尊重与信赖。

上述案例中，家长奶奶对教师的感情发生改变，时不时地向周围的家长称赞那个老师，身边的家长听到也都点头表示同意。从中不难发现，家长的从众心理比较明显，我们要把握住这一点。

**2. 自尊自强给家长展示正向的面貌，有积极的引导力**

身教大于言教，以身作则是教育中重要的一环。教师的身体力行不仅仅为孩子树立好的榜样，对孩子有引导作用，对于家长也是一样。在有问题的时候才能不拘一格，安全有效地进行处理。俗话说：“三百六十行，行行出状元。”身为幼儿园教师，我们会接触不同类型的家长，这些家长来自不同行业，他们有自己的优点和长处，他们在专业、能力、时间等方面，都能为幼儿教育贡献自己的力量。作为教师，在我们处理一些专业问题的时候，可以向家长学习；尽量发动家长资源，可以为班级尽自己的力量，同时也会让家长树立主人翁意识，为班级服务，提升自我价值感，增进与幼儿园的感情。

一代教育家陶行知先生曾说：“好的先生不是教书，不是教学生，乃是教学生学。”一语道破了教育的本质：优秀的教师绝不是照本宣科，也不会单纯地为孩子灌输知识，而是帮助孩子找到学习的方法，让孩子们感受解决问题的乐趣，找到学习的成就感。

## （二）让家长感觉你的自尊自强的策略与方法

**1. 正视自己的缺点，加强修养**

**喜欢**

午睡时，画画一直睡不着，翻来覆去，还时不时睁开眼睛东张西望。张老师看到了对画画说，“快闭眼，不要再动了”，画画不情愿地转身，还是睁着

眼。李老师发现了，走过来问：“你哪里不舒服，老师拍你睡觉吧！”画画乖乖闭眼睡觉，并很快睡着了。第二天妈妈来专程感谢李老师，希望李老师以后多关照一下孩子。

为什么家长会感谢李老师呢？其实很明显，源于教师对孩子的偏爱。张老师的态度有问题，孩子会更喜欢对自己特别有耐心的老师，孩子会影响家长的态度。人无完人，作为教师，学习的东西还很多，无论是个人修养还是专业修养，都应该加强。

**2. 博采众家之长**

要成为一名优秀的老师，要有谦逊的美德，善于发现别人的长处，虚心学习别人的优点，只有这样，积少成多，我们可以向家长们学习他们的一技之长，然后应用于自己的教育教学，也可发挥家长的不同职业优势，为班上孩子创造有利于成长的学习、生活环境。除此之外，我们可以受到好多家长的启发：比如从知识渊博的家长身上，我们可以感受到他们对知识的热爱；去福利院做义工的家长，让我们感受到爱心的伟大，等等。这些都是教师提升个人修养、增强教师人格魅力的启发。

## 八、让家长感受到你的诚信

孔子认为：“人而无信，不知其可也。”孟子也曾提到：“诚者，天之道也。”可见，孔孟对于诚信的重视。诚信是动机在于传递真信息的行为，是信息与信息的传递者的思想及其所引发的实际行为相符的行为。与思想相符是诚，与行为相符是信。诚信的本质是善待他人，乃是维持人际合作从而保障社会存在、发展的基本纽带。家园互动中要想形成良好和谐、互信的关系，就不得不需要诚信作为前提条件。

### （一）让家长感觉你的诚信的意义

**1. 诚信有利于教师责任的完成**

首先，在幼儿园教师与家长分享幼儿发展的情况时，它要求信息的真实性。如有意外或特殊情况发生时，应及时让家长知道，并客观真实告诉家长事情的始末，这是幼儿园教师的责任。其次，组建家长志愿者，家委会等家园互动工作都需要诚信。只有这样，家园关系才能顺利进行。

案例 4-22

**志愿者**

幼儿园晨检户外混龄体育活动是 8：30—9：00，幼儿来园后就自主在操场上根据活动路线选择不同器械进行活动，由于教师人手有限，往往关注不到幼儿的安全问题，因此就在家长中发起家长志愿者活动，但是由于这个时间段与家长工作时间冲突，所以好多家长参加不了。这时班上的玉米爸爸因为是自由职业者，他加入了志愿者，担负了这个安全管理员的重任。老师和家长都很感激。

上述案例中家长是否愿参加志愿者活动，取决于活动是否满足孩子的发展需求，另外一点也有教师的诚信问题，教师要说到做到，抓住家长心理，围绕班级工作，有步骤地培养家长志愿者队伍。

**2. 诚信是幼儿园教师人格的保障**

在互动的过程中，幼儿园教师以诚相待，不糊弄和欺骗家长，家长也打开内心，表达真实想法，从而构建真实的亲师关系。相互激励，共同完善和提升自己，共促幼儿发展。

因为人类关系的基础是互动，而互动很容易被谎言和欺骗破坏，所以要想形成有意义的家园互动，幼儿园教师就要谨慎遵守诚实原则。但是，“真”并不意味着任何时候、任何情况都直言不讳，当诚实与最高的伦理准则“善”、生命等相违背而无法两全时，我们就要考虑更高的伦理准则，保全更大的善，即“两害相较取其轻”。

心理学家安德森对关于个性品质的喜爱程度进行研究后发现，在人们欢迎的个性品质中，排在最前面的六个品质是真诚、诚实、理解、忠诚、真实、可信。而最受排斥的品质包括说谎、虚伪、不诚实、不真实等。

## （二）让家长感觉你的诚信的策略与方法

**1. 坦诚面对问题，反思自身不足**

作为教师，当家长提出意见时，应该理解他们的心情，真正站在家长和孩子的角度来反思自己的做法是否合适。比如家长提出出汗后给孩子垫汗巾，不换衣服的建议，教师要反思的是：给孩子换衣服，我是不是忘了摸一摸背，如果可以垫汗巾，就不换外套

等。等家长来了，和家长当面交流，会让家长觉得教师对于孩子的关注和细心体贴，从而增强对教师的信任。当家长问孩子午饭吃得怎么样？教师应该反思我是否细致地观察到了每个孩子，了解每个孩子的进餐情况。和配班老师进行一个简单的交流，然后再传达给家长，而不能轻描淡写地略过。

**2. 共同分析问题，真诚与家长沟通**

教师主动地及时地与家长进行沟通。多倾听家长的想法，帮助家长改变教育观念。并邀请家长参加志愿者，让他了解与同伴分享、合作对孩子发展的重要性，懂得同伴之间的互动对孩子的社会能力有帮助，即使之间有争吵打闹，在争吵的过程中，提升幼儿语言的能力，在打闹的过程中，促进动作的发展。

**3. 孩子生病，及时和家长联系了解，进行慰问**

孩子生病时，是与家长沟通，增进与家长情感的良好机会。

(1)及时汇报，安抚孩子

如果孩子生病了或发生一些意外，教师要第一时间通知家长，园领导及保健老师。教师要以坦诚的态度告知家长、园领导事情的详细经过，不能隐瞒事实，并真诚向家长道歉，承认自己在工作中的不足。

(2)学会换位思考，勇于承担责任

幼儿教师要调整心态，理性站在家长的角度、耐心、虚心、诚信地听取家长的指责与宣泄，不能和家长有过激的对话，尽量满足家长的合理需求，冷静处理。若孩子因意外需要治疗，教师要经常打电话或去孩子家里探望，及时了解孩子与家长的需求，必要时还可以和家长一起陪伴。

(3)消除隔阂，以诚相待

在交往过程中，要坦诚相待，取得家长信任。对待孩子要比以前更加地关注和关爱，并及时反馈孩子进步的地方，和家长保持良好的关系，消除隔阂。在一个和谐、愉快、充满爱的班集体中，家长也会尊重老师的付出，同时也会理解老师的良苦用心。

**4. 班务公开，充分发挥家委会作用**

关于班级一些新规则的确定，教师可以与家委会成员一起商量，并及时公布，当然涉及孩子必须遵守的一些规则，还可以邀请中大班孩子参与。比如教师和家委会成员一起商量确定好规则后，可以通过 QQ 群、家园联系栏等方式公布，邀请家长一起监督。

**5. 沟通及时，消除不满**

当孩子在原有的基础上有所进步或不足时，教师要及时告知家长，以激发家长的教育信心，让家长了解孩子的优点和缺点，让他们知道教师是真心为孩子好的。

# 九、让家长感觉到你很专业

幼儿教师的专业性不仅体现在掌握一定的幼儿的教育学和心理学等方面的知识，还要能够组织幼儿的一日活动，还要掌握与家长沟通的技巧。不仅仅是有效的活动，真诚的帮助，平等的交流，热点问题的探讨，还有疑惑的解除，都应让家长感受到你的专业性。

## （一）让家长感觉到你很专业的意义

**1. 家长感觉到你很专业，他就会敬佩你**

作为家长，在平常教养孩子的过程中，经常会有这样那样的困惑，有的家长会求助教师。幼儿教师是专业的教育工作者，与家长不同。当你解决了家长的求助问题，家长会感觉到你很专业，进而会敬佩你。

**慢吞吞的明明**

明明又迟到了，明明妈妈急匆匆地拽着明明走进教室。此时，我们正准备户外活动，妈妈一边抱怨一边说："快点，你都耽误了。"中午的时候，妈妈又来找我，很焦虑地告诉我："我们家明明太慢了，磨磨蹭蹭的，做什么事情，吃饭穿衣等等，都很慢，我们都要上小学了，还这么磨蹭，怎么办呀？"老师接待了她，她一直都在说明明慢的问题。看得出来，妈妈是个急性子。老师趁机打断了她的话，引导性地问："那你想过为什么明明那么慢，原因是什么？"妈妈愣了一下，没吭声。老师说："一般情况下，小孩子动作慢有四个原因。一是孩子发展不成熟，孩子小，神经、肌肉的活动还不协调，做事情缓慢。二是孩子神经的兴奋和抑制强度不同。当神经抑制大于神经兴奋时，孩子的行为可能表现得反应慢，不灵活，不敏捷；反之，孩子表现得灵活敏捷。三是压力大。一方面孩子想玩，另一方面又迫于父母的威严和要求，心理上形成压力，在行为上就会表现出磨蹭、慢。四是没有时间的紧迫感。孩子不知道如果把一件事情尽快做完后会有什么更好的结果。你认为是哪一种原因？明明妈妈很惊讶地看着老师说："竟然有这么多原因，我都没有考虑过，让我想想。""只要对症，我们就有解决的方法。"这场谈话持续了很久，最后明明妈妈满意地离开

了，决定实施我们讨论的方法。明明妈妈过些日子反馈说，明明慢的问题好多了。明明妈妈很开心，逢人就说明明班上的老师很厉害，太让人敬佩了，以后有什么问题就可以去问，老师懂得好多啊，等等。

在孩子成长的过程中，尽管教师和家长都是幼儿成长的“重要他人”，但是两者在幼儿发展与教育中的角色具有本质区别，幼儿教师是专业的教育者，而家长是非专业教育工作者，幼儿教师与家长对幼儿行为、心理看法是不同的。家长对问题的分析大多停留在现象和表面，对孩子的担心更多是感性的，教师就要从客观的、理性的角度观察和分析幼儿，还要从专业角度帮助家长解决孩子的问题行为。上述案例中，教师向家长分析了幼儿动作慢的四种原因，这是非常专业的。涉及心理学、生理学等多个方面。这种专业的解读正是家长所需要的，进而对症下药，赢得了家长的敬佩和信任。

**2. 家长感觉到你很专业，他就容易信任你**

### 家长课堂：培养幼儿倾听的习惯

新手老师李老师最近开了一次家长会，他搜集了很多培养幼儿倾听习惯的好方法，在家长会上卖力地讲(一条一条地介绍)，家长们却越来越没耐心，不时地玩手机，说小话，交头接耳。李老师很困惑，为什么自己很认真准备的东西，家长都不耐烦呢？他请教了导师莫老师，莫老师说你来听我的家长课堂吧！

同样的主题，莫老师是这样组织的：首先播放视频，分别是两个人从幼儿园、小学到成人的生活片段的剪辑，看完后让家长讨论为啥同一起点的孩子到后来有那么大的差距。当家长结合视频通过讨论得出根源在于倾听习惯的不同时，家长唏嘘不已。莫老师的导入方式生动有效，同时让家长参与讨论，进而形成疑问：为什么倾听会产生这么大的影响？接着在疑问的带领下，莫老师开始阐述倾听习惯对幼儿的生活学习游戏运动等产生影响，进而影响孩子一生的发展。家长认同后，自然而然地过渡到怎么去培养。当然培养的方法，莫老师没有直接给出，而是让家长自己讨论交流这方面的心得体会，讨论结束后老师就把事先准备好的方法作为小结在这里呈现并提醒了注意事项。会后，家长们还在热烈讨论这个问题，都表示要好好试试这些方法，并且还夸赞说：“看人家老师，不愧是专业的。”

仔细地看看上面两位老师的同一主题的内容，得到的结果却不一样，从中我们能得到一些启发。如何呈现专业性的东西，需要一些方式方法，让家长接受你。上面案例中，莫老师自始至终就是隐在暗处，作为导演或配角，用家长感兴趣的方式使家长积极主动地参与。在整个过程中，家长与家长之间有交流，有互动，教师只需在适当的时候及时做一些必要的补充。

特别是在家长面前表现出你对他孩子的成长很用心，包括了解每个孩子的优点、缺点、个性、潜力及近日的进步情况等。在与家长沟通时，你能具体详实地向家长汇报，并以家长乐于接受的方式向其提出一些切实可行的教育建议，那么，家长定会佩服你的专业性，并发自内心地感谢你，进而接受你，信任你。

## （二）让家长感觉到你很专业的策略与方法

教师要努力在家长面前表现出专业品性、专业能力、专业知识，让幼儿家长感觉到教师是很有专业水平的，进而赢得他们的佩服和尊敬。为了让家长能感觉到自己的专业性，教师可以从以下四个方面去尝试：

### 1. 引领家长

幼儿园及教师有责任和义务对家长进行教育方面的专业引领。在教育策略、教育方法、教育内容和教育理念上给家长以全面的引领，以彰显教师的专业性。一所幼儿园及其教师在“教什么”“怎么教”方面对家长总是言听计从，则说明幼儿园及其教师缺乏应有的专业水准或者缺乏基本的职业良心。为扩大生源而迎合家长不合理的要求，这不仅违背职业道德，而且还会影响幼儿的健康成长。

**家长的疑惑**

咪咪妈妈送孩子上幼儿园，对“幼儿园一日活动”中安排的很多游戏存在多种疑惑，像咪咪妈妈这样的家长有很多。特别是有些家长提出来“我们花钱送孩子来上幼儿园，是为了让他学知识、学本领的，你们幼儿园却不教什么东西，就是一天到晚让孩子瞎玩，这不合理啊！”

在上述案例中，家长们的疑惑是常见的，你作为教师，该如何回答呢？

在欧美畅销书《我和国王》中，安娜——国王孩子们的家庭教师——为孩子唱了这样一首歌：

这是一个非常古老的谚语，却是真实坦诚的思想，
如果成为学生的老师，那么你也将被他们所教授。
作为一个老师，我不断地学习(如果有所夸大，请原谅我)，
现在我已经成为我钟爱的课程——逐步了解你们——的专家。
逐步了解你们，逐步了解你们的所有情况，
逐步喜欢上你们，逐步希望你们和我一样。
逐步了解你们，以我的方式，甜蜜的方式，
你们就像是我的下午茶中的叶片。
逐步了解你们，逐步感觉到自由和轻松，
伴随着你们，逐步知道该说什么。
也许你们注意到，我突然变得英明和活泼了，
这是因为我从你们身上学到了很多美妙和新鲜的东西，一天又一天。

正如安娜所说的，对于教师而言，了解孩子的学习方式与特点是很重要的，并针对孩子的方式和特点，有针对性地开展指导与支持，提高学习的质量。

幼儿园是以喜闻乐见的游戏化课程为形式，进行学习。《幼儿园工作规程》指出：幼儿园教育的任务是对幼儿实施体、智、德、美诸方面全面发展的教育，促进其身心和谐发展。由此可见，幼儿的发展应该是身心两方面的和谐发展。它既包括宏观方面的身心和谐发展，也包括微观方面的全面发展。比如，从心理发展来看有智力因素和非智力因素的发展，而智力因素的发展又包括观察力、记忆力、想象力、思维能力的发展。思维能力的发展又包括各种思维能力及各种思维品质的全面发展。只有从这种意义上去理解幼儿的发展，才能真正地促进幼儿全面的发展。

(1)提供亲子游戏

教师每周给家长提供一个有价值的亲子游戏。教师可以从网上收集或买几套亲子游戏的书，结合本园情况和自己的工作经验，整理出一套适合大、中、小班孩子家庭玩的亲子游戏，让家长感受到教师的专业和敬业。

(2)给予教育策略与艺术的指导

平时，教师要多收集家庭教育方面的材料，适时通过各种平台(网上，线下)向家长推送，让家长感受到教师的用心和专业。我记得有位专家说过这样的例子：某个幼儿园的微信号中发布这样的一篇告家长书——“家长们，在孩子做事之前，请坚持问孩子：“宝宝，做此事能告诉我三个理由吗?”(1)这个事，你可以做，但你要考虑它的后果——让孩子有长远眼光。(2)你这样做，别人怎么想——让孩子站在他人角度上思考问题。(3)做这件事情有没有更好的办法——让孩子富有创造

性。经常得到如此既有高度又有操作性的指导，家长就会感受教师的专业理念和技能水平。[13]

(3)为家长提供有效的教育方案

孩子存在的问题，许多家长都知道，但他们苦于找不到有效方法和策略，如果教师在指出孩子存在问题的同时，还能提出有效可行的解决方法和策略，那么，教师就会得到家长由衷的感激和敬佩。

**2. 不说令家长失望的话**

教师不要在家长面前说那些在教育上失望的话。因为幼儿园是专业机构，教师是专业人士，幼儿园及其教师应该比家长对孩子的问题更有策略和方法。

**3. 有效地解决家长一直没有解决的问题**

如果孩子的某些问题，入园前家长一直想解决却没有办法解决，入园后，教师能有效地帮助解决了，那么，教师的专业威信和地位就能很快地得到确立，家长对教师的敬佩之情就会油然而生。

**4. 在家长面前表现出你对他孩子的成长很用心**

幼儿教师要深入了解每个孩子的优点、缺点、个性、潜力，近日的进步情况等，在与家长沟通时，你能具体详实地向家长汇报，并以家长乐于接受的方式向其提出一些切实可行的教育建议，那么，家长定会佩服你并发自内心地感谢你。

## 十、让家长感受到你很爱他的孩子

教师要努力让家长感受到自己是非常爱其孩子的，这是建构家园良好关系的情感基础。当感受到教师非常爱其孩子的时候，家长就很容易接受并认可教师，从而支持教师的工作；反之，家长就会对教师产生反感和抵触情绪，如此，家长就很难看到教师的好——教师对其孩子再好，其也认为不好，总是怀疑教师。

### (一)让家长感受到你很爱他的孩子的意义

**1. 消除家长的顾虑**

现在的孩子在生活上受到无微不至的照顾，不少孩子生活自理能力较差，适应环境

的能力也相对较差，一旦进入幼儿园，家长就顾虑重重。

**不一样的豆豆**

有一天早晨，豆豆的妈妈告诉我，豆豆每天都不想来幼儿园，早上起床会大哭，我问妈妈什么原因，妈妈说“豆豆胆子小，不爱说话”。因为刚开学，豆豆妈妈每天中午来接孩子，只上半天。于是我告诉妈妈说：“要不你以后中午不要接豆豆了，让她上一整天，有什么问题我打电话给你。”接下来的几天，我观察到豆豆都很开心，除了挑食，在人际交往、学习、游戏等方面，表现得很好。

可是有一天，我接到豆豆妈妈的信息，说早上孩子不愿意来幼儿园，想找我谈一谈。由于豆豆妈妈工作忙，一直没有约谈成功。我就经常会收到豆豆妈妈的短信：豆豆胆子小，不爱说话，不自信等，老师要多表扬，多给表现的机会等。看到豆豆妈妈的短信，我陷入了沉思，这和我眼中的豆豆完全不一样，在幼儿园里豆豆大方，积极发言，还和小朋友主动交流，为什么会这样呢？我回忆了一下豆豆妈妈送豆豆来的情景，他都是躲到妈妈身后，经过了解，我大概了解了豆豆在家人面前胆小的原因，主要是爸爸妈妈替代他做的太多了，但在集体生活中，豆豆自己其实有能力来大胆地表达自己。

后来我约谈了豆豆妈妈，并给她看了豆豆在幼儿园行为表现的视频，妈妈看完之后，表现得很震惊。我给她分析了原因：是因为在家里家长代替包办的太多了。

确实有许多孩子和豆豆一样，在家和在园的表现不一样。

案例中老师的观察很重要，并且分析原因，找到了症结。幼儿教师要理解家长的顾虑，并努力消除家长的顾虑。

**2. 家长参与，增强家园合力**

“孩子在幼儿园每天学到了什么”，是每个爸爸妈妈最关注的问题，有些家长因为忙，和教师交流不多，对幼儿教师工作也了解的少。老师应主动沟通，找准时机，尊重家长，理解家长，获得家长的支持。与家长建立合作关系，让他们成为幼儿园教育的合作伙伴。

**交警爸爸进课堂**

幼儿园要给小朋友上一次"交通安全知识"课，咪咪的爸爸是个交警，老师向咪咪爸爸发出邀请，希望他能发挥自己的特长，给小朋友普及一些交通安全知识，咪咪的爸爸爽快地答应了。

活动当天，咪咪爸爸十分认真，将带来的交通知识图片详细地向小朋友做了介绍，还教小朋友认识交通指挥手势，孩子们学得很开心。[14]

上述案例中咪咪爸爸参与到幼儿园的教育中，幼儿园也能充分地发挥家长的优质资源。

## （二）让家长感受到你很爱他的孩子的策略与方法

孩子上幼儿园后，家长们都非常渴望了解孩子在园的一点一滴，当家长带着极其真诚的态度询问时，教师的回应不但要让家长感受到教师对其孩子的爱，还要在交流中获得家长的认同。教师可以从以下方面去努力和尝试：

**1. 注意向家长汇报孩子信息的艺术**

(1) 采取三明治原则

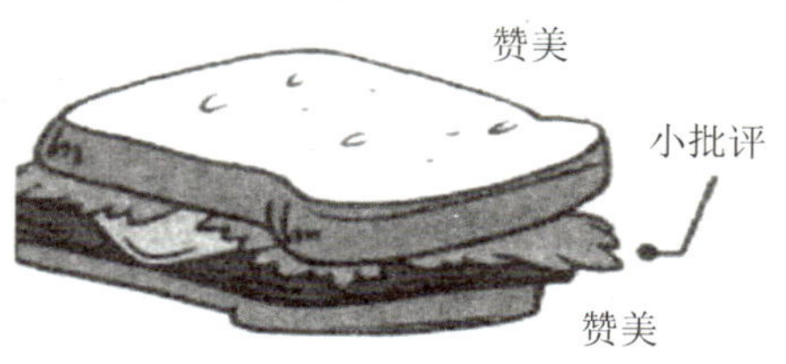


所谓"三明治原则"就是尊重对方，不直接指出过错，宛如三明治一样分为几层，首先是肯定、问候、询问对方，而后具体指出不足和缺点，最后提出建议，给予鼓励、安慰和期望。

很多老师和家长相处的时候往往忽略了"三明治原则"，过于直率地有话直说，轻则引起家长反感，重则引发双方矛盾，甚至纠纷，即便是老师真心付出、呕心沥血，也得不到家长的理解和支持。

直接表达：

“唉，你的孩子最近怎么回事，自由活动时总是推人打人，你们好好管管他，真是太缺乏规矩。”

“三明治”表达：

你的孩子上课回答问题很积极，吃饭吃得又快又干净，自尊心很强的。/只是，他最近在自由活动中有时会推搡小伙伴。/他很聪明的，如果能够控制自己的行为，一定很优秀。

案例 4-28

**我家孩子怎么样**

离园时间，小梅的妈妈来接小梅，她一看到站在门口迎接家长的李老师，就问：“李老师，我们家小梅最近表现怎么样啊？”李老师笑眯眯地说：“挺好的。”接着妈妈说：“哪些方面好啊？”李老师说：“都好啊。”这个时候，副班老师小张老师过来说：“今天小梅吃饭不好好吃，还和其他小朋友打闹，特别是睡午觉不睡，怎么哄都不行，吵到其他小朋友了，很倔。”

妈妈一听，很是尴尬，拉着小梅就对老师说：“你今天不乖啊，这么不听话。”说完就打了招呼拉着小梅走了。

当家长询问孩子在园的表现时，教师首先应该告诉家长孩子的优点和进步，更要对孩子进行赞美与期待，要表明对孩子的喜欢。之后，再耐心诚恳地指出孩子的问题，只提醒，能不批评就不批评。试想若我们是家长，孩子的老师能够用电话或其他方式告知我们孩子的点滴进步，我们也会时常关注老师的各项活动；反之，如果老师一打电话就说孩子和谁打架了、捣乱了，用不了几次，老师的话只会引起家长的反感，哪会去积极配合老师的工作呢？还有，有些家长听了会说“我们孩子确实是这样”“太笨了”等，教师要切记不能随声附和，应提醒家长，要多表扬孩子，毕竟天下没有哪个父母不希望自己的孩子成才的。

(2)汇报要具体明确

家长询问时，想具体了解幼儿在园的情况，教师不能笼统地说“很好”“不错”。上面案例中，教师的回答太笼统。教师最适宜的回应是什么呢？教师可以很具体地说说发生在孩子身上的好事、趣事等。相信在这个过程中，家长不但能感受到教师对自己孩子的关注，也能感受到教师拥有一颗爱心和童心。

(3)以期待的方式指出孩子的问题

多用这样一些语言表达:“你孩子……表现不错，如果能……就更好了。”在幼儿园，有的孩子表现得不尽人意，此时教师要考虑如何说话让家长能够接受并配合，如果当着孩子的面或有其他家长的情况下说出孩子的不良表现，都会伤及到家长的面子，很可能会迁怒到孩子身上，对老师也会有看法。案例当中小张老师直接点出缺点，出发点很好，但是方法有待改进，伤害了家长的自尊，波及小梅。教师要以家长期待的方式说出幼儿的问题，比如，“你孩子今天户外活动的时候，与小朋友的合作行为表现不错，如果能在室内区域活动时注意力集中一些就更好了。”注意说话的方式，使家长感觉到你很亲切并且是爱孩子的。

(4)提意见要可行

在和家长互动中，教师的注意力放在孩子具体的行为和表现上，要就事论事，要描述孩子做了什么，而不是他是一个什么样的人。教师反馈的目的是希望孩子获得进步，因此重点是放在如何改进上，要多分析孩子行为背后的原因，并提出具体的可行的改进提高的方法。

**2. 对家长交代孩子的事情要努力做好并及时反馈**

对于家长交代孩子的事情没有轻重之分——因为家长交代给教师的事情，在家长心目中都是重要的。因此，教师要努力做好家长交代的事情，并且做好后要及时向家长反馈——不要只说不做，也不要只做不说。

可见，教师认真做好家长交代的事情后及时反馈，容易获得家长的认可，家长就会尽力支持教师的工作。

**3. 让孩子喜欢教师及其设计的活动**

有位园长在介绍家园工作策略时说:“你无法取得家长的认可，你可先取得孩子的信任。其孩子很喜欢你，家长也会喜欢你。”确实是这样:当孩子见到幼儿园门口就想往里面冲，离园时还对幼儿园恋恋不舍;见到老师就情不自禁地上去亲近，回到家里说的常是幼儿园快乐的事或表达对老师的喜爱，周末总闹着要上幼儿园。面对这样的幼儿园和教师，家长会身不由己地接受和喜爱。

(1)给予幼儿满满的爱

年龄越小的孩子情感需求越多。因此，每天孩子入园，教师可以给他们一个拥抱，摸摸小手;陪孩子玩玩具时，可以请他们说一说家里有什么有趣的事情，帮助幼儿提裤子、系鞋带时，可以问问喜欢什么动画片，摸摸头;陪孩子午睡时可以问问在幼儿园最喜欢谁，和谁一起玩等;在每日的互动中，幼儿对教师日间产生依赖，进而产生了安全感，慢慢地，他开始喜欢上幼儿园了。

(2) 开展多种多样的亲子活动

如每隔一个月就组织一些亲子活动。邀请爸爸、妈妈、爷爷、奶奶来园，和孩子一起游戏。如来园时间，可以介绍自己喜欢的玩具；区域时间，可以一起操作材料；集体活动时间，和家长一起跳圆圈舞；故事时间，和家长一起听老师讲故事等。

**4. 对孩子的爱要持久**

不管家长怎么看待教师，不管他们怎么对待教师，甚至在家园之间出现了误会、出现了裂痕时，作为负责任的教师仍然要始终表现出对其孩子的热爱，相信持之以恒的爱，定能感动家长，并最终赢得家长的认可。一个老师在向实习生介绍家长工作经验时说："家长越是不信任我，我越对其孩子好。结果，孩子见到我就想让我抱，时间久了，家长就不得不信任和接受我。"笔者赞成这种说法和做法，相信持之以恒的爱的付出是能打动家长的。

**5. 从细节中表现师爱**

一是通过细节让家长感受到教师很爱其孩子，比如，有时给女孩梳一次漂亮的发型，不时温柔地抚摸孩子的头，耐心地帮孩子整理衣襟，给每个孩子亲切的拥抱等；二是不要疏忽了某些细节，让家长以为教师不爱其孩子，比如，放学时，家长发现自己孩子脸上有鼻涕痕迹、嘴角有吃点心的痕迹、头发乱糟糟、鞋子穿反了、鞋带散开了等，家长看到这些被老师疏忽的细节，会对老师产生不信任感。

**心细的力量**

小李老师每次在孩子午睡值班时，对哪些孩子容易出汗，睡觉前要脱几件衣服；哪些幼儿容易着凉，要捂实；哪些幼儿喜欢蹬被子，要帮助其盖被子等，说得清清楚楚，很用心。思思妈妈对小李老师的敬业、专业十分佩服。

从上面案例会发现，幼儿教师可以让家长感动的策略与措施有很多，只要做好了就会获得家长的肯定，甚至是感动家长。

(1) 入园初，当着家长的面亲切地问候孩子，评价孩子的细微变化，询问孩子的身体状况。

(2) 短信关怀。入园初的放心短信，生病时的贴心关怀，周末里的爱心提示，节假日里的甜蜜问候。

(3)说说孩子的进步、孩子的趣事等，让家长觉得老师是关注孩子的，通过各种形式的家园沟通，能有效增进幼儿、家长和教师之间的相互沟通与交流。

(4)离园时，给每个孩子穿戴整齐。

(5)用微笑感动家长。每天早晨在教室门口笑容可掬地迎接孩子和家长的到来，并亲切地和孩子、家长问好，热情地给孩子一个拥抱或亲切的抚摸——这种爱和善意的表示，会让家长一天都放心，孩子一天都安心；下午，当工作了一天的家长来园接孩子时，老师微笑着对家长一一点数孩子在幼儿园的进步，家长会觉得很欣慰；当家长由于种种原因而晚到园接孩子时，面对满脸歉意的家长，要微笑应对，理解并宽慰。

(6)无论何时何地，都不能因为家长的关系，而有所疏忽。

## 十一、与家长保持适度距离

距离，是指两物体在空间或时间上相隔或间隔的长度，也可以指感情、认识等方面的差距。有人的地方就有人际关系，人与人之间在身体和心理上都存在距离，不同的距离会引起不同的心理反应。孔子曾用“近之则不逊，远之则怨”描述过人际距离的复杂和不易把握。教师与家长的交往之要义就是“适度距离”。“适度距离”即摆正家长和教师的关系，做到“恰到好处”。家园合作中教师与家长是教育者与合作者的关系，既不能无原则地靠近，又不能无底线地疏远，因而更需要健康的、能使双方感到宽松自在的物理距离和心理距离。

适度距离需要用心经营，需要在实践中调整，幼儿教师每天都要与幼儿家长打交道。每个孩子的家长不仅有父辈家长，还有许多与幼儿有密切关系的其他家长，如爷爷、奶奶、姥姥、姥爷等，幼儿教师要与如此多的家长相处，确实不是一件容易的事情。在与家长相处的过程中，把握适当的度非常重要，过度亲近与交流不足都会对家园共育的开展受到影响。为此，教师要致力于做好设置、磨合和调适的工作。

### (一)与家长保持适度距离的意义

#### 1. 保持适度距离易于获得家长的尊重

教师与家长的教育互动，是极为普遍的现象。教师应与每一位家长保持适度距离。这体现了教师对每一位家长的尊重，有利于沟通，有利于达成共识，提高共育效果。与此同时，教师也在孩子面前树立了相应的教育威信。

万物之间因距离而产生美，人与人之间也是如此，教师与家长之间更是如此。《庄子·山木》有云：“且君子之交淡若水……君子淡以亲……”这就是距离美的至理名言。

这种距离美可以构成和谐的家园关系、和谐的班级氛围及和谐的师幼关系。

案例 4-30

**关系**

新的一年，小班开始了，开学两周之后，要组建家委会，迈迈妈妈毛遂自荐想当家委会负责人：我在单位做工会活动，担任家委会工作也有经验，我会全力配合工作。小李老师见她很真诚就很高兴：谢谢你对班级工作的关心，我们愿意接纳你进家委会。随后，迈迈妈妈很积极地配合工作。有时候班级复印资料，她抢着做；春游时，帮拍照，忙前忙后……平时，和班上老师也很融洽。

幼儿园建园二十周年之际，幼儿园举办了好多幼儿才艺专场表演，各班都推荐在歌唱、跳舞等方面特别出色的孩子参加表演。迈迈妈妈找到老师，希望开后门，直接让迈迈参加，但是迈迈在艺术方面能力较弱，如果答应，对其他孩子不公平；不答应，老师感觉平时和迈迈妈妈的关系比较近，实在不好拒绝。

上面的案例中，迈迈妈妈之所以提出这个要求，就是觉得平时和老师关系比较亲密，自己也为班级做了很多贡献，把付出当作交换，希望得到老师的回报。教师在与家长打交道时，要把握好尺度，才能赢得家长的信任。在确定家委会成员时，要仔细了解动机，及时与家长交流沟通幼儿在园的表现，让家长了解幼儿园，理解教师的意图和工作。否则家长与教师之间的关系变得微妙而复杂，无形中有可能成为家园共育的羁绊。

**2. 保持适度距离易于体现教育公平**

教师的职业性质要求教师要关心每一位在园孩子，时刻想到全班孩子。教师不仅要在教育工作中让每个孩子感受到公平，还要在日常生活中做孩子的楷模与榜样。教师的言行是家长的关注点和示范。教师如果和某些家长距离过近或过远，教育威信和师德都会大打折扣。每一位家长都非常关注教师是否与家长平等交流。教师与家长关系过远，可能被家长认为不关心孩子，因而对于教师的建议产生质疑；教师与家长关系过近，可能家长会在教育问题上与教师讨价还价，使教师的建议或措施受阻。如果过于和部分家长互动，其他家长会出现各样的心理感受，有可能会影响家长对教师的评价。[15]

因此，教师与每一位家长保持适度的距离，能更好地体现教育公平，这也是教师职业道德的具体体现。

### 3. 保持适度距离易于实现家园共育

在教育过程中，每个家长都期待能和教师协同合作，促进自己孩子的健康发展。同时，每一位教师也都希望自己的教育理念得到家长的认可与支持。

互联网时代，教师与家长的沟通更加便利和快捷。微信群、QQ 群、家园互助平台等使家长和教师从陌生的社会关系，逐步发展成彼此互助的教育共同体，家长与教师为实现孩子健康成长的共同目标而互为助力。通过微信群的交流与沟通，家长与教师更加相互理解与支持，从而有效地提升了共育的效果。但是同时也会增加教师的个人风险。所以，要和家长保持适度的距离。只有这样，才更易于实现家园共育。

## （二）与家长保持适度距离的策略与方法

### 1. 合作伙伴

《幼儿园教育指导纲要》中明确指出：家庭是幼儿园重要的合作伙伴。应本着尊重平等合作的原则，争取家长的理解支持和主动参与，并积极支持，帮助家长提高能力。[16] 教育学家苏霍姆林斯基说过：若只有学校而没有家庭，或只有家庭而没有学校，都不能单独地承担塑造人的细致的、复杂的工作。在幼儿园中，幼儿遇到情绪波动、生活习惯、人际关系等问题，需要最大限度取得家长的理解和合作，解决问题。

**粘人的咪咪**

班上的咪咪，今年刚刚三岁半，已经上了半年的托班，现在升班到小班，可他一入园就哭，有时候在户外还好，但只要进入教室就哭个没完，怎么哄都不行。只粘着李老师，别人谁都不行。

上述案例中，咪咪的不良情绪问题，教师与家长要平等合作，共同帮助消除幼儿不良的情绪。教师引导家长全新认识幼儿的情绪教育的重要性，帮助家长学习和掌握幼儿情绪教育的方法，老师在日常生活和教学活动中，通过不同形式，培养幼儿控制情绪的方法，认识情绪，形成正确的情绪观。与家长建立民主平等的合作关系，同时拉近老师和家长的距离，构建一种平等民主的家园合作伙伴关系。

### 2. 短暂而有效的沟通

对于许多家长来说，在入园和离园时，是了解幼儿的最方便的时机。如何开展短暂

而有效的沟通，是教师要必须把握的原则。教师与家长在进行沟通的时候，营造宽松的氛围，平等对话，客观评价，如实反映。善于捕捉家长的情绪与神情，积极反馈，使短时间的交流，也能保证效率。

**一次短暂的离园交流**

放学了，班上的小朋友都陆陆续续被家长接走了，糖糖妈妈接上了糖糖，和她一起看墙上孩子们的画，等小朋友走完了，她就和老师说想了解孩子最近的情况。李老师先给妈妈倒杯水，自己坐在她的对面，并说糖糖最近表现不错，不尿床了，不哭了，生活自理能力有很大提高。妈妈很开心："在家里我尽量也是让她自己做，但是她有时不愿意，还发脾气。"李老师说："小孩子在家和幼儿园不一样，很正常，我孩子也是的。"妈妈点点头："其他方面怎么样？"李老师说："画画方面还有点生疏，不敢下笔，涂色有的不够大胆。"老师把糖糖的画拿出来，妈妈一看很失望。李老师说，孩子的擅长点不一样，糖糖的语言、唱歌等都比较好，而且孩子的潜力是无穷的。糖糖妈妈听了，点点头："谢谢老师啊！"

案例中，李老师与家长的沟通简短、有效，有些可取之处，但也存在一些不足。教师在交流时要及时把握家长信息，确定重点，用换位的思维方式与家长交流，充分发挥语言的艺术魅力。

### 3. 不卑不亢，有的放矢

教师尊重家长，并不意味着对于家长的要求有求必应。针对个别的别有用心的家长，教师要坚定立场，勇敢地说不。在家长与教师的观点冲突时，教师要注意采用适当的方法，真诚地与家长交流，给予热心的指导，主动了解家长的顾虑，抓住沟通的时机，选择适当的时机与方式，坦诚地与家长交流看法，并以实际行动消除家长顾虑，取得家长信任，让家长放心。

### 4. 多观察，多沟通

有的教师经常会发牢骚说，"为什么家长爱挑毛病"，总说"这不好，那个不对"。其实世上没有完美的事情，我们的幼儿教育也是一样。可是作为老师，我们要多观察，多沟通。每个家长都有与众不同的优点，教师要做个有心人，与家长沟通交流发现家长的长处。

**5. 以家委会为引领，引进家长参与**

(1)熟悉每一位家长

每个家长对老师的态度是不同的。与家长交流时，教师应学会换位体验，揣摩家长的心理，注意哪些话该说，哪些话不该说。在与家长沟通前，最好想象一下家长可能会有什么样的反应，会问哪些问题，会持什么态度，并思考合适的应对策略，尽量做到全面掌握信息交流的主动权。然后根据信息及时、客观、全面地向家长反映孩子的问题，与家长共同商量怎么及时教育孩子，这样才能赢得家长的信任、了解、合作。

(2)建立健全的规章制度，公开家委会工作

明确家委会制度，公开家委会工作，与家长真诚沟通，引导家长成为我们的合作伙伴，以保障孩子健康成长。

**6. 从思想上重视家长工作**

教师应该从思想上重视家长工作，要主动积极，在实践中积累经验，把教学与家长工作放在第一位，特别是要克服胆怯、羞涩的心理，从简单的事情做起，具体讲讲今天孩子在幼儿园的具体表现。教师要积极主动地把孩子的表现具体、全面地向家长反映，家长会觉得教师能了解这么细致，确实用心，从而肯定教师工作。

友好的态度很重要，学会微笑是幼儿教师的必修课，甜美的微笑会拉近与家长的距离，使他们感到温暖、亲切。它能向对方传递友好、善意和真诚，具有一种超越的力量，让人际交往变得顺畅。

家长对我们教师怀有一份天然的期待和信任，仅凭这一点，我们老师就要心怀感激，让家长一天的好心情，从看见老师的笑容开始。要做到这一点，很不容易，但这也是与家长相处的最关键的一点。细心的老师会发现，当教师和家长相处得融洽，孩子也会表现得活泼和大胆。

**7. 关注家长的情绪状态，倾听时敏锐捕捉关键信息**

与家长的沟通，是有目的的对话。为了达成共识，共同寻找解决问题的办法。有很多老师就是因为这一点，急于沟通，把家长拉回正题，往往忽视了家长那些看似与主题无关的“话题”。或者是倾向于自己的主观判断，试图控制谈话方向。有时候恰恰是这些无关紧要的才是关键问题。对于家长来说，由于压力源太多，有时候难以做出准确的判断和思考。我们老师就要有耐心，为家长营造舒心的氛围，使家长打开思路；解除家长的焦虑情绪，让他们能与教师心平气和地探讨如何解决问题。

另外，家长与教师的谈话和朋友聊天不一样，若家长在聊的过程中远离主题，教师要做出判断，巧妙拉回主题并回归正题。并且教师要善于从家长的谈话中捕捉有用的关键信息，找问题，协商解决的方法。

## 本章思考与练习

1. 家园互动中的教师的道德规范行为有哪些?
2. 结合实际，说一说家园互动中的教师道德行为的重要性。
3. 请联系个人经历，说一说家园互动中的教师道德行为，如何进行?

## 本章参考文献

[1]单胤斐. 基于服务设计需求层次的幼儿家园互动体验提升的思考[J]. 设计，2013(2)：189.

[2]鲁肖麟. 幼儿教育家园互动研究述评[J]. 陕西理工学院学报，2015(3)：104-108.

[3]莫源秋. 良好家园关系建构的原则[J]. 教育导刊：幼儿教育，2019(7)：67-71.

[4]莫源秋. 幼儿心理需要与教育[M]. 南宁：广西人民出版社，2011：12.

[5]刘小蕊，庞丽娟，莎莉. 尊重家长权利　促进家长参与——来自美国学前教育法的启示[J]. 学前教育研究，2008(3)：3-7.

[6][苏]苏霍姆林斯基. 给教师的建议[M]. 北京：教育科学出版社，2001：161.

[7]莫源秋. 家园积极互动关系的建构[J]. 教育导刊：幼儿教育，2012(11)：64-67.

[8]胡剑红. 破解家园沟通的 44 个难题[M]. 北京：中国轻工业出版社，2016：83-84.

[9]席小莉，刘震旗，诸芳. 家园沟通的艺术[M]. 福州：福建教育出版社，2012(10)：30-35.

[10]吴邵萍. 家园共同体的建构：幼儿园家长工作的方法与策略[M]. 北京：教育科学出版社，2010：75-76.

[11]汪秋萍，陈琪. 家园沟通实用技巧[M]. 上海：华东师范大学出版社，2013(6)：77-105.

[12]董颖春. 家园共育课程[M]. 上海：复旦大学出版社，2019：14-15.

[13]梁志菊. 教师应与家长保持适度的距离[J]. 北京教育：普教，2016(5)：36-37.

[14]中华人民共和国教育部. 幼儿园教育指导纲要(试行)[M]. 北京：北京师范大学出版社，2002.

# 第五章　同事互动的道德规范要求

作为幼儿教师，我们常常被前辈告知要耐心地处理与幼儿的关系，恰当地处理与幼儿家长的关系，但常常忽略同事关系。部分教师认为与同样是教师的同事相处，不需要特别“讲究”。正是因为同为教书育人的教师，在交往互动中更应该遵守道德规范，正确地理清人际互动的边界。处理好与同事之间的关系能帮助教师特别是新手教师回答“教师是谁”等有关自身教学工作与生活的问题，帮助教师获得职业幸福感和认同感。一个和谐的教师集体更是有效推动教师专业化发展的加速器。教育家马卡连柯曾这样建议：“应该有这样的教师集体：有共同的见解，有共同的信念，彼此间互相帮助，彼此间没有猜忌，不追求学生对个人的爱戴，只有这样的集体，才能够教育儿童。”幼儿园中的同事互动包含与园长的上下级之间的、与同事的平级之间的以及与不同部门人员之间的互动。这不仅涉及人际沟通的话题，还涉及对教师职业道德的理解。

## 一、相互尊重

“尊重”一词始出于班固的《汉书 · 萧望之传》：“望之、堪本以师傅见尊重，上即位，数宴见，言治乱，陈王事。”心理学家普遍认同的“尊重”定义是：“把他们评价为一个不同于其他人的个体，并把这个人看作一个独特的整体，认识到他的自身价值。”[1]认知、情感和行为倾向是尊重的三个组成部分，认知成分强调的是个体在对他人或事物进行分析评价时需要认知能力的参与；情感成分强调个体在形成和表达尊重时会不自觉地受到情绪情感的影响；行为倾向侧重个体的外部行为表现，遵循一些特定的行为操守。因此，可以发现尊重并不是天生的，而是个体受遗传、后天环境和经验的影响，在广泛参与社会性活动中逐渐发展出来的一种稳定的态度。尊重是个体日常生活中不可缺少的一部分，更是幼儿教师在集体中必须做到的。

## （一）相互尊重的意义

### 1. 相互尊重是伦理道德的明确要求

“道德”一词本身蕴含着道德性质，如果从伦理学的角度理解，尊重可称为德性。[2]一个人的德行如何，行为是最直接的体现，一个人的行为取决于他是怎样的人且要成为怎样的人。在此意义上，伦理道德中的尊重要求个体保持谦卑的态度、谨慎的内心和言行，它时刻提醒自身是集体或社会的一份子。即使是传道授业解惑的教师，也不可能是完美无瑕的个体，总是存在或多或少的问题，而每一种能力或成就获得的背后是不断克服困难、不断完善自我，而尊重可让我们更加诚实地面对自己。

康德曾经说：“在一位出身微贱的普通市民面前，当我发觉他身上有我在自己身上没有看到的那种程度的正直品格时，我的精神鞠躬，不论我是否愿意，哪怕我仍然昂首挺胸以免他忽视了我的优越地位。这是为什么他的榜样在我面前树立了一条法则，当我用它来与我的行为相比较，并通过这个事实的证明而亲眼看到了对这条法则的遵守，因而看到了这条法则的可行性时，它就消除了我的自大。即使我意识到自己有同样程度的正直，这种尊重也仍会保持。”[3]艾伦·唐纳根在《道德的理论》一书中写道：“不尊重作为理性动物的每一个人，无论是自己还是他们，这是不允许的。”[4]从古至今，尊重都是一种文明的社交方式，学会尊重，才能有尊严地生活。无论是陌生的还是熟悉的同事，都是作为一个独立的个体存在于社会中，懂得欣赏他们的闪光点，尊重他们的独特性和价值，包容多样性的存在才是一个现代社会的文明公民。

### 2. 相互尊重是和谐人际关系的首要准则

尊重是良好人际关系的基石。教师中的人际关系特指教师在工作环境中，通过在共同生活中直接交往而建立的人际之间比较稳定的心理关系。[5]这是教师在岗位中经历的主要社交活动，人际关系的好坏直接影响教师主体对教学岗位的认知、对教育工作的投入度。教师处于集体之中，集体又是由不同文化背景的个体组成，这样形成的集体朝着共同的目标努力，那么，在这个过程中，个体需要适应来自不同文化的人，学习不同的交流方式和处事方式，而和谐人际关系的前提就是同事互相尊重。一个懂得尊重他人的教师是怀着谦卑之心的，是谦逊的、善于学习的、知晓礼仪的。他们对上级的命令既不是反抗，也不是谄媚似的顺从；对意见不同的同事，不是否定或完全的从众，而是充分地理解当下形势的认同，是充分地尊重和包容个体的独特性，是良好心态前提下的充分沟通。

### 3. 相互尊重是幼儿教师自我实现的必经之路

马斯洛的需要层次理论认为每个人都有生理需要、安全需要、爱和归属、尊重和自我实现五类需要，人的发展是不断地从低级需要到高级需要的变化和追求，其中尊重的需要指人们期待自己获得一种在各种情景中都能胜任的、有自信的、独立处理的内部尊重，也包含自身能获得来自外部社会物质上或精神上的认可，如较高的地位，较好的声望，他人的信赖等。马斯洛认为个体在获得尊重需要的满足后会有更高的自我评价，体验到较高的自信感和较强的自我价值感。那么，这一阶段的满足为下一阶段需要的实现提供了驱动力。幼儿教师在工作中追求事业的进步、专业的发展，不断充实对教师身份的理解，不断丰富教学技能，这实质是通过一份工作、一份事业实现自我价值。因此，获得一定的声望、地位、权威、外界对自身的认可等是走向自我实现的必经阶段和过程。教师在与同事交往中不断地通过外部行为传递出对同事的尊重，也在不断地接收来自同事对自己的尊重。懂得尊重，才能收获尊重。

**4. 相互尊重是幼儿教师专业素养提升的助推器**

《幼儿园教师专业标准(试行)》中写到幼儿教师要具有良好的职业道德，专业能力维度明确要求幼儿教师“与同事合作交流，分享经验和资源，共同发展”。专业理念与师德维度明确幼儿教师“具有团队合作精神，积极开展协作与交流”。想要成为高水平的幼儿教师，其扎实的专业素养，离不开优秀道德品质的支撑，而专业素养的高低程度也能反映一位教师的道德水平。一位懂得尊重自我、尊重他人的教师会受到领导、同事的青睐。当你在专业成长道路上寻求帮助时，他人也会毫不吝啬地给予帮助，这是建立在你展现出来的人格魅力上的。幼儿教师在专业成长的道路上切勿有“文人相轻”的念头，马尔克林斯基说过，“智慧是不会枯竭的，思想和思想相碰，就会迸溅无数火花”。在教育工作中想要发展得长远，必须在彼此尊重的前提下进行积极的沟通交流。

**佐治亚大学教师晋升评价的学系人际关系调查**

我认为同事关系是一个非常模糊但又确实存在的影响因素。人们在对教师晋升进行判断时会考虑许多与之相关的问题，如“候选人是否经常在系里出现”“候选人是否很好相处”“候选人是否履行系内服务职责”等。有时即使候选人符合系内晋升标准，如果他没有做到这些默认的规则，也有可能无法实现晋升。艺术系就有这么一个教师，他在申请晋升教授时科研上的表现非常出色，但他是一个刺头儿，大家都不喜欢跟他一起合作，而且他从不履行自己应承担的服务活动，所以他的晋升申请被否决了！这就是教师需要学习的隐性课程——学会与同事友好相处！[6]

（李函颖）

此外，幼儿教师作为教育者，有传递文化、知识的责任，承担着教育青年一代的责任，因此，在教师与同事互动中也要进行良性的互动，从而更好地建立彼此相互尊重的同事关系，在工作中营造良好的心理氛围，并共同进步。

**5. 相互尊重是形成高质量教师集体的迫切需要**

苏联教育家马卡连柯认为，优质教学集体具有五个特点：第一，集体应当朝气蓬勃，集体应当充满“强烈的快活情绪”；第二，集体成员之间应当团结和睦；第三，集体成员应当具有坚定不移地主持正义的观念；第四，集体成员要具有积极性；第五，集体成员应当养成“抑制的习惯”。我们可以发现，这一观点中反映出一个优质的教学集体应该是相互欣赏的、相互配合的、分工明确且相互协调的。只有集体中每一位教师尊重彼此，才能投入饱满的热情，形成良好的集体氛围，更加高效地完成各自的任务，协助团队，体验到团队合作的愉悦。这种高质量的集体氛围也会反过来促进教师与教师之间的交流和联系，加深对彼此的认识程度和理解程度。

## （二）相互尊重的策略与方法

**1. 将自尊自爱放在首位**

想要获得别人的尊重，必须先做到尊重自己。比如，某教师曾在采访中说道：“虽然不擅长使用现代教学技术和手段，但我有着扎实的授课能力，同样也能完美地上好一节课；虽然不擅长钢琴、绘画、手工，但我能很好地安抚小朋友，他们很愿意和我分享小秘密；虽然不会制作精美的教具，但我可以随手利用玩具将一个故事生动地呈现，小朋友们听得津津有味……”作为一名幼儿教师，我们要正确看待自己、认识自己、尊重自己，只有首先尊重自己，才能让同事感受到你是一个有原则、有自尊、有自信的人，他们也愿意与这样的同事相处。无论面对的是上级，还是前辈教师，还是同龄同事，都勇敢地发出不同声音，真诚地展现自己，表达自己的想法和观点。

如果有这方面的困扰，以下是一些可以帮助你提高自尊的方法，勇敢试试吧：

- 不过分贬低自己。
- 专注自己的专业。
- 每日或每周花半小时自省。
- 诚实地接纳自己，包括优点和缺点。
- 尽可能多地列出自己的优点，并熟念于心。
- 有一定的社会支持，可以是家人、朋友、同事、同学等。
- 别人打断你的讲话时，礼貌地把话说完。
- 尝试开会或活动时坐在中心位置或前排。
- 有项坚持的体育爱好。
- 做一些力所能及的善意的行为。

- 保持整洁得体的外部形象。
- 具有积极的正向思维。
- 将目标划分成一个个可达成的小目标。
- 积极心理暗示。
- 调整仪态，抬头挺胸，从肢体上展现良好的精神面貌。

**2. 彼此真诚是表达尊重的开始**

幼儿教师面对幼儿要做到真诚，面对同事更要做到。在幼儿园不管与哪一种岗位人员相处，只有真诚才能走到别人心里，才能展现你的本性。有些幼儿教师过分注重自己的衣着，认为美丽的外部形象可以得到他人的喜欢和认可，但真诚的内心才会更打动人，才能获得与其共事之人的尊重。有些老师认为大声说话、态度严肃才能让同事信服或采纳其观点，但只要是真诚的语言、真诚的态度、真诚的行为就能让旁人觉得舒服，旁人才会愿意继续听下去。

**两种方式两种结果**

李老师最近要参加一个高校教师微课比赛，制作完初稿后，她不太清楚制作的质量如何，今年也是第一次参赛，没什么经验，希望能有人指导一二，于是打算咨询一些参加过的前辈老师。郑老师是同一个办公室的，刚好去年也参加过并获得较好的名次。李老师鼓起勇气找到郑老师咨询，郑老师表现得十分地欢迎，但在与李老师沟通的过程中，郑老师只是反复地阅读已经公布出来的评分标准，从不分享他的参赛经验，也不表达自己对李老师参赛作品的看法，总是在讲述他当年比赛一些无关紧要的事情。李老师感觉到郑老师并没有认真地在指点，礼貌地表示感谢。后来，她找到不是同一专业但获奖的彭老师寻求帮助。

彭老师："有什么可以帮到你？"

李老师："我制作出微课的参赛作品，但是不太清楚哪里需要调整。"

彭老师："你的这个微课的用途是什么？课前导入？课中知识点解答？还是课后复习？你可以给我讲讲你的设计思路吗？"

……

彭老师十分详细地了解了李老师对于参赛作品的设计思路，并结合自己的参赛经验，帮助李老师一条一条地分析今年变化的规则，在充分的沟通和交流中表达自己的想法。后来，经过几番修改，层层选拔，李老师的微课作品获得了省部级一等奖。事后，李老师了解到原来郑老师是不想让同一专业的她超越自己，所以敷衍应对。

### 一位配班老师的心声

配班教师不好做啊！猜不透主班教师的心思，有时她明明想让你做什么事情，又不明白地讲出来，总是兜圈子。而我做的要是不合她的心意，她也不直接说你，总是旁敲侧击的。这样让我觉得很累，本来带孩子就已经很累了，还要揣度教师的心思，使我觉得更累，我只有眼勤、手勤，不等她吩咐，就把所有事情都做好，虽然累点，也是没有办法的事啊。[7]

（曹蕊）

对人不敷衍，对人不虚伪，才是一个人的真，特别是在教师群体中，敷衍和虚伪这样的行为十分令人不齿。想要在孩子中受到喜爱，在集体中受人尊重，在专业道路上走得长远，在社会上站得从容，一定是真诚在前的。这种真诚不是对领导或同事投其所好，也不是针锋相对，而是认真做好自己的本职工作，专注于自己的事业，踏实生活，当面发表自己的意见，无论意见是否一致，从不背后议论，用自己的行为而不是虚无缥缈的语言落实承诺。

以诚待人，以信取人是一个人的真。子曰："与人交而不信乎?"无愧于人，才能立身于世。列宁说过："吹牛撒谎是道义上的灭亡，它时势必引向政治上的灭亡。"一个人无论出于什么地位、拥有什么名誉，具有良好的道德感，必定会更加严格地规范自己的道德修养。不办真事、不办实事、不办正事是不真诚的表现；说话不着边际、没有准儿是不诚信的行为；嘴上一套，心里一套，行为一套，对同事耍心眼，对领导耍心眼，都是不道德的作派。坦诚是人与人之间交往的纽带，只有如此，同事才会选择靠近、信任你，才会热忱地尊重你。

不回避矛盾，坦荡直爽是一个人的真。由于教师之间专业背景、思想观念、生活经历等方面的差异，不可避免地会产生不同的意见和看法，不可避免地产生矛盾、争执，甚至争吵。面对这种情况，有些教师选择隐瞒自己的观点和真实感情，认为这样能化解冲突，实质是随意地附和或虚假地认同。有些则坦荡、不虚假地表达真实观点，这种看似"理直气壮"的争执恰恰能达到相互了解，真心相交的目的，也能让交流的双方都感受到对等的尊重。

当工作中出现争论的情景，以下是一些较为妥当的建议：

- 欢迎不同的意见。
- 不要相信你直觉的印象。
- 控制你的脾气。

- 先听为上。
- 寻找统一的地方。
- 要诚实。
- 考虑反对者的意见。
- 为反对者关心你的事情而真诚地感谢他们。
- 延缓采取行动，让双方都有时间把问题考虑清楚。

**3. 学习一些表达尊重的技巧**

(1)使用恰当的语言互动

与同事尊重性的互动体现在外部言语中，俗话说：“口中有德、目中有人、心中有爱、行中有善。”一个尊重他人的人，是个有温度的人，是个注重尺度的人，是个有本事的人。要在平时的语言交谈中多说积极的、正面的话，少说抱怨的话。

**两位新老师的不同人生**

今年单位新招了两位老师 A 和 B。这两位老师来自同一所院校，同一专业，进入单位后，业务能力也很好，领导和同事对这两位健谈的新老师十分地欢迎和喜欢。一年后，B 老师跟着教学团队参加了各类教学技能大赛，学习了很多教学技能，得到前辈的指点，专业成长很快。但 A 教师还忙于完成日常教学工作，遇到工作上的困难也没有同事指点。原来，A 教师虽然业务能力很强，但平时与同事相处时常常居高临下，经常在办公室抱怨生活中的小事，认为单位处处不适应，抱怨各种事情。刚开始周围同事还好心安慰，时间久了，同事发现这种现象不仅影响自己的心情更影响办公室的氛围，渐渐地与 A 教师聊天的同事少了。B 教师每天精神饱满地投入工作，主动分享一些积极的事情，认为周围同事都很包容、热心，同事与其在一起觉得轻松、快乐，遇到工作上的事情虚心请教，很快受到同事领导的肯定。

与同事日常交流遇到摩擦时，多通过提问促进交谈。我们有可能会遇到这样一种情景，提出的问题，对方没有积极地回应或者没有表现出我们期待的那样，这有可能不是因为对方不感兴趣、不友好，而是因为我们提问的方式或语言组织让对方无法很好地理解我们的意思，无法交流下去。

你认为有什么创新点可以改进现有的主题教育活动的方案？

在我的公开课中，您印象最深的是什么？

如果不采用案例导入，我可以使用什么样的方式进入本节课的开篇环节？

从上面的例子可以发现，这种开放式的交谈方式能让对方更完整、更长地表达想法，能很好地在一个自由式的、开放的空间中谈话，也能让整个谈话过程和氛围不显得那么咄咄逼人，也能更加充分地交流彼此的观点，就事论事。一个好的交谈是平等的、连续的、可以继续交流下去的。

习惯使用礼貌语言是良好道德的外部表现。善气迎人，亲如兄弟；恶气迎人，害于戈兵。语言的内容是一个人的思想高度，可以展现你的高雅，也能显露你的粗俗。在与同事互动中，切不可自认为关系亲密，忽略礼貌，会让对方认为不尊重自己。

### 五里＝无礼

古时候，有个年轻人骑马赶路，时至黄昏，住处还没有着落。忽见迎面来了一老农，他便在马上高声喊道：“喂，老头儿，离旅店还有多远？”老人回答：“五里！”年轻人策马飞奔，向前驰去。结果一跑十多里，仍不见人烟。他暗想，这老头儿真可恶！非得回去整治他不可。并自言自语道：“五里，五里，什么五里！”猛然，他醒悟过来，这“五里”不是“无礼”的谐音吗？于是拨转马头往回赶。见那位老农还在路边等候。他急忙翻身下马，亲热地叫了一声：“老大爷。”话没说完，老人说：“你已经错过了路头，可到我家一住再赶路。”

不使用命令式的词语，少使用“应当这样”“我们应该”“我们必须”，多使用“可不可以”“或许”“这样会不会好一些”等表达，让对方听起来更加舒服和容易接受。

过多谈论自己使人感到过于肤浅，缺乏修养。意大利音乐家威尔第 50 岁时，会见了一个 18 岁的青年作曲者。这个年轻人喋喋不休地谈论自己和自己的乐曲。威尔第专心地听完他的谈话，说：“当我十八岁时，我认为自己是个伟大的作曲家，也总是谈‘我’。当我二十五岁时，我就谈‘我和莫扎特’。当我四十岁时，我已经谈‘莫扎特和我’了。”少强调“我”的能力，是人自知之明的表现。

在使用称谓时，要充分考虑交谈对象的年龄、性别、职业。在幼儿园中，使用尊称“老师”“您”是较为礼貌的用语。同时，也需要注意同事的禁忌，如一些教师不喜欢被称为“您老”“领导”“女士”等，那么，我们在交谈中就需要避免。俄国杰出的哲学家赫尔岑曾说：“生活里最重要的是有礼貌，它比最高的智慧，比一切学识都重要。”礼貌是人的基本美德之一。

(2)善于运用肢体语言互动

除了语言能直接地表达对对方的尊重，肢体语言同样是传递态度的有效方式，并且肢体语言会展现人的潜意识行为，伪装程度较低。心理学的研究表明，一个信息的表达=7%语言+38%声音+55%脸部表情。在工作中，与同事朝夕相处的肢体语言传达着重要的信息。某幼儿园的一位新老师在与前辈同事交流时嘴上表达了对其尊敬之意，但肢体语言表现出抗拒，这样的互动无异于是虚伪的、不真诚的。

**以貌取人**

心理学家雪莱·蔡根在莫萨立斯特大学挑选了 68 个自愿参加研究的被试者，这些应试者的外貌、口才及对事物的理解判断能力都挑不出毛病，但仪表风度却大不相同。然后由四位素不相识的过路人对这 68 人评分，以期得到他们的支持。结果表明，风度翩翩者较之仪态平平的被试者，自然是稳操胜券，获得较高的分数。

(来源：https://www.fwsir.com/yanjiang/html/yanjiang_20200409160320_405407.html)

我们在互动中可以适当地运用肢体语言强调对对方的尊重。但需要提醒的是，有些人的肢体语言是带有个人风格、习惯的，甚至具有欺骗性，有可能并非我们判断的不尊重。

- 体态：互动时直接面对面，身体前倾表达对谈话内容感兴趣，对对方的尊重。跷二郎腿、抱着双臂、背对交流等都让人“看起来”不尊重。
- 眼神：眼睛是心灵的窗口，在交流中发挥着很重要的作用。眼神交流是尊敬和给予关注的有力体现。[7]注视对方的眼区范围能让对方感觉到你在认真地倾听且不至于压力过大，眼神是温柔、亲切、坦诚、有神的。
- 点头：不要吝啬表达你的观点，如果赞同同事的思想或意见，一个恰当的点头会让对方清楚你对他/她的关注，是认真、投入地听。
- 身体接触：身体接触传递的情感有时是语言无法传达的。握手和拥抱是最绅士的身体接触。有力的握手能让对方感到强烈的情绪，而温暖的拥抱可增进同事之间的关系，是一种更加强烈的方式。实施这一建议时，需考虑交谈者的性别、文化背景、熟悉程度，否则会适得其反。
- 微笑：请反思：你和同事见面的第一个动作是先微笑吗？有些教师经常愁眉苦

脸，甚至一到工作场所就忘记了微笑。你可以对着镜子尝试练习微笑的表情。一个真诚的微笑让人如沐春风。

……

**4. 从一些规定中学习**

目前，部分国家对幼儿教师专业标准中涉及的相关议题做出了规定，当不知道如何与同事互动时至少要做到尊重，可以作为我们幼教工作的参考。

《美国幼儿教育协会之伦理守则》中对同事之间的道德责任是这样规定的：

(1)理念

①对同事

A. 与同事建立及维持信任与合作关系。

B. 与同事共享资源及讯息。

C. 支持同事满足专业的需求并获得专业的发展。

D. 对同事的专业成就应给予肯定。

②对雇主

A. 以提供最高质量的服务协助所任职之机构的业务推展。

B. 忠于任职机构并维护其声誉。

③对属下

A. 不断改善能促进工作人员之能力、福利和自尊的政策和工作环境。

B. 创造一个信任和公正的气氛，使工作人员能为儿童、家庭和幼儿教育这个领域说话和行动。

C. 致力于确保与幼儿共事或代表幼儿的人得以维持其生计。

(2)原则

①对同事

A. 当我们对同事的专业行为觉得担心时，我们应首先让那个人知道我们的担忧，并和他一起解决这个问题。

B. 我们应该练习表达有关同事之个人特质或专业行为的观点，所做的陈述应以第一手的资料为基础，并与儿童的任职机构的权益有关。

②对雇主

A. 当我们不赞同任职机构的政策时，我们应先在组织内透过建设性的行为来达到改变的目的。

B. 我们应该在经过授权之后，才可以代表组织说话或行动。我们在代表组织说话及表达人的判断时，必须小心注意。

③对属下

A. 在做与幼儿有关的决定时，我们应妥善利用工作人员的训练、经验和意见。

B. 我们所提供给工作人员的环境，要能容许他们负起他们的责任，评鉴的程序要合宜且不具威胁性，有明确的诉怨管道、建设性的回馈及能持续专业地发展和进步的机会。

C. 我们应发展及维持完整且明确的人事政策，以明示任职机构的标准，并说明部属在工作场所外之合理行为的范围，这些政策应告诉新进人员，也应让所有工作人员可随时翻阅。

D. 对于无法达到任职机构的标准的部属，应给予关切，可能的话，应协助他们改善他们的表现。

E. 要解聘部属时，一定要让他知道被解聘的原因，而解聘原因的认定必须以工作不力或行为不当的确实纪录为准，并让部属也有一份可参考。

F. 在评鉴或做建议时，应以事实及与幼儿和任职机构有关的利益为基础而提出。

G. 雇用和升迁应以该名人员的成就纪录及他在工作上负责任的能力为基础来考虑。

H. 雇用、升迁和有训练机会时，我们不能有种族、宗教、性别、国籍、残障、年龄或性别偏好上的歧视，我们应熟悉关于工作歧视的法律和规定。

2016 年实行的新西兰《职前教师毕业成果》是新西兰师范类学生的毕业生标准，也是培养新西兰职前教师的目标，其中，专业素养领域中这样写道：

<table>
<tr><td rowspan="6">专业素养</td><td>设置目标并提高对学生的期望值</td><td>——</td></tr>
<tr><td>拥有适应能力并对学生一视同仁</td><td>——</td></tr>
<tr><td>遵守职业道德规范，保持优秀的职业态度</td><td>——</td></tr>
<tr><td>拥有处理人际关系的能力</td><td>a. 具备接收意见和建议并及时做出调整的能力<br>b. 建立良好的职业关系和人际关系</td></tr>
<tr><td>拥有创新意识和团队精神</td><td>a. 不断学习进步并拥有创新意识<br>b. 具备与同事合作共事的能力<br>c. 可以胜任多学科的工作</td></tr>
<tr><td>拥有责任意识并对学术研究保持热情</td><td>a. 具备优秀的职业道德和强烈的责任意识<br>b. 对于其他教育工作者共同研习学术和探索实践保持热情</td></tr>
</table>

### 5. 向教育名家学习

一些哲学家、教育家、思想家提出如何做到尊重的观点，你可以结合实际使用。

- 艾伦·唐纳根认为尊重包括对自身的义务和对他人的义务。

对自己的义务：a.“不得随意结束自己的性命”，也“不得随意使自己残废，或者随意做任何伤害自身健康的事情”；b.“应当选定某种一贯的生活计划，根据这样的生活计划，并通过道德上可允许的手段，发展一个人精神和物质上的能力”。

对他人的义务：a.“不得随意对他人使用暴力，也就是说，随意杀人、随意造成他人肉体上的损害或伤害他人、把人当作奴隶，对于任何人来说都是不允许的”；b.“如果通过可允许的行动能够增进他人的幸福，并且不会因此而造成相应的不便，那么不这么做是不允许的”；c.“在与可信赖的人进行自由地交流时，即便是为了一个好的目的，也不允许把一个观念强加于他”“一旦在没有受到干预的条件下承诺了要做某种本身是道德上可允许的事情，那么对于任何人来说都不允许自食其言”。[8] 特别是对于为人师表的幼儿教师群体，与同事互相尊重是对伦理道德的传承和延续。

- 君子之于人也，当于有过中求无过，不当于无过中求有过。——程颐
- 爱人者，人恒爱之；敬人者，人恒敬之。——孟子
- 施与人，但不要使对方有受施的感觉。帮助人，但给予对方最高的尊重。这是助人的艺术，也是仁爱的情操。——刘墉
- 卑己而尊人是不好的，尊己而卑人也是不好的。——徐特立
- 尊重而不迷信权威，追求而不独占真理。——周海中
- 君子贵人而贱已，先人而后己。——《礼记》
- 仁者必敬人。——《荀子》
- 谁自尊，谁就会得到尊重。——巴尔扎克
- 尊重人不应该胜于尊重真理。——柏拉图
- 尊重别人，才能让人尊敬。——笛卡儿
- 尊重别人的人不应该谈自己。——高尔基
- 忍辱偷生的人决不会受人尊重。——高乃依
- 自尊自爱，作为一种力求完善的动力，却是一切伟大事业的渊源。——屠格涅夫
- 对别人的意见要表示尊重。千万别说：“你错了。”——卡耐基
- 人要想对自己的尊严有所觉悟，就必须谦虚。的确，人性是尊严的，但这样说还是不甚明确的，也是不完整的。说人是尊严的，这只限于没有私心的、利他的、富于怜悯的、有感情的、肯为其他生物和宇宙献身的这种情况。——汤因比
- 为人粗鲁意味着忘记了自己的尊严。——车尔尼雪夫斯基
- 尊重生命、尊重他人、尊重自己的生命，是生命进程中的伴随物，也是心理健康的一个条件。——弗洛姆

- 对人不尊敬，首先就是对自己的不尊敬。——惠特曼
- 对于应尊重的事物，我们应当或是缄默不语，或是大加称颂。——尼采
- 一种天性的粗暴，使得一个人对别人没有礼貌，因而不知道尊重别人的倾向、气性或地位。这是一个村鄙野夫的真实标志。他毫不注意什么事情可以使得相处的人温和，使他尊敬别人，和别人合得来。——洛克
- 我们平等地相爱，因为我们互相了解，互相尊重。——列夫·托尔斯泰
- 要尊重每一个人，不论他是何等的卑微与可笑。要记住活在每个人身上的是和你我相同的性灵。——叔本华
- 对人不尊敬的人，首先就是对自己不尊重。——陀思妥耶夫斯基
- 人受到震动有种种不同：有的是在脊椎骨上；有的是在神经上；有的是在道德感受上；而最强烈的、最持久的则是在个人尊严上。——约翰·高尔斯华绥
- 高度的自尊心不是骄傲、自大或缺乏自我批评精神的同义词。自尊心强的人不是认为自己比别人优越，而只是对自己有信心，相信自己能够克服自己的缺点。——伊·谢·科恩
- 不尊重别人的人，别人也不会尊重他。——席勒

## 二、互帮互助

单丝不成线，独木不成林，个人在社会中生存、成长必须依靠团体成员之间互相协作、相互帮助。教师之间的互帮互助是中国传统美德在职业道德规范的延伸，是合作文化在新型同事关系中的具体体现。互帮互助是一种精神、一种情感、一种习惯，更是教师职业道德的重要组成部分。

### （一）营造同事之间互帮互助氛围的意义

#### 1. 互帮互助有利于形成良好的个人自觉

人是社会性的动物，在集体中生活和工作一定带有该集体的文化。如果新幼儿教师在一所有着良好互帮互助氛围的幼儿园工作，那么他一定是幸福的，一定是幸运的，能有效减轻新教师的孤独感和陌生感，提高新教师的心理健康水平、自我效能感和能力。[9]在集体的这种互帮互助的氛围下，可以快速地吸取优秀教师的做法，改进自身的工作方法，在走向成熟型教师的道路上更加踏实。无论是新教师还是老教师，个人的知识储备和专业能力是有限的，思维广度和深度是有限的，这种情况下通过互帮互助可以充分调动可用资源，高效推进工作进度。同时，教学工作并非单打独斗，而是一个教研室、学科团队、专业团队共同的工作职责，需要同事之间互帮互助。

### 2. 互帮互助能够实现共同提高、共同进步

帕克·帕尔默在《教学勇气——漫步教师心灵》一书中写到："世界上没有优质教学的公式，而专家的指导也只能是杯水车薪。如果想要在实践中成长，我们有两个去处：一个是达到优质教学的内心世界，一个是由同行所组成的共同体，从同事那里我们可以更多地理解我们自己和我们的教学。"[11]幼儿教师不是孤立的个体，也不仅仅只关注于自己所带的班级，他与各个岗位的人员广泛交互着，有着千丝万缕的联系。幼儿教师也并非"超人"，一定有需要外界帮助的时候。同事之间的互帮互助是一种合作文化，是工作中自然发生的一种支援性的交往，这种交往建立在双方信任、开放的基础上。在这种氛围中，教师可以放下偏见或者防卫态度，共同面对问题，共同商讨，共同解决问题。众所周知，幼儿教师的工作量很大，工作任务较杂，涉及方面较多，有时效率较低，产生重复性劳动，那么，在互帮互助的过程中，不仅可以加深人际交往的质量，而且双方均能获得知识和能力的提高和成长，学习团队合作、提高解决问题的能力、锻炼思维能力等，实现共同进步。

这也是新时代背景下教学改革的必然趋势，通过互帮互助，教师之间能够互相启发、互相促进专业化教学，积累教学资料，吸取、整合大家的智慧，优势互补，改变以前固步自封、单兵作战的思路和做法，扩宽教师成长的道路。

### 3. 互帮互助能够提高团队意识、体现团队能力

同事之间在工作中如果能形成互帮互助的氛围，就能大幅提升团体的凝聚力。这是一种良性的互动，教师在这个过程中共同分享观点、共同商讨方案、共同分享资源、共同完善教学方案或成果，从整体上拔高教学团队和幼儿园教师集体的精神面貌。2001年在泰国举行的"第三届国际教育组织世界大会"上，发布了《国际教育组织关于教师职业道德的宣言》。宣言中明确提出教育界的同仁和工作者应该做到以下三点：

(1)通过对彼此(尤其是对刚从事教师职业或在培训中的同事)的职业等级和观点的尊重，提高同事之间的交流和帮助。

(2)除非有严格的专业或法律原因，不可透露在就业中得到的关于同事的任何资料。

(3)协助同事完成由教师工会和雇主所同意的、同事互相审查的审查程序……

我国教育部在2015年1月13日公布的《教育部关于进一步加强和改进师德建设的意见》中的提高教师的职业道德水平要求中明确指出"大力提倡求真务实、勇于创新、严谨自律的治学态度和学术精神，团结合作、协力攻关、共同进步的团队精神，努力发扬优良的学术风气"。在树立正确的教师职业理想要求中点明"要正确处理个人与社会的关系，反对拜金主义、享乐主义和极端个人主义，把本职工作、个人理想与祖国的繁荣富强紧密联系在一起"。

以上这些倡议和文件可以看得出，教师团体中每一份子都有责任和义务协助同事。这种互帮互助是一种精神，是一种融合了教师职业道德的要求，更是展现团队凝聚力的一个缩影。

### （二）营造互帮互助氛围的策略与方法

**1. 努力工作，认真学习**

每位幼儿教师首先应该立足于努力工作、认真学习。因为实施互帮互助的主体是教师，每个教师才是教师发展的重要资源。无论是教学分享、教学沙龙、成长式互助等一切良好的、可持续的互助都建立在教师个人良好的专业知识和专业能力基础上，没有这些，一切互帮互助都是无效的、空谈的。幼儿教师既是知识的接受者，也是知识的给予者，只有个人发挥主观能动性和自主性，不断增强自我专业水平，才能在同一集体中站住脚，对他人产生影响。

此外，教师应该树立“自己的事情自己做”思想，才能深入明白工作是为谁。只有教师成为独立的思考者和行动者，才有可能进行有效的互帮互助，才不会出现“万事依赖”。

**2. 虚心请教，不耻下问**

在幼儿教师成长的工作中，总会遇到各种各样的问题，如，教案怎么写？这周或这个月的主题活动怎么设计？怎样开好一次班级家长会？如何能让家长信任我们？怎么和家长沟通？参加比赛的教学设计写得如何？特别是新入职教师，要“不要脸”，多虚心请教，只有自己先摆正姿态，主动去“问”，别人才会“帮”，有些新教师觉得不好意思或者心高气傲，自己花了大量时间和精力，最后才发现都是无用功。不懂就问，没什么大不了的。

**叶老师成长的诀窍**

那一年，叶剑还是刚刚入幼儿园的新老师，之前没有任何的工作经验，更不要说和教学有关的技术。叶剑进了梦想中的单位后忍不住倒吸一口凉气：原来，他是园所中唯一的非 211、985 本科学历，其他大多是名牌大学的本科生或研究生。

园长和教务主任要求叶剑尽快熟悉园内环境、工作流程和教育教学，如果三个月后还不能独自带班和上课，那么就只能领试用期薪水走人。可是，园长并没为新人组织培训，而是让他不懂就问。“不耻下问，当然是学习、解惑的好办法”，叶剑跟朋友说，“可是，那些优秀的同事会教我吗？同事不就是竞争对手，竞争对手会帮助我成长吗？”

最初，叶剑都不好意思开口请教，总是杵在一边傻傻地看其他教师带班、做游戏、备课、上课。同事们干得游刃有余，叶剑愣是没看出一点道道，面对性格各异的幼儿总是束手无策。后来，想到自己的试用期越来越少了，如果再不抓紧学习就没饭碗了。于是，叶剑很谦虚地向同事们请教。

原来，那些同事并不像叶剑想象中的难以相处，他们非常热情、耐心地教叶剑，恨不得把毕生所学都拿出来分享。其中有同事还开玩笑说：“我们巴不得新人来学习，新人学会了，我们的工作负担就轻一些。另外，教新人本来就是我们的职责，你们试用期学不过关被炒，园长同样也会迁怒于我们”。

有人指导，叶剑确实学得很快，试用期才两个月就能独立带班上课了，试用期后就获得了长期合同，并被园长委以重任。后来，叶剑还把不耻下问当作自己的职场信条，举凡遇到职场上突如其来的难题，当靠自己的智慧难以解决时，他就会非常谦虚诚恳地向同事请教。

多年后，叶剑在工作中遇到了个难题，而这刚好是新来的教师康明最得心应手的。康老师个人能力出众、进步非常快，但是有点傲气。没想到叶剑非常谦逊地跟康明请教，同事们都说叶剑找错了人，没准碰一鼻子灰回来。可是，事实并非如此，傲气的康明没也想到“元老”叶老师会不耻下问，非常友善地解答了他的疑惑。

多年以后，叶老师已经成为市里面的教育能手，这对于学历最低、从业时间短的他来说是个奇迹。很多新入园教师向叶老师请教：“您获得今时今日成绩最大的秘诀是什么？”叶老师回答说：“不耻下问，向职位比自己高或者低的同事请教，请教才是解惑最好的办法。如果一味地埋头摸索，不仅会降低工作效率，没准还会因拖延影响集体。”

同样的，在专业的求知路上应该忽略年龄、上下级、学科背景等外部因素，即使再优秀的教师也有知识的盲区，这是正常的，不自高自大才能获得新的思路，要面子，只会拿起石头砸自己的脚。面子其实没我们想象的那样重要，特别在追求真理的道路上，能力才是一个人的真本事。

**胡适的“不知”**

胡适在担任上海中国公学校长的时候，有一次同事们闲聊，谈到泥城桥附近有一家叫“四而楼”的餐馆，名字有点怪异，大家七嘴八舌，却始终不理解它的意思。于是，同事们便一起去请教胡校长。

胡适想了想，也不知道其中的意思，刚好这时候有其他事务要处理，于是就走开了。当天晚上，胡适写日记的时候，忽然想起了“四而楼”的事情，于是连忙查找家中的藏书和资料。然而，一直查到深夜都没有结果。

第二天，胡适便专程来到“四而楼”。

向餐馆老板当面求教：“这‘四而’二字颇为新奇，其含义何解？”餐馆老板笑着回答说：“我小时候曾念过《三字经》，记得其中有‘一而十，十而百。百而千，千而万’，这‘四而’不正是我们生意人一本万利的吉兆吗？”胡适听了，不禁拍案叫绝。

正是因为有这种严谨踏实的治学态度和不耻下问的求索精神，才造就了学贯中西的一代文化领袖。

(http://www.fx361.com/page/2014/0319/308/333.shtml)

**3. 知无不言、言无不尽**

当同事鼓起勇气向你请教时，你应该做到知道的就说，要说就要毫无保留，不要藏着掖着，坦诚相待。只有真诚的交流，才可以碰撞新的思想的火花。是否无私的分享、是否真诚的帮助，对方是能够感受得到的。否则，当你需要别人的帮助时，怎么能期望别人真诚地帮你呢？新时代幼儿园教师职业行为十项准则中也明确强调幼儿教师要“传播优秀文化。带头践行社会主义核心价值观，弘扬真善美，传递正能量”“秉持公平诚信。坚持原则，处事公道，光明磊落，为人正直”。这是幼儿教师树立和弘扬传统美德的要求，更是新时代幼儿教师的职业道德要求。

**我的无奈**

我在一家幼儿园工作，由于平时工作很努力，教学成果有目共睹，很快被提升为年级组长，被我代替的黄老师做了另一年级组长，我们的级别是平级。

当初交接工作时，他只是简短地说了一下这个岗位的内容。因为我也是好强的人，也没有向他请教一些注意事项和相关经验。

从提升年级组长到现在已经有半年的时间了，虽然各方面的工作已很熟练，但总有些棘手的难题困扰着我，于是，我向黄老师求助。

我：黄老师您好！最近工作中遇到了一些棘手的问题，想请您指点一二，谢谢！

黄老师：呵呵，指教不敢当，你有问题理当帮助。当初交接工作时，因为你刚接手这样的工作很多东西都不熟悉，所以也无法给你说如何做，并且也不是一两句话能说清楚的，现在你工作也有半年了，也有经验了，很多难题处理得也不错！你现在遇到了棘手的问题我应该帮助(边看手机边与我交流。)

……(描述需要请教疑问的具体细节)

我：我现在不知道应该怎么处理，黄老师您认为我可以怎么做?

黄老师：是这样的，我已经很久没有接触过这个工作了，之前的问题和现在的问题不一样，我也没有遇到过这样的问题，所以还得你自己想办法处理。

我：针对这个难题有一些建议吗?

黄老师：我做人的原则是不误导别人，我也是为你好，所以很抱歉。

从这个案例中可以看出黄老师是表面上的交流指导，是一种狂妄无礼。出现这种情况的原因有很多可能：怕同事超过自己、怕阻碍自己在职场的发展、怕失去权威地位……一旦有这样的心理活动，教师在专业发展的道路上一定会停滞不前。教师请教同事是对对方能力、专业的认可，是对对方的肯定和信任，作为被请教对象，应该要做到真诚、不隐瞒、不欺骗，这才是教师之间正确的交往方式。

**4. 避免狂妄傲慢**

在互帮互助中，作为被请教、被咨询的对象，要怀着谦虚的心态，避免狂妄傲慢，这是一种礼貌，更能在交往中给人带来温暖和愉悦。狂妄傲慢的人喜欢自吹自擂、自高自大，特别是有些小成绩、小聪明或高学历的教师，在与其他教师的互动中沾沾自喜，自认为高人一等，但实质上是“半桶水”，是不自信的表现。在日常交往中，要注意以下三种行为态度：

(1)避免粗暴无礼

在交流中，教师要避免随意打断别人的谈话，或者依仗一些优势进行言语嘲笑，减少或者不使用以“我认为”“我确定”“当然如此”等开头的语句，如“你难道不知道吗?”“你这个想法不符合常识”，这会给人一种武断的感觉，凸显自己的独特，不是平等地交流。

(2)避免吹毛求疵

教师要避免对他人吹毛求疵，对自己自吹自擂。对于别人的意见和建议要虚心地学习和请教，有则改之无则加勉，不可当面勃然大怒或者恶语相向。每个人都有自己的长处和劣势，要学会从善如流。

（3）做到平等待人

教师要注意在任何时间、任何地点都要平等待人。持有“我比你聪明，所以你得听我的”这样观念的教师是不善于自我反省的。他们企图通过“高人一等”的行为来获得别人的赞许，实质是一种狭隘、自私和幼稚的表现。

**一份来自 21 年的感谢**

1956 年弗吉尼亚·格雷夫生儿子的时候，和一个名叫安的妇女住同间病房。弗吉尼亚的父母是开花店的，每天都给她送一大束鲜艳的玫瑰花。而那个叫安的妇女却总是孤独地呆在病房，从来没收到过一朵花，也没有人来看望她。当弗吉尼亚第七次收到花束时，她感到不安起来。因为她从安的眼睛里看出了忧伤和郁闷。于是，当她的父母来看望她时，她叮嘱也给安送点花来。吃完晚餐，鲜花就送来了。“这次是给你的。”弗吉尼亚看着花束上的祝福卡片说。安长久凝视着鲜花，终于轻声说道：“我该怎么谢你才好呢？”

21 年以后，弗吉尼亚的儿子不幸被病症夺走了生命。报纸上登了讣告，悲哀的心情笼罩了整个家庭。在丧礼上，一名邮差送来一小瓶鲜艳欲滴的花束。卡片上写着她儿子的名字，“献给约翰·格雷夫斯——与你同天出生在纪念医院中的孩子和他的母亲谨上”。弗吉尼亚望着那只小花瓶，这才认出是多年以前送给那位忧郁的妇女的。今天这瓶中又一次插满了玫瑰。这是一种友好的报答，是沉积在记忆长河中的感激之情，它在人悲伤的时候给予人神奇的抚慰，代表的是人生的希望。

（来源：https://www.pinshiwen.com/yuexie/mzjx/2019 0620118740.html）

案例中两位妇女彼此不熟悉，但用诚挚的礼貌作为交往的礼物，这才是难能可贵的。教师如果能设身处地地考虑别人的困难、恐惧，那么待人接物的态度和行为一定会自然而然的谦逊。

**5. 借鉴现行的互帮互助方式**

目前，一些幼儿园、高校和科研机构采取了多种多样的互帮互助方式，有教师自发组织的，也有管理者组织的。以下是一些可以借鉴的做法：

（1）同辈成长小组

组织同辈群体，如同一年进校的或前后 3 年进校的青年教师成为成长小组，由于处于相同年龄，共同语言较多，遇到问题类似，这些同辈教师可以组织在一起共同进行教学研

讨，互相提供社会性支持，这样可以有效地帮助新教师和青年教师调动工作积极性和对教育的热情，激发他们的问题解决能力和创新思维，也能较好地交流教学理念和方法。

(2)师徒结对

采取传统的师徒制的互助方式，由经验丰富的教师带领新教师，可以一对一也可一对多，类似导师制的互助模式。青年教师能在老教师的指导下，直接地明确自己的优劣，反思教学，通过试教、磨课等方式快速成长。

(3)教学团队

组织同一学科的教师形成教学团队，能够最大程度地发挥团队优势，群策群力，实现教学内容、教学资源、教学方式、教学特长的互补。

(4)督导焦点解决

该形式主要组织幼儿园优秀教师、特级教师等资深教学经验的前辈教师作为督导组，以定期或者非常规的方式帮助教师解决教育教学、科学研究等方面的问题。这类教师具有丰富的工作经验，对问题的见解和看法较为深入，可以帮助教师找准关键点。

## 三、赞美同事

赞美是一种从心底发出的对于美好的人或事物的肯定、欣赏、称赞，是人际交往当中的一种礼貌，是个人情感的表达和抒发。在教师之间恰当地使用赞美能以自身和他人的关系为出发点，有效地拉近二者之间的距离。

### (一)经常赞美同事的意义

#### 1. 赞美是幼儿教师应具备的基本礼仪

说好话是一种刻在骨子里的教养，是作为教书育人的教师的基本礼仪。不吝啬赞美的语言像春风，融化冰雪，抚慰人心；像一束阳光，点亮前路，温暖行人。不吝啬对同事的赞美，大方地表达对其的肯定，是对对方的尊重和尊敬。“礼者敬人也”，幼儿教师以赞美、肯定之礼对待他人，不仅是个人思想道德水平、文化修养、交际能力的外在表现，更是一种礼貌地待人接物的社交规范。

当你兴高采烈地为一场晚会试穿服装时，旁边的同事说：“你穿什么都显胖，随便选一件就好啦。”顿时兴致全无。

当你埋头苦干地准备年度考核，全部通过，想和大家分享喜悦时，对方一句：“这个考试很容易的呀，谁都能过。”

不管是否有意，这种“直言不讳”的方式直接体现说话之人没有考虑对方感受，没有将对方放在平等、尊重的位置。赞美是平等对待彼此的心，是一种语言艺术，更是一种修养、一种礼仪。

**2. 赞美是相互尊重的体现**

马克·吐温曾说："我能为一句赞美之词而不吃东西。"语言是治疗负面情绪的良药，每个人其实都渴望获得别人的尊重，希望别人能喜欢自己，肯定自己，赞美自己，认可自己，这是人的基本需求。美国心理学家威廉詹姆斯认为："人类本性上最深的企图之一是渴望得到赏识，并以得到赏识为满足。"世界上没有两片相同的树叶，我们在人际互动中学会赞美也是一种尊重彼此的个性、尊重彼此的人格、尊重彼此的意愿、尊重彼此的体现。

**3. 赞美是个人良好素质的反映**

一个人的素养表现在人际互动的方方面面，我们可以从外部行为中观察，也可以从语言文字中觉察，赞美的语言能反映个人的素质是否优劣。有研究发现，赞美别人会提升自己的外部评价，认为其更有同情心，善解人意和更具吸引力。幼儿教师在与同事相处时，少一些贬低多一些赞美，这是一个人真诚的表现。听了一节优秀的案例课程，对上课教师的教学设计发自内心的欣赏，这是毫不掩饰的赞美，能让对方直接地感受你当下的想法。对人说赞美的话，说明他是善良的，"良言一句三冬暖，恶语伤人六月寒"。有时一句赞美可以让听的人获得自信，帮助他们更好进步。说好话更是一种语言艺术，可以有效地拉近同事之间的距离。

**口无遮拦的后果**

我们幼儿园有一位保育老师，是出了名的"毒舌"，但她认为自己是说话率直、直接，并不认为有什么问题。

一起布置教室环创的时候，她会说："小李呀，你看你长得这么矮，连这个都挂不上，你们家基因是不是不好呀？"有些同事自己带午餐，她看到了会说："这东西看起来挺不好吃的，你每天带不嫌累吗？"

有些老师善意地提醒，但这位保育老师仍然我行我素，渐渐地，在园里没有老师愿意和她做搭档，过了一段时间就被辞退了。

**4. 赞美有利于形成相互给予正能量的氛围**

赞美在人际互动中是一种积极的回应，这种积极的回应有助于增进人际之间的关系

和亲密，也有助于营造一种开放、轻松、愉快、积极的互动氛围。在这种氛围中，彼此都会认为自己在某方面是有潜力的，从而逐渐成长。

(1)能让自己感到快乐

赞美别人能让自己收获四个方面的好处。其一，赠人玫瑰，手有余香，在对人表达肯定、认可的同时，也是在遵从自己内心、抒发情绪情感，这有助于自己身心健康的良好发展。其二，看到他人因为自己而感到快乐，会感到更加的快乐，因为是自己的善意，为他人带来阳光。其三，对方接收到赞美后，对我们的反馈一定是正向的、积极的、愉快的，那么，我们也能感受到愉快的情绪。其四，真诚的赞美，不仅能鼓励他人按照我们期望的方式行事，而且能让他们对我们产生好感，建立良好的人际关系。

(2)能让他人受到鼓励、感到愉悦

心理学家沃尔特·米歇尔曾做过一个实验，他在一个班级中随机将学生分为三组。在5天的时间里，第一组的同学不断地受到表扬，第二组的同学不断地受到批评，第三组的同学被忽视，通过测验他们的学习成绩发现，第一组学生的成绩提高的程度最大，而那些心理承受能力较弱的学生更需要的是表扬而不是批评。这说明赞美他人能带给人快乐、愉悦的情绪体验，能鼓励他人，能激发他人的创造热情，能让他人更舒服地工作和生活。

### 变美其实可以很简单

日本有一档综艺节目进行了一项有趣的实验：连续50天夸奖一个女孩，看能否让她变得更好看？

一位长期被同学嘲笑长相丑、十分内向、自卑的女同学被邀请参加此节目。

节目组专门安排她的老师经常表扬她，如：你的眼睛真的炯炯有神；你笑起来真好看；你今天作业写得很好；你今天发卡很可爱；你今天上课很认真……

当学期过半时，明显地发现女学生的生活和学习状态出现了明显变化。她开始整理自己的房间，开始尝试打扮自己，出门会化妆，并尝试摘下口罩。慢慢地，女孩学习一些穿衣知识，改变以前的着装风格，与其他同学的相处更加地自然和大方，不再低声下气、唯唯诺诺。

50天实验结束后，这个女孩在没有整容、减肥的前提下，气色变好了很多，眼神更加明亮，笑容也更自然，与第一次出现的她截然不同。

**意想不到的转变**

在 19 世纪初期，伦敦有位年轻人想当一名作家。但他好像什么事都不顺利。他几乎有四年的时间没有上学。他的父亲锒铛入狱，只因无法偿还债务。这位年轻人还时常饱受饥饿之苦。最后，他找到一份工作，在一个老鼠横行的货仓里贴鞋油底的标签，晚上在一间阴森静谧的房子里，和另外两个男孩一起睡，他们两个人是从伦敦的贫民窟来的。他对自己的作品毫无信心，所以他趁深夜溜出去，把他的第一篇稿子寄了出去，免得遭人笑话。一个接一个的故事都被退稿，但最后他终于被人接受了。虽然他一分钱稿费都没拿到，但编辑夸奖了他。有一位编辑承认了他的价值。他的心情太激动了，他走在街上，流下了眼泪。

因为所获得的嘉许，改变了他的一生。假如不是这些夸奖，他可能一辈子都在老鼠横行的工厂做工，他的名字叫查尔斯·狄更斯，是写出《雾都孤儿》《双城记》《远大前程》《老古玩店》《大卫·科波菲尔》的那位英国著名作家。

（来源：https://www.qinxue365.con/kczx/34331.html）

心理学家斯金纳的研究也证实，人们会因为受到更多的表扬和赞美，而增加友好行为发生的次数。

## （二）赞美同事的策略与方法

### 1. 直接称赞

(1)以姓名开头

首先，在进行称赞的时候，以对方的姓名开头是比较好的方式。一些哲学家认为，自己的名字是世界上最动听的声音，鸡尾酒效应也说明我们会不自觉对与自己姓名有关的信息给予更多的注意。

其次，在语句中包含对方的姓名更加有礼貌，特别是面对长辈、领导时，能更突出是针对对方的赞扬，更有针对性。比较这两句："黄老师，您上次教我的方法真的太有效了，我们班的某小朋友哭闹的次数减少了！""您上次教我的方法真的太有效了，我们班的某小朋友哭闹的次数减少了！"

(2)内容要具体详实

心理学的研究发现赞美分两种，一种是评估性的赞美，一种是描述性的赞美。评估性的赞美是有参照物的，有比较的，容易夸大事实。而描述性赞美是针对具体事情的，对对方的成就做客观事实的确认。通常我们对对方的赞美主要偏向描述性赞美，表述时注意两个方面：

第一，谈具体内容。比如，“你真是一位有耐心的老师!”可以改成“你在讲故事的时候能够关注每一位幼儿，有很多互动和积极的回应!”

要让对方直接感知到你的真诚赞美，要注意信息的具体化，描述出称赞对应的行为细节可以让你的称赞更具有说服力，让别人感受到你是真的在关注，更让人信服。

第二，谈你的感受。“你的绘本故事讲得真好!”“你的教学课件制作得很精美!”“这个处理方式很恰当和自然!”

在表达感受时，要注意把握分寸，让表达更加自然。

**2. 有选择地称赞**

有时，我们可能不由自主地表达的是较为消极的情绪，那么，需要建立正向思维，帮助他们找到闪光点，表扬那些积极的部分。

| 不要说 | 而要说 |
| --- | --- |
| 努力了很久却没有升职，你确实有点倒霉 | 某某，无论是否得到你想要的东西，在这个过程中你表现出来的潜能，大家有目共睹，能获得同事之间的好评价，说明你已经做得很好了 |
| 你这个教案写得太差了 | 某某，你教案的目标部分写得很清晰明确，教学设计的这个环节很有新意，你是怎么想到的 |
| 考了3次才通过，肯定没好好备考 | 有些人考两次不过就放弃了，你能坚持并通过很不错啦 |
| 这个问题我已经和你解释过2次了，怎么还问 | 很乐意再次给你解答，可能我表达的不够清楚，你的虚心值得我学习 |

称赞不一定只能通过语言表达，可以恰当地运用非语言方式也很重要。

**3. 表达称赞时的注意事项**

- 雪中送炭的赞美好于锦上添花。
- 赞美要合乎时宜、适可而止。“美酒饮教微醉后，好花看到半开时。”
- 坚决不能撒谎。
- 称赞要说实话，但实话并非什么都说。

- 展现微笑。
- 讲究使用称赞的频率。不常表达的人，偶尔一句称赞会引起注意。常表达的人，频率由简入繁。
- 第一次称赞时注意措辞严谨。
- 赞美是没有附加条件的。如，称赞同事某项能力突出，然后请求别人帮忙。这种赞美是无效的，甚至会起负面作用。
- 一味地、无原则地、拍马屁似的称赞不能获得他人信任。
- 不要图省事，直接重复他人对你使用赞美的语言。如，“你的教学材料做得真细致！”“你的教学材料也很细致！”这样显得敷衍，不真诚。
- 可以恰当地与别人的行为、衣着、外表比较。

## 四、避免嫉恨

培根说过：“心思中的猜疑有如鸟中的蝙蝠，他们永远是在黄昏里飞的。这种心理使人精神迷惘，疏远朋友，而且也扰乱事务，使之不能顺利有恒。”嫉恨表示对他人才能的嫉妒与憎恨，是一种比嫉妒更复杂的负向情绪状态。嫉恨程度与个体和环境紧密相关。存在于至少 2 人以上的人际群体，对同事不仅怀有嫉妒心理，更存在憎恨、怨恨等情绪，是非常可怕的。

### （一）同事之间避免嫉恨的原因

#### 1. 对工作的认知过于功利和片面

有些教师认为工作一定要做出成绩才叫成功，面对工作中的机会、成绩、排名、认可、批评等非常在意，与同事之间的为人处世过于功利。总之，会将事情的结果、效益作为自身成败的标准，这样，不可避免地会产生对同事的嫉恨心理。持有这样工作态度和价值观念的教师体验不到工作的乐趣，体会不到与其他教师研讨的快乐、公平合理竞争的拼搏感、人际交往之间的幽默和温暖。这样的教师白天的工作是没有鲜花和掌声，晚上的加班是没有明亮的月光的。因为一份工作、一份职业、一份事业的成功并不能仅仅以“看得到”的鲜花和掌声来衡量。

对荣誉过于计较的教师往往在情感上是简单而粗线条的，往往缺乏充分的高质量的心理交流，他的情感处于封闭的状态，因此，会产生消极的心理，对其他教师怀有敌意，在烦恼的牢笼中挣扎、辗转不安。他们不能全面地、客观地认识到工作的价值、生活的意义、人生的丰富，不能理解和难以体会“工作是一门艺术”的内涵。他们过于计较眼前的利益，用利害关系衡量一切工作关系，这是没有培养出对工作的热爱以及对人

抱有善意的同情和好奇的体现。

**2. 直接影响积极的情绪和奋进的精神**

嫉恨是一种有害的情感，具有很强的破坏性和攻击性，对个人的生活、工作、事业都会产生消极的影响。如果嫉妒是一个躲在黑暗中的恶魔，那么嫉恨就是一个大摇大摆行走的黑魔头。有调查显示，薪酬待遇、人际关系和发展前景是员工产生嫉妒心理的前三类主题。[12]教师本身就处在一个小社会中，总会与比自己更优秀的同事共事，这种不健康心理会使教师陷入紧张、压抑、怀疑，更有甚者会出现心理失衡、人格障碍。教师带着这种情绪投入到工作中，会产生错误的归因模式，认为都是别人的错，不会反思自己的问题，进而将更多的精力投向外部，而非努力提高自身能力、弥补不足。

**寓言故事一则**

有一个人遇见上帝。上帝说：现在我可以满足你任何的一个愿望，但前提是你的邻居会得到双份的报酬。那个人高兴不已。但他细心一想：如果我得到一份田产，我邻居就会得到两份田产了；如果我要一箱金子，那邻居就会得到两箱金子了；更要命就是如果我要一个绝色美女，那么那个看起来要打一辈子光棍的家伙就会同时得到两个绝色美女……他想来想去总不知道提出什么要求才好，他实在不甘心被邻居白占便宜。最后，他一咬牙："哎，你挖我一只眼珠吧。"

（来源：https://new.99.com/omn/2018 0620/2018 0620AOGWYN.html）

**既生瑜，何生亮**

周瑜是三国时代名将。他才智过人，但嫉妒心极重。看到世上有个比他更为聪明的诸葛亮，便心生妒火，欲除之而后快。不料诸葛亮神机妙算，周瑜"陪了夫人又折兵"，屡屡失策，使得周瑜"金疮迸裂"，终于仰天长叹："既生瑜，何生亮！"连叫数声而亡。周瑜面对诸葛亮超群的军事才能，只是一腔的消极嫉妒。按现代心理医学分析，周瑜是由于极度的嫉妒和妒火中烧，引出强烈的心理应激，促使肾上腺素大量分泌，损蚀了他的胃壁和心脏而亡。无怪东吴的鲁肃要说："公瑾（周瑜）量窄，自取死耳。"

### 3. 容易滋生不道德行为

一些嫉恨心较高的教师可能会采取不公平的、不道德的方式，阻碍他人，获得对自己有利的条件和资源，损害他人的权利和利益。教师在职业成长中，会经历各式各类的比赛、考核、选拔、人事任命，作为成员或者主要负责人参与一些活动或者项目，时时都处于竞争的环境。而对竞争持有正确认识的同事，会正确地使用嫉妒心理，充分尊重制度和规则，充分地准备和展示个人的专业能力，而嫉恨心较强的教师很容易使用私下送礼、拉票、诽谤等方式打破平衡的环境。

**一只老鹰的结局**

有只鹰妒忌另一只比它飞得高的鹰，于是对猎人说，你把它射下来吧。猎人说，好，你给根羽毛我放在箭末，好把那鹰射下来。于是妒忌的鹰就在自己的屁股上拔了根毛给猎人。但是那鹰飞得太高了，箭到半空就掉下来了。猎人说，你再给我一根你的羽毛，我再射一次。于是，妒忌的鹰又在自己的屁股上拔了根毛给猎人。当然，还是射不下来。一次又一次……最后，妒忌的鹰身上已经没有毛可以拔了，再也飞不起来了。猎人转向它说，那么我就抓你好了。于是就把这光秃秃的、妒忌的鹰抓走了。

（来源：https://www.jianshu.com/p/8 f721c405fec）

**嫉妒的恶果**

一位从偏僻山区考上高等学府的名牌大学生，因为家庭经济困难而在同班同学中自然显得“较为寒酸”，他十分嫉妒那些穿戴入时、花钱阔绰的同学。不久他竟然养成了偷窃同学的时装，并用剪刀剪碎的怪癖。他的内心时时处于一种强烈的压抑感情之中，虽然他明知自己行为动机的怪异和恶劣，但始终无法纠正。

这位大学生做了自己嫉妒之心的奴隶，受它驱使和愚弄，最终毁了自己的学业。英国哲学家培根曾言“在人类的一切情欲中，嫉妒之情恐怕要算作最顽强、最持久的了”。一些冷漠、自私、心胸狭隘的教师，害怕别人超过自己，当别人崭露头角便不择手段地搞垮对方。

**4. 阻碍别人进步，压制和摧残人才**

怀有嫉恨心的教师会处处打压他认为会超越自己的同事，这样做的结果就是使努力工作、上进的同事遭受不公平对待，打击这些愿意认真工作同事的积极性和专业发展，甚至会跳槽，造成团队人才的流失。

**优秀是错吗?**

幼儿园办公大楼一楼大堂的角落，有个供教师小坐休憩的沙发区。有天路过，刚好看到中班新来的李老师在抽泣，我便上前询问。李老师哭着对我说：“我被团队排挤了。”

原来，今年年底组织评优评先，领导决定不再按资排辈，而是按照员工的年度工作量和完成质量进行评选。李老师平时很出色地协助领导和团队完成较多工作，入职不满两年，工作积极，还获得一些重要比赛的奖项，为幼儿园赢得诸多荣誉，年底考评十分靠前。

没想到，结果公布后，所在团队的一些教师对她的态度比较反常，平时交往比较多的一位老教师对她的态度也十分冷淡，平时中午吃饭都会招呼她，现在呼朋引伴，却独独对李老师视而不见。

李老师思来想去，自己平时没有与任何同事有正面冲突，找不到原因。缺乏社会经验的李老师非常地慌张，认为是不是自己有时言行太高调，导致同事之间的嫉妒。

于是，她更加低调行事。团队讨论时她越来越不敢说话，在团队中的存在感也越来越低，好像所有人都开始不搭理她了。她在工作上越来越放不开手脚，才会在角落里偷偷宣泄。

**受伤的董明**

被评为“大连市特等劳模”的售货员董明深受嫉妒者的诋毁和攻击。董明在众多售货员中脱颖而出，靠优质的服务当上特等劳模，但她还像过去那样爱唱爱跳，爱变换发型，爱穿引人注目的连衣裙。没想到，这引起了妒忌者的反感。当她穿着乳白色连衣裙和高跟鞋出现在集体舞会上时，一些嫉妒者便暗暗地把一盆盆污水劈头盖脸地向她泼下来，指责她是“风流劳模”。跟着就拉开一场风波序幕，有的背地里对她指手划脚，说她穿戴“流里流气”，说她爱看书做笔记是“猪鼻子插大葱——装象”，甚至说她接待顾客时坚持说普通话是“有意抬高身价”……这些使董明终于因经受不住流言蜚语的巨大压力而病倒在床。

嫉妒是一团无名之火，不仅毁了自己，更会毁了别人。看到他人比自己强，便心生怨恨、妒火中烧，这样的人嫉恨的对象一般是才能、地位、名誉比自己好的同事。

**5. 影响人际关系和集体团结**

在苏联教育家马卡连柯看来，一个优秀的教师集体应该“团结、行动一致”。一个集体中如果有嫉恨心较强，却没有正面运用、处理好这一情绪的职员，会直接影响集体的凝聚力，破坏同事之间的关系，并且这一行为背后的目的是损人而利己的，不顾大局，严重阻碍集体的正常、有序发展。

## （二）同事之间避免嫉恨的策略与方法

**1. 正确理解合作者和竞争者的关系**

同事既是竞争者，更是合作者，在工作中存在一些利益的重叠是正常的。教师需要清楚地知道在工作中是无法单打独斗的，众人拾柴火焰高，合作和竞争对双方来说是对立统一的。教师之间可以在合作中互相竞争，把工作完成得更好，也可以在竞争中合作，更好地发挥所长，没有竞争，合作就缺乏生机和活力。教师与教师之间在规则内可以百花齐放、百家争鸣，正是这种双赢才有效地推动了教育的不断完善和社会的不断进步。

**2. 提高自我认识水平，变嫉恨为上进**

嫉恨他人，往往是因为自己不具备相应的技能或者能力，是对自己不满的外在表现。我们需要转变这一观点，正确认识自我的现状，提升自我认识水平，将嫉恨转变为知耻而后勇，发现自己的不足，进而去学习，去弥补，去提高，从而获得新技能、新知识，成为个人发展的动力。

勇敢地向对手发起挑战、接受竞争。积极的嫉恨心理必然会激发你的自爱、自强、自奋、竞争的意识和行动力。当你意识到你正在嫉恨一位优秀的同事时，不妨问自己一些问题，如，“为什么我做不到?”“为什么别人做得比我好?”“我们的差距在哪里?”“我应该做出哪些改变?”……当你正视这些问题后，你会恍然大悟，发现从未思考过的角度。与其长时间停留在嫉恨之火中备受煎熬和折磨，还不如主动改变自己，奋起直追，将嫉恨之火升华为前进动力，强大自己的自我意识和竞争的自信，这才是强者的风度。

**3. 专注自我成长**

嫉恨他人归根结底是自己的弱小，内心和实力强大的人从不为他人的成绩而感到害怕和惶恐，他们只会紧紧握住自己帆船的把手，不断向前航行。看到同事的进步，他们会感到开心而不是怀恨在心；看到同事获得成绩，他们会送上真心祝福，并以此为榜样。所以，教师在职场上的立足点应该始终以专业为本，不断加强自己的专业知识，夯实基础，这才是一位老师最好的名片。

**白日梦**

有这么一位青年人，不安心于本职工作，却整日想入非非，幻想自己能成为一名作家，受到众人的瞩目。他翻阅了许多作家谈创作的书刊，也收集了许多供创作用的写作资料，甚至还构思了不少长篇小说的故事梗概和电影剧本的草稿，但他的稿纸上却从来没有留下一行黑字。他总是寻找各种各样的借口来为自己不动笔作理由。时间在等待和闲谈中消磨过去，几年光阴流逝，他仍然连一首小诗也没有发表过。

行动，永远是胜利者的生存法则。“无论你能做什么，或者希望能够做什么，动手去做莫迟疑”，是德国诗人歌德对年轻人的鼓励。在事业或者人生的路途上，从不会平坦宽阔，我们需要不断强大自身能力，掌握更多本领去迎接惊涛骇浪，战胜它。目标、行动力和勇气是战胜嫉妒的有力武器。只有专注自身能力、才能实现心中的梦想。

**4. 明确职业生涯规划**

教师应该对自己的职业生涯有个清晰的规划，只有明确了目标和方向，才不会迷失方向，失去自我，过度关注他人。孔子说："吾十有五，而志于学。"也就是立志。《诗·关雎序》："在心为志。"古往今来，能成大事者必立志，立志是事业的大门，然后成才，然后实现志向。相反，无志者，浑浑噩噩，苟且度日，对事业缺乏热情，对困难怨天尤人，对同事缺乏同理心。

**有志者事竟成**

东汉初年，有一个名叫耿弇的人，少年时就喜欢读书吟诗，特别喜欢军事，经常偷偷地跑到地方军那里去看操练，并立志成为一个军事家。光武帝刘秀在北方组织军队，他便去投奔了刘秀。他辅助刘秀建立政权，立了汗马功劳，成为东汉时期有名的将领。

有一次，刘秀委派他去打土霸王张步。张步兵强马壮，实力比较雄厚，占据着十二个州郡，听说耿弇来攻，就准备迎击，调兵遣将，分兵把守祝河、临淄一带。耿弇来势凶猛，很快就攻下了祝河，接着又攻破临淄。张步眼见部下连吃败仗，便亲自带兵反攻临淄，耿、张两军在临淄城外大会战。战争中，耿弇被流箭射伤大腿。耿弇的部将陈俊建议暂时休战，耿弇拔出佩刀砍断箭矢，继续战斗，"自旦及昏，复大破之，城中沟堑皆满"，把张步打得大败。刘秀得报耿弇打败张步，非常高兴，便亲自到临淄慰劳军力实队，当面夸奖耿弇说："将军从前提出平定张步的计策，我认为你口气太大，恐怕难以成功，如今才晓得，有志者事竟成也。"

同时，在教师的成长过程中，管理者也需要积极地鼓励他们、引导他们，创造一个轻松、和谐、团结、公平的发展空间和成长环境，让普通教师变得优秀，让优秀的教师更加优秀。

## 五、注意同事交往中的交互性

根据马斯洛需要层次理论，每个人不管职位高低，都有希望受人喜爱的需要，因为

人具有爱和归属的需要。一个人可能暂时不在乎别人是否喜欢他，但是他不可能一直都不在乎。因为我们总是不能离群索居。在人际关系问题上，许多人都存在两个错误认识：一是对人际关系抱无所谓的态度，二是在人际关系上过分讲究谋略。处理好人际关系的关键是要关注他人，感受他人的感受，既满足了自己的需要，又考虑到了他人的需要，即注意与人交往中的交互性。[13]

## （一）注意同事交往中的交互性的意义

### 1. 交互性交往可以满足归属与尊重需要，是幼儿教师自我实现的前提

心理学家马斯洛将人类所需从低到高按层次划分为五种，分别是：生理需要、安全需要、归属与爱的需要、尊重需要和自我实现需要。只有满足了爱和归属的需要，人类才有动力去实现自我价值，即满足成长性需要。另外，社会成就激励理论也强调，只有满足爱的需要时，个体才能消除自身的职业倦怠，提升内在的成就动机，在内在动机的驱使下追求自身价值的实现。

幼儿教师来说，保教结合下繁重且琐碎的工作内容、较低的薪酬待遇等都更容易让他们产生职业懈怠，工作消极，这也可以解释为什么会出现许多幼师对幼儿的耐心下降，爱心降温，甚至虐童的现象。这时，他们身边同伴的理解、支持和共情对幼儿教师的心理健康的维护就起了重要的作用。

在良好的朋友关系、同事关系和家庭关系中，幼儿教师会感到自己受到爱和尊重，积极看待工作中的挑战，才能有动力去克服困难、实现自我价值；才会有体悟工作成就，实现人生幸福的可能。[14]

### 2. 交互性交往可以解决亲密对孤独的冲突，是幼儿教师完善人格的保障

在精神分析派心理学家埃里克森的人格发展理论中，18—40 岁的个体正处于亲密对孤独的冲突时期，个体发展的主要任务是与他人进行良好地沟通，建立亲密和谐的关系，并通过双方自我同一性相互融合，解决这一冲突，获得亲密和爱的品质。

有调查发现，大部分幼儿教师正处于这一年龄阶段，只有在一个和谐、安全的人际氛围中，个体才有可能将自身同一性与身边重要他人相融合，最终建立并享受亲密关系，获得人格的持续健康且稳定的发展。如果没有在这一时期与身边的人建立和谐稳定的关系，那么对幼儿教师的人格发展将造成不可逆的影响。[15]

对于幼儿教师来说，他们扮演着幼儿的人生启蒙者的角色，其言行举止对幼儿的这一生发展都有着极为重要的影响，因此其心理的健康和人格的完善都至关重要。

### 3. 交互性交往可以提升幼儿教师的幸福感，是助推学前教育发展的手段

大量研究显示，同伴的支持在排解负性情绪、维护心理健康、提高主观幸福感等方

面有着重要的积极作用。一直以来，幼儿教师都没有得到社会的尊重和重视，常被称为是“保姆”或“阿姨”，并且在日常工作烦琐、薪水福利较低、家长不理解不支持、幼儿园教研课改等重重压力下，幼儿教师的心理健康水平和幸福感水平堪忧。

研究发现，越是优秀的教师，越重视同事之间交往的交互性。因为他们坚信，教师相互理解，彼此支持能够提升个体幸福感、课堂有效性和职业效能感。世上没有不好的孩子，只有不好的教育；而不好的教育，其责任最终一定落在教育者身上。所谓“蜡炬成灰泪始干”，优秀教师在享受教育事业所蕴含的幸福体验时，也具有引领教师团队共同发展的自觉担当意识。[16]在日常教学活动和课题研讨活动中，教师在集体中通过潜移默化的方式，将自我内在的幸福感辐射到每一位教师身上，营造共享型工作氛围，唤醒周围同事对教育意义的认同和追求，促进周围教师获得专业发展，并回归教育本真。

> 说句真话：很多很多年前，我只关注自己的发展，只想着我们班的孩子好！现在不一样了，我更想我遇见的每个幼教姐妹好，因为只有我们都好才能爱更多的孩子。只有孩子们都好了，明天才会更好！
>
> ——摘自个案教师微信“朋友圈”

### 迷茫不解

在A老师做科研主任的时候，园里有一位既年轻又颇有能力的老师。当时这位老师刚刚担任主班工作，园长很认可她。这样的老师在大家眼中，应该在幼儿园过得很开心没有什么烦恼，然而她却很惆怅。有一次她和A老师聊天：

年轻老师：哎，我觉得自己最近很迷茫。

A老师：怎么了？是当班主任迷茫了吗？

年轻老师：不是的……哎呀……你不了解。

年轻老师欲言又止，心中似乎有千般愁绪，万般话语却无法表达出来。可能在她看来，不知道对A老师该从何说起，又可能觉得这种感觉即使说出来，A老师也无法体会，甚至可能会遭到二次伤害。

这位老师自身工作业绩突出，能力也很强，但在人际关系上却找不到可以支持的臂膀，也就是在幼儿园中始终没有被一个“圈子”所接纳，造成了她心理上的孤独和惆怅。

而A老师自己其实也处于迷茫期，虽然与同事们的关系在表面上热热闹闹都很融洽，但是也一直在“圈子”外面，和年轻老师一样，并没有真正融入到“圈子”里。为什么呢？

在幼儿园里，同事之间常常会以共同兴趣爱好等为纽带，凝聚成一个又一个的小“圈子”，圈里的人有着共同的语言，共同的追求，有着相近的需要，他们之间心理距离贴近，可以相互理解，情感共情，共同组成了情感共同体。情感共融构成了这一小圈子的最大的特征。那位年轻老师作为一线教师群体中的一员，却一直被排斥在教师圈外，她表现出的迷茫和惆怅感非常明显，而A老师虽然身为科研主任，使得她在心理上对于这种被排斥在圈外的感觉还不是那么明显，但她也觉得开展工作的时候不是那么顺畅，有时候还有一定的困难，但却没有找到问题到底出在了什么地方。[17]

## （二）同事交往交互性的策略与方法

### 1. 同事交往要注意相互理解

幼儿教师每天除了和孩子们接触以外，联系最紧密、交流最多的就是班上另外一名老师和保育员老师了。如果三位老师能彼此间相互理解与支持，步调一致，那么就容易建立起亲密和谐的人际关系，工作效率也会提高，人的情绪也会愉悦开朗；相反如果同事之间不理解，不配合，工作开展起来相当地困难，心情也会受到影响。

**彼此理解**

C老师记得刚开始进行课程改革时，因为出于课改需要，要重新布置班上的活动区，仅需要留下很小一块地方摆放桌子，而其他地方全都摆放材料。

当时的保育员B老师见了这情形，对她这样说道：C老师，你这样做是行不通的，我在这里这么久，都没有看过这样搞的，孩子们怎么上课啊？

B老师因为在幼儿园待了很多年了，习惯了集体教学的做法，对于新课程不是很了解，C老师的做法一下子打破了她固有的认知，B老师在认知和情感上不是很能接受。尤其是刚开展活动时，孩子们因为还没养成好的习惯，活动后不会去整理、收拾，所以活动区经常会被弄得很乱。这无疑增加了B老师的负担，B老师经常会对C老师说，谁谁谁又把颜料弄到桌子上了，这桌子还怎么用啊之类的话。虽然依旧努力维持着表面的和气，但是心里的不解和抱怨已经较为直白，表面上对工作还是没有懈怠，心里却是不情愿的。

C老师心里清楚，虽然保育员B老师不理解自己的做法，尽管也没给实际工作造成阻碍，但是如果能够得到B老师的理解，工作起来氛围会好一些，作为班主任，她也有责任让保育老师在工作上有积极的情感体验。于是每次活动过后，她就会去收拾，有时候会带着孩子们一起收拾，减轻点 B 老师的工作量。后来孩子们慢慢也养成了收拾和整理的习惯。而 B 老师也在活动中看到了孩子们的进步，比如刷浆糊时没有工具，孩子们会自己想办法，例如剪个小纸片之类的，B 老师看在眼里，有时候还会对 C 老师说道："这孩子真了不起，会自己动脑筋。"所以她的态度也慢慢地发生了改变，也渐渐理解了 C 老师的做法，毕竟都是为了孩子。

相互理解是同事之间"对彼此的想法、言行、情感等心意相通、互相体谅的情感"。这种情感能对两人之间的情感联系起到积极地强化作用，增强两人合作的默契程度。相互理解不仅表现在两位教师能够在感情方面进行共情，还表现在对彼此的想法言行进行换位思考。从上述的案例中，我们可以看到 C 老师主动站在 B 老师的角度上体谅保育员 B 老师的难处，理解她的想法，在工作中用行动去争取保育老师的理解；而保育员 B 老师也看到了 C 老师对自己的尊重和理解，也尝试着去理解和主动配合 C 老师的工作，两人在工作上为了同一个目标加强合作，达成这样的相互理解尊重的默契，工作氛围变得和谐了，即使工作再忙再累，心情却是愉快的。

### 想要别人理解你，先要学会理解别人

一个新到任的园长，发现老师之间彼此不和，她很吃惊。为了弄清此中缘由，有一天开会前她给每个老师发了一张纸条，要求全体教职员工以最快的速度，写出她所不喜欢的人的姓名。

有些老师在 1 分钟之内，仅能够想出一个，有的老师甚至一个也想不出来，但是另外一些老师却能一口气列出 15 个她所不喜欢的同事的姓名。

园长将纸条逐一收上来，然后进行统计分析，结果发现，那些列出不喜欢的人数目最多的，她自己也正是最不受众人所喜欢的，而那些没有不喜欢的老师，或者不喜欢的人很少的老师，也很少有人讨厌她。

这一调查结果表明，自己喜欢的人或厌恶的人，与别人喜欢我们的人或厌恶我们的人数量上基本相同。当你喜欢别人时，别人也可能会接纳你；但是当你不喜欢别人时，别人也可能不会接纳你。你对别人怎样，别人也会对你怎样。

别人恰恰是一面镜子，我们对它凝眉瞪眼，镜子反射回来的也是瞪眼凝眉，于是，我们互相都看不顺眼了。原本小的缺点在我们眼中无限放大了，我们看这个人简直是眼中钉，肉中刺，必先拔出而后快。

因此，我们要想得到别人的关爱、尊重、体谅、欣赏、赞扬、接纳，那么，你首先要关爱、尊重、体谅、欣赏、赞扬、接纳别人。

人性的弱点，
就是常常看到别人的缺点，
却看不到自己的不足；
然而，
世间万物都是相互的，
给人多少，
人会回敬你多少。
若想被人尊重，
先去尊重别人；
若想被人理解，先去理解别人；
若想被人宽容，先去宽容别人。

——摘自莫源秋教授微信公众号的一段话

**2. 同事交往要注意积极共情**

共情指的是一种能设身处地体验他人处境，从而达到感受和理解他人情感的能力。

幼儿园的工作需要老师们之间互相配合，而如果一心只扑在工作上，仅仅为了幼儿的教育着想，简单地认为只要自己工作努力，班上的老师就会认可和理解，没有过多关注与同事的关系。虽然在一起共事，却没有共情，会一直和其他老师存在着心理距离。

### 共情前后

D老师刚做教研主任的那一年里，工作开展得不是很顺利，很多时候老师们不会去实践她的想法和提议，她不知道该从哪里去突破，这让她迷茫了很长一段时间。后来她渐渐地发现，很多时候，工作和人际关系往往是粘合在一起的。和老师们关系越近，老师们越可能接受她的提议，如果和老师们有距离感，即便她讲得很有道理，老师们也不会去实践。

老师们在幼儿园烦琐的工作之后，他们更愿意聊的是生活上的一些事情，如果能和老师们在这些问题上接上话，那么他们就更容易将你的观点听进去。所以后来每当我跟幼儿园老师在一起时，就努力地和大家打成一片，这种打成一片还是很有必要的。

（周卫蔚）

幼儿园的工作很忙、很累，老师们很看重情感慰藉，渴望得到理解和支持。老师们都有各自的小团体，也是因为小团体里他们可以相互理解，相互慰藉，获得情感上的支持。而D老师之前一直属于没有进入团体内部，没有真正地了解老师们的生活，自然无法确切了解他们内心世界，这样老师们在心理上就和D老师有了距离感，觉得D老师不理解他们的实际情况，得不到D老师的理解，同样也不能很好地理解D老师，从而影响着工作的开展。D老师认识到人际关系和工作有很大的关联性，幼儿园的老师们由于要承受来自工作、生活、家庭等多方面的压力，很容易带着情绪工作，于是她开始从生活入手，拉近与女老师们的距离，想办法和女老师们打成一片。

D老师在工作中发现了一位老师的状态不好，通过和她聊天得知原来是正处于离婚大战中，因此影响了工作和自身的发展，出于关心和理解，D老师在那段时间里特别关注这位老师，时不时帮她分析情况，出谋划策，比如“分了之后要不要带孩子啊”，每次见到她会关注，问问情况。这样做给这位老师的心理上带来了极大的安慰，生活上虽不如意，但是在工作当中得到了科研主任的理解，对她是极大的鼓舞，从而振奋起来，工作上开始积极配合D老师并且愿意主动承担任务。比如在课题组D老师选实验班有些什么样的对外开放的工作（是要付出更大的努力去组织的），她都愿意承担。在这个过程当中，D老师和她聊生活她会很放松，使得她后面的工作状态也好了很多。

（周卫蔚）

从上述案例中，爱出者爱返，福往者福来，你给世界几分爱，世界会回你几分爱。D老师在认识到人际关系和工作有很大的关联性后，以生活和情感为突破口，深入地了解并理解老师们在生活和工作上的难处，拉近了与老师们的心理距离，渐渐地融入了老师们的生活情感，工作开展起来相比之前也顺利了许多。下面是来自D老师的一段自述：

以前在学校里，建立的主要是一种同学和师生的人际交往圈，有时聚在一起涉及的话题也主要是学习、生活方面，互相之间不存在直接的利益冲突，交往比较随

意，交往的环境相对单纯许多，没有太多的顾忌和考虑。而来到工作岗位上，人际关系不再是那么单纯，需要顾虑许多。

在幼儿园里要注意和女老师共情，我开始没有做到这一点，觉得做好分内的事情就可以了，但是这样是不够的。

直到工作中的人际关系开始带给我阻碍，甚至影响到工作的展开时，才觉察到工作中的人际关系和学校里的不一样了，幼儿园中存在着大大小小的人际圈子，你不主动走进圈内，是不可能被圈子接纳并成为圈内人的。于是我开始从心里向老师们靠近，主动去理解他们，不仅共事，还注意共情，从认识上开始重视与同事的交流、沟通，慢慢地学习处理人际关系。逐渐地，和同事打成了一片，进入了教师们的主流文化之中。[18]

（周卫蔚）

## 六、相互学习，相互促进

在幼儿教师队伍建设中，新教师作为新生力量，他们的专业发展直接影响着教学质量及幼儿园后续发展，是幼儿教育可持续发展的关键，对于幼儿园的可持续发展具有重要意义。各种新手教师专业发展的方式，如职前培训、行动研究、自我反思等都在不同程度促进着他们发展，其中每一种方式都离不开教师的学习。在新兴知识快速扩展的背景下，随着终身学习时代的到来，“学习”已经成为教师专业发展中的关键词，新手教师如何通过学习迅速成为“成熟”教师，了解自身角色，获得相关的理念和教学行为，对其专业成长的意义不可小觑。

### （一）幼儿教师相互学习，相互促进的意义

#### 1. 幼儿园教师相互学习能有效促进专业发展

幼儿教师与同事的交往，有学术上的相互学习与切磋，有精神上的激励与抚慰，也有生活上的关心与照顾。有调查显示，当问及同事对其教学有无帮助的问题时，他们大都觉得同事间的交流与帮助对自己的教学产生了积极的影响，是自己在业务上进步的一个重要因素，尤其是对刚入职的新教师的影响更大。同一学科、同一年级组、同一办公室的教师相处起来更容易，因为他们有共同的话题，有共同的志趣，在一起互相学习，能够引起共鸣。这种良好的同事关系，促进他们在教学业务上突飞猛进。这些都表明了，教师间团结一致，通力合作，能够使教师个体得到良好的发展。教师与同事在交往中，共同探讨在教学活动中遇到的难题，在相互切磋中提高彼此的业务水平。[19]

## 缄默症还是自闭症？

通过日常在幼儿园的见习，一位见习老师F发现师傅E老师的班级有个特别的孩子叫琪琪，特别之处在于他几乎不与其他幼儿交流，并且对教师和其他幼儿的话也置若罔闻，基本不能完成教育活动，仿佛活在自己的世界中。面对这个孩子，E老师表示很是头疼，并且认为该幼儿是自闭症。

一天，在幼儿园离园的时候，遇上了琪琪的姥姥来接他，F老师发现琪琪与其姥姥交流神色如常，没有一点异样。于是产生了疑惑并再次就琪琪的问题与E老师进行交流，E老师也说了解琪琪的两面性但并不知道为什么，也非常想进一步了解这个孩子到底是什么问题，该怎样解决。F老师认为这是一个很好的学习契机，细致地询问了琪琪的各种不一致的表现，根据琪琪的表现查阅文献得出琪琪并不是自闭症，而是选择性缄默症。于是F老师查阅了有关选择性缄默症的文献资料与E老师一起进行了学习，E老师提议这个话题可以作为集体学习的主题，可以和大家一起分享讨论，并请一位老师主持了关于选择性缄默症的讨论会。在这次讨论中，有几位教师表示班级里也有这样情况的幼儿，引起了教师讨论的极大的兴趣，在活动结束后，这几位教师主动就选择性缄默症再进行讨论和研究。[18]

（陈颂）

从上述案例可以看出，见习老师F老师在班级里发现琪琪身上值得挖掘的问题，找到了值得学习的知识，并针对这个问题查找资料与E教师一起讨论学习，并把选择性缄默症的问题作为了老师们共同学习讨论的主题，与幼儿园教师产生了兴趣和共鸣，从经常在一起交流讨论的情况来看，同事间的互相学习实现了幼儿园教师间的知识、信息、观点的交流、再生，反思和改进实践，有效地促进了幼儿教师的专业发展。

## 新教师与老教师

G老师：由于自己刚刚参加工作，对幼儿的教学经验比较少，有时候班里会有一些突发情况，不知道怎么处理，感觉自己各方面还需要提高和加强，我

常会问有经验的老师一些问题的处理方法，比如孩子争抢玩具，突发情况时的应对办法等，通过跟别的老师交流，向他们学习一些更好的解决方法，对我今后的教学开展有很大的帮助。[20]

（马叶琼）

### 2. 幼儿园教师相互学习有利于改善人际关系

现代社会，知识的更新速度加快，教师仅靠职前所接受的学习、培训，已不能满足教师进行教学活动的需要。教师需要不断地学习，来更新自己的知识。“独学而无友，则孤陋而寡闻”，同事就是教师很好的学习伙伴。首先，通过相互学习，教师改变了以往单打独斗、单顾自己手中的工作的做法，变为相互学习、交流经验、互相促进。这不仅增强了教师在知识层面进行对话，更是促进了教师在情感方面有更深入理解和交流的意识。教师关系有效地从孤立、疏离、冷漠转型为关怀、信任、亲善，把教师关系由“同事关系”升级为“伙伴关系”。其次，在相互学习中，教师间增强了相互的了解，体验到合作学习的快乐，接受了来自同事之间以及助学者的鼓励、支持和帮助，这些都有利于提升幼儿教师自身的认同感和工作满意度，减少职业倦怠，减少孤独感，促进了教师之间多维度的对话与交往。最后，通过相互学习，教师之间在情感上进行交流，增强了相互间的了解和认识，提升了成员间的相互信任与依赖。[21]

#### 合作互助

王老师在“上下求索”阶段的成长和之前的“慎独求生”阶段相比，“心理上没有之前的那种紧张感，然后和同事们的关系也越来越亲密，就经常一起备课，一起学习”。这短短的一句话，既表达了王老师当时的心理状态，又简要说明了当时专业成长的路径。王老师和苏园长、任园长是三十多年的同事，更是合作、学习的伙伴，她们经常集体说课、集体备课、交流与分享经验、分析案例等。当然这里的合作互助也指教师们在一起上教研课。王老师在“这个过程中，上了很多的教研课”，而“教研课包括但不仅仅限于公开课，就是研讨的课，你只要愿意上课，请别人来帮你看，不一定要面向很多人，面向一个小组、一个小群体都可以，让别人、大家或更多的人来看你的课，然后给你评这个课、分析这个课，能够促进你的专业成长，这个能够成长比较快，能够马上找清楚你的问题在哪里，不然你自己摸索的话，其实你很难甚至不能自己找到自己的问题所在，中间通过别人帮你看，不断反思，不断调整，不断改进”。这些充分证明了王老师在这一阶段，不仅仅依靠自身的努力，更多地依赖于整个教师团体的力量来汲取养分，在平常的教学活动中上下求索，蓄积着能量，教师与教师之间互帮互助，共同进步。

（李雅娟）

迈克尔·富兰在《教育变革新意义》中指出：“教师的孤立及其反面——合作主义——为教师提供了一个最理想的起点。就教师而言，教师间互动的程度与其他人所提供的技术帮助密切相连。

“当前，以年级为单位形成了教师工作小组，所有教师都参加了合作活动。在这些合作小组内，教师的工作重心是实现为各级水平规定的教育目标和具体教学目标。每位教师都对此有投入……这使得教师能够团结起来，能够对自己正在从事的事业感觉良好。”

一位教师说，由于教师们能够在一起制定计划学习，持续地评价进步等，她的教学已改进了100%—200%。她感叹道：“这种情形就像是一个大课堂。”[21]

（徐艳君）

## （二）幼儿教师相互学习，相互促进的策略与方法

### 1. 幼儿教师相互学习，相互促进的原则

（1）以共同的愿景为引导

幼儿教师有共同的愿景和一致的学习目标，这是幼师间相互学习、相互促进的前提。另外，共同的愿景也是幼儿教师相互学习、相互促进的最终目标，更是推动幼师相互学习、相互促进持续发展的基本动力。

共同愿景的特点表现为幼儿教师群体间以共同目标为指引来开展各类学习活动、幼师集体反思活动以及幼儿园内举办的其他各种活动等。幼儿教师群体因对教育理念、教学方法和教学课改等具有共同的认识，所以幼师间通过互动交流，使幼儿教师的共同愿景成为彼此学习成长的纽带，在互动交流中，幼师个人愿景逐渐与教师团队的共同愿景相互融合，使幼儿教师群体的行为和谐统一。

H老师说：只有当整个团队有共同信念和凝聚力，大家才能说到一块儿去，否

则对话就成了空谈。一旦团队有了共同的教育信念，也就有了凝聚力，大家才会在环境艰苦的时候也愿意去干，没有一致的教育信念和凝聚力，就会出现有些人在干、有些人不干。比如有一次我们布置一个大环境时受到园长和领导的赞赏，当我们额外付出时间和精力去做这些事并且有成效时，我们邀请园长一起参与我们的工作，她却不参与，这是不公平的。既然能够接受荣誉，也要能患难共济。

（袁琦）

(2)强调平等对话

幼儿教师间的相互学习，是以教师自觉自愿、实现共同愿景为基础的对话交流，教师在自由与平等的对话过程中，相互信任和理解、相互学习和促进，形成一种良好的对话氛围。在自由平等的对话氛围中，没有所谓的领导和专家，更没有“一言堂”，更多的是教师间的各抒己见。在互相学习交流中，教师们敢于表达自己的想法，也乐于倾听他人的想法，通过多种形式、多种层面的对话研讨，将理论与教学实践紧密结合，允许不同思想的交融和碰撞，让幼儿教师间的相互学习真正成为一种能促进教师成长和幼儿园发展的方式。

(3)在和谐的关系中实现专业成长

和谐一般指事物或现象各方面的协调、配合与多样性的统一。幼儿园教师在相互学习、相互促进中的“和谐”有二个含义。第一，组合的和谐，强调幼儿园内相互学习的教师间的人际关系的和谐和组合的平衡。竞争是人类群体无法避免的趋势和现象，但竞争并不应该影响幼儿园教师内部的和谐，而是一种促进成员互相分享、学习的动力。第二，幼儿园教师在相互学习、相互促进中的和谐是主观与客观、情感与理智的和谐，幼儿园教师在相互学习、相互促进中通过反思达到实践经验的反思和重构、教育智慧的提升，是客观性的、理智的、充满专业性的。而教师在相互学习、相互促进的交流交往中也进行着情感的坦诚表达和交流，以彼此间深厚的情感作为维系，是主观性的、情感性的，温情的。和谐关系是这两者的统一。

**2. 幼儿教师相互学习，相互促进的措施**

(1)根据共同愿景，选择合适的交流对象

幼儿教师队伍是呈梯队渐进的，成员具有多元化特征。

从年龄分布上看，幼儿教师有青年教师、中年教师；从入职年限来看，有新手教师、经验丰富的老教师、退休返聘的老教师；从专业发展阶段来看，有新发展阶段型、发展成熟的经验型以及研究型教师。

幼儿教师应根据共同愿景，选择适合的交流对象倾听他人的经验，分享并汲取可与自己教育经验相融合的可借鉴之处，并在交流中进行聆听、反省和创新，不断促进自身经验的积累与专业的发展。

通常情况下，师傅是不错的选择对象。师徒结对作为新入职教师的重要培养方式之一，是新入职教师迅速成长的捷径。老教师不但会在工作方面帮助教育教学经验明显不足的新入职教师，还会主动引导新入职教师与幼儿、同事、幼儿家长以及园领导之间建立和谐的人际关系。

J老师在机关幼儿园工作两年后来到R园，最大的感触之一就是遇到了尽心的师傅，并多次列举了师傅的专业引领对于自身专业成长的启发意义，J老师提到，其师傅常常以自己的实际行动启发J老师，更关注幼儿的情绪作用、如何灵活地将问题抛给孩子、在和家长与幼儿沟通时更有方法，帮助J老师精心磨课，指导J老师撰写观察记录等不一而足。

S老师对师傅的专业引领也是印象深刻。“每次一上完课，师傅都会给我一些点评，例如‘你今天哪里做得比较好，哪里不是很好，可以这样或者那样改进，你看呢?’而且她也是很尊重我的。‘哎，你下面可以生成一节活动，把今天活动中不到位的地方再补充上。’包括在遇到一些我不懂的，例如我们在准备舞台剧的时候，我不明白为什么需要这样、或者那样的时候，她都会以亲身的体验告诉我为什么需要或为什么不需要，对孩子的影响或者对孩子经验的习得有什么帮助。”由此可见，师傅的专业引领渗透在新教师专业生活的方方面面。

资深教师A老师曾总结到：“我觉得作为人家的师傅，只有你自己对工作的态度是积极的，那么你带出来的徒弟才会是积极的，……其实有的时候，师傅对徒弟的影响，不光是一节课的影响，更多的是他的工作态度和为人处世各个方面的影响。”

相关学者的观点也在此得到了印证，即在师带徒的过程中，新教师不仅在教学能力、带班能力、日常保育、人际关系等方面得到了迅速的提高，而且在专业意识的树立、专业精神的培养等方面也受到榜样老师的影响。

（万丹）

(2)要关注对话的场景。对话的场景有：非正式的日常对话交流和正式的对话交流(如集体备课，教学观摩，园本课程开发等)，不同的对话场景，对话方式也不一样。

(3)对话开展前进行一个初步的计划，计划中包括：对话目标、问题设计、对话方式。

第一，要考虑对话的目标。通过本次对话，实现预想的目标，也就是围绕一个中心主题展开对话。

第二，加强对话的问题设计。要考虑到每位老师的教学经验、发展阶段和文化背景都不一样，对话的主题和问题的设计要考虑激起对话教师的兴趣。

第三，合理选择对话方式。对话方式可选择的方法有：探究式基于问题的讨论和分

享式讨论。不同的讨论内容采用的对话方式不一样。

(4)相互学习的讨论开展过程中，主要完成四项工作：完成准备工作、确定讨论焦点、开展讨论和结束讨论。

作为讨论的每位成员，有责任确保讨论进展的顺利，及时让偏题的教师回到对话主题，并且鼓励全员参与，记录关键的对话信息便于后续的反馈和评价。此外还可在网络上进行讨论，这种实施方式不需要像面对面讨论那样马上做出回应，在回答之前有更多的时间对问题进行思考并理清思绪，但亦有其局限性。一方面，因为不是面对面交流，无法直接体会对方对话的情绪、情感，对于感受的真实性的传递有所欠缺，导致对话的效果片面化；另一方面，网络对话不利于新想法的激发，头脑风暴大多是在面对面的对话讨论中产生，多感官参与有助于言说者表达自己的想法，也有助于倾听者较准确地理解对话的含义。

(5)总结反思，主要针对本次学习对话进行反思与总结，考虑如何在今后的讨论中更深入。每次对教师间交流后的反思与总结既可以是对教师自己的自评，也可以是对学习整体的评价，通过对学习过程中对话交流的成效进行反思总结，有助于每位教师提升参与教师间相互学习交流的意识，有助于学习交流过程中谈话质量的提升。所以，反思与总结阶段不仅仅是对学习过程的总结也是对学习过程方向的再调整，起着激活、导向的作用。

(6)应多采用案例的方式，以故事来阐述自己的观点和建议，若单单用理论或者道理来对话，会带有说服人的目的性，暗含着用自己的思维来约束人、控制人的想法。故事则会创设一种情景，启迪、感染其他教师的发声、回应。

(7)注意倾听，倾听需要一种谦和的态度。有了谦和的态度，我们才会去关注他人的声音，敞开迎接他人的批评和情感。因此为了推动有效沟通，需要向对方传达出以谦和的态度去倾听的姿态，营造愉悦聆听的氛围，使得在相互学习的过程中，双方的观点和感情都得到表达和回应。

(8)善于使用交流技能。施穆克曾提出了四项交流技能：变换措辞；描述行为；表达感受；检查印象。

变换措辞是对词语使用方面的要求，同样的意思用不同的语言表达方式会有不一样的效果，这里强调的是语言艺术的使用。在幼儿教师的对话中，相互学习的对话必须在良好的语言交流中完成，语言艺术对于调节对话氛围，促进共同体成员的对话积极性、主动性、创造性具有积极作用。

比如说今天要讨论一个区域角活动，如果一上来就说我们今天要开一个会讨论区域角活动，你们抓紧时间快点说。这样会让人感觉很奇怪，就像一个主导者给人带来压迫感，若换种方式说“最近，我觉得这个区域角活动有一点点小问题，今天就想着把大家召集过来，请大家帮帮忙看有什么好的方法来解决”，这样就会好很多。

（袁琦）

在描述行为方面，需要客观地说，就事论事，不可加入过于明显的主观情绪，也不要夸大言辞。

表达感受，主要指教师在对话过程中，要主动、真诚以及合理地表达自己的感受，过多发泄或过于压抑自己的负面情绪会使谈话氛围压抑封闭，可以运用一些适合的对话方式来表达自己的感受，比如说“我对你刚刚说的话感觉有点受伤”。而不是说“你怎么这样说啊，真是气死我了”。

检查印象是指在对话过程中积极关注他人的感受，以便于追踪谈话对象在谈话过程中的情绪和需要，从而适当调整谈话策略。

某次会议中，Z督导：“大家好，不好意思占用了大家的午间时间，从北京来时间很仓促，心里也想尽快和大家见见面。今天中午的教师培训希望大家都自由一些，不用太严肃。首先我要代表总部向你们全体员工表示感谢，总部知道园里的情况很不容易，也知道大家都很辛苦，但是依旧是齐心协力地共渡难关，我们园因为大家的努力也越来越好。算是我们的第二次见面吧，你们看着我不会烦吧？”

教师们都哈哈大笑起来：“不会，我们很欢迎你来。”会议的氛围开始活跃起来，打破了一开始生疏、紧张的气氛。

（袁琦）

(9)建立稳固的人际关系。要建立一个稳固的人际关系，最重要的是有真诚、尊重、爱的存在。只有建立在爱和尊重的基础上，稳固的人际关系才有实现的可能。建立真诚、尊重与爱的人际关系，离不开平时幼儿教师之间的日常交流与交往，需要教师的积极主动地参与。

R老师：平时大家互通有无，去别的班借个东西，用电脑打印下资料，沟通一下园长布置的任务，完成的进度如何，能不能给我一点建议之类的——在这个过程中，因为经常互相帮忙，大家的关系都增进了许多，都是相互的。

Y老师：我们几个住在一个宿舍的老师关系相对密切一些，平时互相关心，谁有事都会互相帮忙，也会经常出去一起吃一起玩，增进彼此情感，关系自然而然地就好了。

（袁琦）

(10)教师要提升自身的综合素质和专业发展。在幼儿教师素质方面，唯有在良好的人格修养及素质的基础上，教师间的相互学习才能成为可能性。要改变以往教研活动中教师在对话交流上的上下级观念，改为平等、分享及包容。通过更自由、更通畅的交流使教研活动更丰富与活力，促进良好的对话关系的形成，进一步促进幼儿教师相互学习，互相促进。

L老师：我觉得如果要保证对话持续进行，首先是提高主观能动性，培养自己的对话意愿。这就要提升对自己的要求。不仅仅是干好自己手中的活，还要在业余时间多学习给自己充电，提高自己的专业知识素养。这样才有对话的内容和实质，对话是互动的，如果自己知识太缺乏，就不愿意参与对话的过程了。

Y老师说：一个持续有效的对话离不开教师个人的综合素养，包括她的个人修养和素质。比如我们园有些主班老师虽然学历高，但是素质让人不能忍受，而我们的保育员虽然学历不高，但素质不一定差，人都很好，我们关系也都很好，搭配起来工作不觉得累，有什么事情都会及时沟通。

（袁琦）

(11)要形成合理的教育信念。要形成正确的教育信念，首先教师应具备正确的教师观、儿童观、教学观，需摒弃功利化、技术化的教育观念，怀揣着对幼儿教育事业真诚的热爱，根据相关的教育理论和自身的教育实践，树立符合时代的教育观念。其次，在幼儿教师互相学习的过程中，幼师需要不断检视和体悟，对自身原本的教育信念进行适当地修改、调整、顺应环境，与时俱进，形成新的教育信念。

而要使幼儿园形成共同的教育信念就需要园长积极地采取行动，由上到下地换位思考，站在一线老师的立场考虑一些事物的安排，相互都体谅对方的处境，加强对话意识，全面了解到每个老师的真实需要，使老师们有归宿感，增强幼儿园整体的凝聚力。

## 七、团结协作，形成教育合力

教师专业发展会受到诸多因素的干扰，但教师自身是最关键的因素，教师如果能积极地对自我进行改造，不断构建新的自我，提升自己的综合素质，整个过程都不会是被动参与。教育的发展通常会需要所有教师齐心协力的努力，特别是教师与教师之间的协同作用和团体间的合作。

### （一）团结协作的意义

《幼儿园教师专业标准(试行)》在专业能力中的“沟通与合作”指出：幼儿园教师应

与同事合作交流，分享经验和资源，共同发展。从现行的幼儿园班级构成来看，“两教一保”为基本的班级构成模式，即三位教师共同管理班级，形成了幼儿园工作的一个重要特点——“合作性”。[22]

教育性、协作性作为教师工作的特点之一，决定了教师之间在长期的工作交往中更容易建立一种和谐的人际关系，在轻松愉快的工作环境中，教师之间的团结互助、相互学习以及教学研讨活动会使得教师的凝聚力得以增强，最终形成教育合力。

究其原因，一方面是因为教师们之间的良好合作关系能够促进教师的专业发展。幼儿的教育教学需要教师间的互帮互助，这是由教师工作的集体性所决定的。幼教工作，需要的是幼师彼此间的亲密合作，在配合与沟通中不断生成教育智慧。在相关调查中，有教师认为，与职场竞争相比，幼儿园像是一方净土，没那么多的勾心斗角。有教师认为，在平常工作时，大家都是乐于帮助的，哪个班出了状况，大家都愿意一起想办法。这说明在工作中，幼儿教师间平时的沟通与交流对幼师职业幸福感的获得极为重要。

另一方面，团结协作有助于建立良好的人际关系，缓解幼儿教师的工作压力，进而提高其身心健康水平。人与人之间积极、和谐的人际氛围是达成心理健康的重要条件，这已经得到大量的研究证明。与教师独自承受工作中的挫败感相比较，能够积极共享问题，并能得到情感上共情的幼儿教师，他们的内心的挫败感会明显降低，心理也会更加健康。

**新教师缓解工作压力的需要**

某园实行的是分组教学方式，即主班和配班老师各带一组儿童分组教学。在一次小班教研组在教研活动中，有老师提到一个问题，当你一个人在前面组织活动时，不久就有幼儿向您喊“老师，我鼻涕出来了”“老师，我要小便了”“老师，他碰了我的椅子”……孩子们不时地打断着我的话题。当时，我想要是有一位老师帮我解决这些小插曲，那该多好啊。

有一位新老师说，“当你在活动中想让孩子跟你呼应，而孩子不知如何跟你呼应时……那时，我也希望有一位老师坐在孩子的位置上，以孩子的身份跟我响应，就好了”。她在自己的“反思笔记”中也曾多次提到这个问题……

（陆静尘）

从上述案例中可以发现，幼儿教师在教学活动中，发现小班幼儿刚刚入园，各方面的行为习惯还存在问题，集体教学中需要投入大量的精力维持秩序，因此，在巨大的工作压力下，小班老师觉得分组教学并不适合用来开展小班教养活动。为了完成教学任务，幼儿教师迫切地需要在同事中寻找合作伙伴，得到同事的支持和帮助。

**新教师专业发展的需要**

今天是我第一次正式以老师的身份进入幼儿园，在上岗之前，幼儿园给我们安排了半个月的岗前培训，自认为已经有所得的我，在真正面对将近三十多个小朋友的时候仍然一时不知道如何下手，幸而主班老师和保育员在身边。这次活动给孩子们讲述关于四季蔬菜的知识，讲到一种类似于韭菜的物品时，我一时语塞了，这时保育老师在旁边帮助了一下，侥幸过关。

（冯婷婷）

幼儿园在招聘新教师的时候往往会进行岗前培训，常用的方式大多是自身准备的一次教学活动，作为新手教师，可以从中学到的东西是非常有限的。而本身在经过师范院校的标准培训后，自身的知识、技能和能力已经有一定基础，可是作为一名幼儿教师，他们还要面对种种情境性的考验。正如所给资料里显示，更需要将自身的知识融于活动中。

而正是这些实践活动为幼儿教师提供了各种机会，实现了幼儿教师之间的合作交流，加深了对于问题的认知，充分发挥了自身实践智慧，推动了专业发展。在整个参与过程中，幼儿教师开始从幼儿工作的边缘地带逐渐向中心地带靠拢，新入职的幼儿教师也逐渐地从“青铜”变为“王者”。在团队合作中，幼师间通过相互交流，共同讨论所遇到的问题，共同促进了自身的专业发展。

**伤感情的“合作”**

主班的 Q 老师教授幼儿叠被子的方法，让幼儿们明白他们自己的事情应该自己做。午睡前 Q 老师再次鼓励幼儿们起床后尝试自己叠被子。起床后 H 老师进来看到幼儿们慌乱的样子，说：“这么吵闹这么慢可不行，别班的小朋友早已去吃点心了，不要叠了！”于是就开始逐个帮助幼儿叠被子。后来 Q 老师知道后想找 H 老师谈谈这个事情，但是碍于情面没有说明，依然坚持自己的意见。

（刘仲丽）

从上述案例中可以看出主配班幼儿教师教育观念不同，采取的教育方式也是迥异，结果不仅不利于幼儿生活自理能力的培养，阻碍影响幼儿的全面发展，也会对幼儿教师之间的人际关系造成一定影响。由于幼儿教师之间碍于情面，缺少沟通，总按照自己的想法去做，不利于幼儿教师之间的情感联结。在班级团队合作中，为了形成教育合力，需要主配班教师从意识上树立正确的教育观，才能构建平等、和谐的人际关系，加强教师之间的情感联结。

### 增进感情的合作

豆豆班上的孩子下课后都兴奋极了，因为老师告诉他们一会儿去对面苗苗班玩各种有趣的游戏。孩子们喝水、小便、洗手后自动站成一列，等待老师的一声令下。班上的三位老师简单交流之后，就由配班老师领头在前面领队，然后保育员老师站在后面清点人数，队伍就这样浩浩荡荡准备出发了。只见迎面也走来一支队伍，原来是苗苗班的孩子们过来了，两个班的孩子们都异常兴奋，互相打着招呼，还亲切地和各自的朋友拉拉手，礼貌地说老师好。豆豆班的主班老师笑盈盈地迎接了苗苗班的孩子和老师们，两个班的教师交流之后，豆豆班的主班老师给苗苗班的孩子讲起了《巨人》的故事，孩子们听得津津有味……苗苗班里豆豆班的孩子们正在老师的带领下进行各种游戏活动，旁边的老师正进行耐心的指导……

（刘仲丽）

由上述案例可以看到，班级之间打开紧闭的门，交换孩子、交换老师进行交流学习对于幼儿的成长和教师的进步是极为明显的。事实上，该幼儿园非常鼓励这样的交流，部分班级经常进行这样的交流，不仅是同年级的交流，甚至有跨年级的全园范围内交流。这样的交流加强了幼儿教师之间的联系和对话，不仅实现了教师们在教育教学上的经验交流，也将有利于教师之间的情感联结，形成幼儿园良好的合作学习交流对话文化。

### 形成教育合力之共同完成教学活动

K 老师：我觉得“植物的秘密”中的“秋天的雨”可以和“多样的天气”中的“雨从哪里来”进行有机整合，J 老师：我觉得还可以与“我们的城市”中的“神奇的中药”相结合，可以让孩子们将各部分结合到一起辩证地思考……

（马叶琼）

在上述案例中，两人通过交流，发表各自的见解，不断地讨论，在完成教学活动的主题设计中形成了教学合力，主题活动得以进一步细化并在各个方面得到不断调整和完善；通过共同完成教学活动，幼儿教师不仅帮助幼儿积累了经验，而且通过这一过程教师们有了进一步的交流与合作。

案例 5-34

**会说话的墙**

E 老师是刚入职不久的新老师，热情和兴致很高，做好本职工作之余也积极协助其他老师处理班里的事务。

最近，幼儿园要以“我爱大自然”为主题布置墙面，于是 E 老师为了布置好墙面的内容，搜索了很多植物方面的文字简介，并将它精心布置在班级内的各个活动区，考虑到都是文字，她专门对幼儿们进行了讲解。

可是后来，孩子们却把贴在墙上的好多文字都撕掉了，E 老师非常困惑。F 老师是个有多年教学工作经验的老师，她说给孩子们布置一些文字资料，孩子们一定是不感兴趣的，这是因为语言文字不是幼儿们易懂的，对于这个年龄段的幼儿，应多布置一些色彩鲜艳、通俗易懂的图片语言，这才是幼儿喜闻乐见的。

E 老师听到后大受感触，第二天，班里墙面出现了各种色彩鲜艳的图片，多种多样的植物图画。[24]

（马叶琼）

从上述案例可以看到，教师们共同就“主题活动墙”的布置进行了沟通，并提出了各自的意见。由于学前儿童的发展特点决定了幼儿园的教育实践不适合进行纯文字描述，所以教师们在沟通后布置了适合幼儿特点的环境，用色彩鲜艳的图片代替大量的文字吸引幼儿的注意力，激发他们的想象力，一起合作对幼儿生活区进行了布置。

## （二）团结协作的策略与方法

### 1. 幼儿教师团结协作的原则

（1）教师应树立自我完善的意识观念，提升自身的职业道德水平

意识决定人的行为，是行为的先导，意识观念具有引导性和指向性，可以影响和制约着人的决定和选择。合作能力高低关键在于个人，在于教师自身。教师是否有提高自

己和完善自己的愿望，都将影响其合作能力的发展走向。对于团队合作，叔本华曾这样指出，“单个的人是软弱无力的，就像漂流的鲁滨逊一样，只有同别人在一起，他才能完成许多事业”。如若在意识观念上就放松懈怠，做一天和尚撞一天钟，得过且过，那遇到提升自己、展现自己的机会，也会找各种理由推脱，因此，教师自身应摒弃个人主义思想，树立自我提升、自我完善的意识观念，努力促进自身专业的成长，真正做到相互帮助、相互扶持、共同进步，以促进幼儿园教师的整体的职业道德水平的提高。

## 老师，我喜欢和你玩

李老师是一位在幼儿园工作了十多年、有丰富经验的保育员。早餐后，孩子们常常是自发地来到自己喜欢的活动区里开始玩游戏。有的搭积木，有的画画，还有的要当“爸爸”“妈妈”，一会儿就热闹起来了。但音乐角今天只有两位小朋友，显得较冷清。没有观众看，他们的舞蹈也跳得无精打采。

李老师在忙完手头的活后，加入音乐角的游戏当中。她当观众，坐在看台上一边听音乐，一边欣赏两个孩子的表演，还时不时地做几种孩子们没见过的动作，以引导他们丰富自己的表演内容。看着他们玩得很高兴，其他几位小朋友也纷纷要求参加。于是，音乐角一下子增加到了7人，李老师又和他们一起表演“开火车”“小兔跳”，引导孩子们听歌曲的内容创编舞蹈。孩子们开心极了。

游戏结束时，一个小朋友一边收乐器，一边还在问：“李老师，您以后还跟我们一起玩吗?”“玩呀。只要老师有时间就一定跟你们一起玩。”听到李老师的回答后，小朋友也兴奋地说：“我愿意老师天天和我们一起玩。”“没问题。”一边答应着孩子，李老师还一边和小朋友们拉钩，表示一定满足他们的需求。

课后，李老师谈到：“我是孩子们的生活老师，以前总是认为，我的主要任务就是对幼儿进行生活照顾，为幼儿提供干净整洁的生活环境，所以，我的大部分时间都用于准备一日三餐、搞卫生和消毒玩具等。但现在，我明白了，我们的任务和老师是一样的，都要促进孩子的发展。我想只有深入到孩子中间，了解孩子，引导孩子……只有深入到孩子中，才可能更了解孩子的特点和需要，才更可能配合主班老师进行各方面的教育……在老师指导不过来时，我还可以适当去指导幼儿。”[25]

（贺菲）

从这个案例中可以看到，保育员同样是孩子们的老师，同样是幼儿发展的引导者。

当保育员进一步明确了自己的职责后，便自觉地从关注事务性工作转移到关注孩子的成长上来。

孩子们爱和老师玩，这是每位教师都深知的一点。有老师参加的活动就会有许多孩子追随。但是班级里老师少，孩子多，分组游戏仅有主班老师一人，往往不能满足幼儿和老师一起游戏的需求。有时孩子们在游戏中遇到困难或问题也不能及时得到老师的引导，这自然会影响到孩子们的成长，就需要团队间的亲密配合。

(2)教师应善于倾听和表达，提升自身的合作沟通能力

合作的过程也是人际沟通的过程，良好的人际沟通协调能力有助于幼儿园教师丰富自己的专业知识，提高自己的学习能力，更好地完善自我。在幼儿园教师的团队合作中，合作的方法同样是一门艺术。在工作中，每一名幼儿园教师都应该学会沟通。在遇到问题时，幼儿园教师之间应该学会彼此及时的交流，要能够倾听同事间的想法，正确理解同事所表达的内容，坦诚地表达出自己的意见和观点，善于讨论和学习，以丰富彼此间的经验，不要出于私心或者顾及对方的情面而把正确的话埋在心里，影响工作的进度。

进餐是幼儿一日生活的重要环节，进餐的好坏直接影响幼儿的生长发育和身体健康。但由成人统一按常量分发饭菜会给不同的孩子带来不同的感受。

### 有效沟通

保育员宋老师：以前，我都是根据这一年龄班幼儿的进食常量分配饭菜，给孩子多少，孩子就得吃多少，没有选择的余地。饭量小的看着吓人的一碗饭就发愁，身体不舒服的时候也不敢少吃。这势必影响幼儿的进餐情绪。我想，要调动幼儿进餐的积极性，必须首先改革幼儿的进餐情绪。但一直没想出非常好的办法，后来就把自己的想法对王老师说了。

王老师：当她对我说时，我心里就想宋老师真是很用心工作，幼儿园工作太杂，很多小问题我们都没注意到。于是，我和宋老师，还有高老师(另一位班级教师)商量后决定将饭菜分配制度改为自选。

宋老师：这种方法主要是受饭店自助餐的启发，因为园里能提供的饭菜种类有限，我们就想虽然孩子不能自选饭菜，但可以选择数量。这样，那些饭量小的孩子或身体不舒服的孩子，就能根据自己的实际情况选择吃多少。

王老师：开始时，我们也不知道究竟这样做对孩子的身体发展是否会有不好的影响。于是就用“卖饭”“卖菜”“降价”等游戏形式照顾体质较弱的孩子，帮助他们补充足够的饭菜量。效果真的不错。孩子的心情好了，不但保证了合理、科学的营养搭配，而且进食量也增加了。

宋老师：尤其是小宇和月月，两人平时拿到饭就发愁，顿顿饭都吃到最后。自选进餐以后，他们吃饭的积极性加强了，而且也学会了自己选的饭菜一定要吃完。

（贺菲）

从上述案例中可以看出，保育员宋老师在发现幼儿进餐问题后，能思考解决之法，没有想到办法，就积极主动和其他老师沟通讨论，倾听其他老师的想法，共同改善了幼儿进餐模式，提高教育质量，形成教育合力。[26]

### 缺少交流

一次例会后，主班老师传达园里的要求，“今天的会议内容主要有秋季环境布置、幼儿自理能力检查，还有卫生检查这几项。咱班这样分工如何？卫生检查由保育员老师主要负责，秋季环境布置副班主任老师多上点心，我主要抓好幼儿自理能力检查。”对于主班老师的安排，配班老师及保育员教师没有发表任何意见。

在接下来一周工作中，在明确责任的前提下，各位教师各负其责，主班老师在带领幼儿进行自理能力训练时，保育员教师在忙着做好卫生工作，迎接幼儿园卫生检查；配班老师由于年纪轻，对于环境布置经验不足，经常征求主班老师及保育员建议。保育员教师作为“老教师”，独自承担着自己所负责的工作。结果如何呢？

在自理训练时，保育员老师由于缺少平日的配合，在迎接检查时，保育员教师不知道如何协助主班老师，幼儿的管理较为混乱；环境布置方面由于配班老师积极征求班内其他教师的意见，得到了领导的认可。卫生检查中由于之前缺少沟通，保育员老师忽视了幼儿取放水杯教育，导致个别幼儿不认识自己的水杯。

事后：

主班老师：班级工作不只是看看孩子那么简单，一周内有多项检查工作，所以分工一定要有的，如果分工不明确，那么就都成了主班的工作了。

配班老师：在环境布置时，我经验少，有许多不确定的地方，我只好多问，多听。

保育员：我的工作就是做好班级的卫生，其他的我也不会做，也帮不了什么。做好主班老师分配的工作就可以了。[27]

（王铎）

从上述案例我们可以看出，班内教师由于固定的工作模式，缺少深入的沟通与交流，主班和保育员老师过于看重“职责的划分”，缺少足够的交流与沟通，造成情感的“被动”。如果教师不与他人主动进行"情感交流"，则班内教师之间的情感是冷淡的，缺乏活力的。如果班内每一位教师都能注重与其他教师构筑积极的情感交流，则会出现另一番景象。如此可见，积极的合作情感，是可以提升班级整体工作水平的。

**2. 幼儿教师团结协作的措施**

为了完善自我，树立正确的意识观念，教师可参考以下操作要求：[28]

(1)应认真研读幼儿园教师专业标准；

(2)在工作中，回顾自己以往的教育工作经验，反思自己在专业发展方面的不足，明确教师团结协作对幼儿教师专业发展的重要意义，提升其合作意识；

(3)意识确立后，应身体力行；

(4)扩宽自己的知识面，广泛摄取各类知识，完善自己的知识结构；

(5)树立长期目标，制定职业规划，将幼儿教育作为自己的事业，寻找提升自己的路径，努力实现自身的人生价值。

为了提升自身合作沟通能力，教师可以参考以下操作要求：[29]

(1)真诚待人，不掩饰，不回避，不取悦，不当面一套，背后一套；

(2)合作中，明确合作的目标和各自的分工；

(3)教师可阅读一些沟通技巧类的书籍，学习一些沟通技巧。借鉴他人的沟通技巧，结合自身，内化成自己的沟通方式；

(4)注意倾听，在沟通过程中，80%是倾听，剩余20%才是讲话，因此，在沟通过程中倾听极为重要，它可以帮助人们理解他人的观点、目标、情绪以及愿望；

(5)尊重他人，眼光真诚，不歧视，眼睛不能只盯着对方的不足，还要看到对方的长处，从内心尊重其价值、尊严和人格，主动参与到同事的学习、生活工作等各个环节，与其平等交流、和谐相处，以平等的心态与其合作，共同发现问题、分析问题，寻找解决问题的方法；

(6)学会赞赏，对于同事在工作中取得的进步和成绩，应不吝夸赞之词，要送上真诚的肯定和赞美。对于同事给出的赞美，也应同样学会欣然接受；

(7)学会体谅，在园内如果与同事之间意见相悖，应努力避免冲突和摩擦，宽以待人，严以律己，善于从对方的角度思考和看待问题，学会体谅和忍让；

(8)全面分析当前信息。对待问题要具体问题具体分析，不应一概而论，要客观地评价自己或他人，不能全盘否定或肯定。因为在沟通过程中，由于受主客观条件的限制，每个人对自己或他人的判断往往受各种各样因素的影响从而造成认知偏差，比如近因效应、首因效应以及刻板效应等，这些因素均会在不同程度上影响教师之间关系的建立。

## 八、塑造良好的性格，改善同事交往

幼儿教师的性格标志着职业道德的发展水平，不仅对幼儿认知发展、性格形成、人格健全、情感态度等具有重要影响，而且也会影响同事间的交往与合作。众所周知，要想在工作、生活、社会上取得成功获得荣誉，人际关系这个外部条件是必不可少，甚至是起决定作用的因素。而人际关系这个外因恰由性格这一内因所左右，所以我们要塑造良好的性格，适时地调整行为方式，来建立良好的同事关系。

### （一）塑造良好职业性格的意义

性格是指人对现实的稳定态度和相应的习惯化的行为方式，表现在人们对现实和周围世界的态度和行为举止中，影响着教师以何种态度和面貌对待生活、工作和人际交往。[30]

**1. 幼儿教师的性格是影响其人际交往的重要因素**

性格与教师职业道德密切相关，在人际互动中是至关重要的因素，阿德勒个体心理学理论根据个体在人际互动中的表现将性格分为四种类型：回避型、索取型、支配统治型和社会利益型。回避型的人主要表现在不愿面对现实、不愿接触社会、整日处在幻想状态。索取型表现在没有独立面对事情的勇气，寄希望于获得别人的帮助，坐享其成，不具备独立的适应社会的能力。支配统治型体现在支配上，喜欢掌控别人，自以为是，很少顾及他人利益。这四种类型中，前三种都是不健康的，不利于良好人际关系的形成，只有“社会利益型”是健康的，因为只有将个体的利益和社会的利益联系在一起，关注社会利益，具有社会兴趣的形态才会培养出良好的性格，因此人际关系也比较好。[31]

**2. 幼儿教师的性格是影响其职业发展的重要因素**

幼儿教师的性格与幼师职业道德密切相关。有调查表明：一部分幼师毕业生担任幼儿教师后，角色意识不强，责任心不够，而这些人在校期间就表现出懒、散、混等思想与行为，与社会期望的职业道德规范形成强烈的反差，阻碍了专业发展，造成工作的疏漏，这是自我与社会要求之间发生矛盾的结果。力求弥补这种角色冲突带来的偏差，塑

造良好的性格，促进职业发展正是本节重要意义所在。

**回避型性格对人际互动的影响**

在常人眼中，幼儿教师扮演着小朋友们的启蒙老师，与他们朝夕相处，应当是无忧无虑乐观开朗的。但实际上，幼儿教师群体中也有相当一部分人，他们本身性格内敛不愿主动寻求帮助。加上“家丑不可外扬”这类传统观念的影响，幼儿教师对社会支持求助度，以及对心理健康的重视和关注还有待提高。

在访谈中也有这样的情况，有年轻教师表示：“交朋友也有麻烦的，还要互相迁就。我比较喜欢独来独往，不想受人牵绊。也没有交男朋友，因为总是觉得自己还小，所以谈恋爱的事情不想去考虑。休息日一般都是待在自己租的房里休息，偶尔会和爸妈通电话，但是几乎不会和爸妈谈情感啊工作啊之类的事情，因为说了他们也不懂。都是说几句就挂了，有时候周末一天不出门，吃饭就点外卖。”[32]

（李仕玉）

可以肯定的是，这样的幼儿教师不只一位。他们或因为成长经历和环境，或因为自身性格的因素，不愿主动与人有过多的交往，更不愿意主动倾述内心的想法和寻求帮助或安慰。经常独居的状态下，一天不出门一步是很多年轻人的常态，令人为其心理和身体状态感到担忧。

**回避型性格对职业发展的影响**

张文平等人在研究新入职教师适应能力时，发现有 11 名新入职幼儿教师性格内向，在工作中不愿意与其他教师及领导交流，在工作中遇到问题时未及时寻求他人的帮助，最终影响工作质量，也影响新入职幼儿教师职业适应能力的提高。[33]

（张文平、李嫱）

从上述案例中可以看出，11 名幼儿教师的行为方式与回避型性格较为相似，在工作中遇到问题不仅不愿面对问题，也不肯向同事求助。在耽误工作的同时，既无法与同事建立良好的关系，也影响了其职业未来的发展。

**索取型性格对人际互动和职业发展的影响**

上学期有一次在中班，我上一节“社会课——认识十二生肖”，师傅 S 在旁边像往常一样做自己的，突然班上小朋友们一下子兴奋起来，我也收不回来了，课上不下去了，当时我就想把这节课继续下去，然后上完了就好。

S：以后如果出现这种状况，你收不回来了，你这节课就不要上了，你可以先停下来，把常规搞好。

A：我当时最希望你能上去帮我一下，像“救火”一样。

S：我不参与是怕你在小朋友面前丧失威信。

A：哦。

（秦奕）

上述案例中，对于如何改进教学，如何采取合适的策略解决当前教学情境中的“问题”，徒弟与师傅的认知存在差异。在师傅认知里应“暂停，解决问题”，而在徒弟认知里应“师傅示范解决问题”。我们可以从“救火”一词看出，当徒弟面对无法解决的教学问题时，首先想到“师傅尽快来到身边，立刻帮忙解决当前的问题”。所以，她实际上寄希望于师傅像“救火队员”一样，代替自己来上课，以解决当下的困难，不去想着独立解决问题，甚至可能也不相信自己有独立解决问题的能力。[34]

**支配统治型**

有的老教师直接“越权”代替其他教师做事。A 老师欲带幼儿外出活动，B 老师马上阻止“别出去了，要是出去玩游戏，回来不好组织，容易困，你接着往下进行吧”。于是 A 老师只好搬好桌子椅子，准备进行下一个活动。她正要弹琴，B 老师说她来弹，让 A 老师去看热水晾凉了没有。

（朱雯珊）

A 老师觉得自己比较年轻，自己缺乏经验，所以对 B 老师的经验是比较信任的，包括欲带幼儿外出活动被 B 老师拒绝时，听从 B 老师的要求而将幼儿继续留在室内，继续接下来的活动。

但 B 老师是一个比较急性子的老师，对于 A 老师的一些提议，不仅会当场直接指出来，很少顾及到 A 的感受，而且还会亲自代替 A 老师的工作，下意识地就将 A 老师当成了听话的“下属”，“搁置”在了一旁，在一定程度上剥夺了 A 老师锻炼自我的机会。[35]

**社会利益型性格对人际互动和职业发展的影响**

A 老师：“我和师傅的交往还很不错的，感觉像姐姐和妹妹一样，像一家人。虽然平时在教学上的指导并不多，但在日常生活中，会告诉我经常遇到的工作难题是怎么样的，为人处世是怎么样的。平常我们之间大多数聊的是什么包包好啊，哪里吃的好啊，要不要去哪里玩啊。师傅告诉我这个世界上最好的友谊不是锦上添花，不是雪中送炭，而是互帮互助。我觉得我们就是这样。”

（侯晓磊）

在教学指导方面，师徒会进行深入互动，实习老师会与师傅交流心中的“困惑”，师傅则会提供自己的经验与看法。在经历最初的认识之后，师徒在互动中，情感卷入会越来越多，并非“点头之交”式“简单的问候”，而成为会“相互提供真实评价信息的姐妹”，此时，师徒都会为了对方去考虑，实习老师会为了不让师傅丢脸而努力表现，而师傅也会在各个方面尽可能地提供帮助。[36]

## （二）塑造良好职业性格的策略与方法

### 1. 改变错误的行为方式

幼儿教师应关注自己的内心世界，学会自我性格分析和反思，多参加社会实践活动，加强自我性格修养尽量避免和规避不良性格。在与同事交往中，教师应主动理解对方的行为，尽量与优秀的同事交往，不仅要利己，也要注意利他，学会赞美、信任同事，多发现和宣扬对方的优点，主动关心搭档老师，拿出勇气克服性格中的固步自封、停滞不前、抑郁焦虑、被动拘谨等有碍教师互动的性格缺陷，培养热情大方、不断进取的性格特点。

### 理解、信任

中班上学期，有一次我组织一次“社会活动——认识十二生肖”，师傅 S 在旁边做东西。那次也是，突然地班上小朋友们一下子兴奋起来，我也收不回来了，课上不下去了，当时我就想把这节课继续下去，然后上完了就好。

S：以后如果出现这种状况，你收不回来了，你这节课就不要上了，你可以先停下来，把常规搞好。

A：我当时最希望你能上去帮我一下，像“救火”一样。

S：我不参与是怕你在小朋友面前丧失威信。

A：哦。

刚开始，我听了这话，有一点不舒服，可能也是有点“虚荣心”吧，我觉得课上成这样被师傅说，有点不好意思，但是，实际上，我看到了如果常规不好，效果也不好，小孩子的注意力也不在你的“点”上，到时候挫败感更高，所以，我想师傅的话是有道理的，把孩子稳住是最重要的，其实也是让自己稳定点，也是没有办法的办法。

这时候我是认同师傅的评价的，很在乎师傅对我的要求。当时我很想让她直接帮我，但是一般我上课她不会直接干预，我觉得她给我的空间还是蛮大的，她的解释我也觉得有道理。所以，对于师傅的话，我还是肯定多一点，我觉得我们蛮像的，很多想法还是一致的。我觉得师傅很厉害的，她说的那个问题，我一直没有意识到。

如果是师傅和我讲的，我就会去做，因为她是我的“直接联系人”啊，“别人会觉得，徒弟不好是师傅不好”。在我眼里有这种感觉，我觉得师傅、周围看你带班的人都有这种感觉。可能舆论效应还是蛮大的。如果我做的不好，别人可能会因为我而说她，我不想成为别人的负担。[37]

（秦奕）

从上述案例中可以看出，在课堂出现状况时，徒弟不是想着怎样去解决，而是希望

师傅像救火一样帮她解决，较为符合依赖型的性格特征，但是她并没有选择一直依赖下去，而是勇敢地做出了“改变”。面对师傅的指导，虽然刚开始有些不舒服，但后来还是“理解”了师傅的苦衷，认同了师傅的评价，并逐渐“信任”自己的师傅，师傅让做的事情，都会去做。面对他人的评价，逐渐意识到“利他即利己”，徒弟好，别人会说师傅也好；徒弟不好，别人也会说师傅不好。因而怀着不想成为别人负担的责任感，努力提升自身的专业能力。

### 承认自己的不完美，不断进取

工作第五年，A 老师被幼儿园“委以重任”，担任“班主任”职务。新学期这个变化令她感到“责任重大”。她首先感受到来自园长的社会期待“当班主任什么事情要早做一点，第一次家长会要开好，要不以后工作不好做”。第一次当班主任令她感受到一种无形的压力，“没什么经验，第一次介入这个东西有点慌吧”。

A 老师：“我觉得慌是正常的，还好师傅和我搭班，家长会前我会把要讲的东西打出来，提前给看我师傅审阅，感觉很好，依赖比较多，有她在就心定……我很喜欢这种相互合作、共同学习的氛围，我去向别人学习并不觉得丢人，没有人是全知全能的……年级组开会的时候，相互学习很好，园长也鼓励我们几个班互相借鉴一下，我也经常去看其他老师的家长开放日是怎么开展的，家长会时我也借鉴了其他人的一些经验。

（秦奕）

从上述案例中，可以看出 A 老师即将要召开第一次开家长会时，经验不足的她，虽有短暂的抑郁焦虑，但她并没有选择固步自封，闭门造车，而是勇敢地承认了自己不足，充分地信任周围的同事，四处取经，最终顺利地完成人生的第一次家长会。[38]

**2. 学习科学的心理调适方法**

为了有效提升自己的心理健康水平和社会适应能力，幼儿教师应当学习科学的心理调适方法，养成关注心灵健康、自发调整状态的习惯，努力学习科学的心理健康观念和方法，养成良好的行为习惯。[39]

**自我调适**

A 老师："刚入职的时候，我对工作是激情满满，充满向往的。后来去了这个园所还是有点失望的，并没有自己心中想得那么好。我刚开始觉得一点都不幸福，因为我刚开始去的时候，各个方面都不太熟悉，也没有相应的实践经验。我有什么不懂的去问主班老师，她脾气可不好，她不是嘲笑我基本的常识都不知道，就是随意敷衍我。我做得不好她老是批评我。我感觉她对我要求太苛刻，毕竟我是新老师，怎么可能不出一点差错，怎么可能什么事情都做得很完美呢。有一次开会，这个主班老师虽然没有指名道姓说我，而是说某些人自己带不好孩子。事实上，班里面也没有几个老师，那其实就是在说我嘛，这个语言和讲话方式我接受不了，让我心里面很不舒服。下班回去之后蒙着被子大哭了一场，觉得自己是不是不适合从事幼教，不适合待在女人多的地方。不过哭过之后我想想也不能全怪主班老师说话难听，毕竟也确实给她添了麻烦，我自己确实也有做的不对的地方。那我也总不能因为她批评我就辞职。当时最好的办法就是好好工作，成为主班老师。"

（余成艳）

从上述案例中，可以看出 A 老师对自己初入职时心理烦恼的心理调适。在初入职时，遇到这样的情况，A 老师并没有选择离职，这自然跟她的认知与归因有关。在遭受挫折（带班老师嘲笑我带孩子带得不好）的情况下，她感觉心理难受，蒙着被子大哭，但之后并没有把失败全都归因于主班老师，而是重新赋予这一事情一个合理化的理由（带班老师本身不够专业、脾气不好，自己是新来的老师不可能什么事情都会做的尽善尽美、自己没有帮助到主班老师，还总是给主班老师添麻烦，别说是主班老师，就是任何一个人，别人都不会喜欢你。）这很显然是一种现实且乐观的归因方式，将心中负性情绪发泄之后，将失败归因于外部的、暂时的和环境有关的因素。[40]

### 3. 适当调整自己的生活目标

个体心理学理论认为，个体在具体的环境中的生活习惯、行为特点与个体的目标是密不可分的。这个目标决定了个体的生活方式和特征，并引发了一系列的事情。该理论根据个体的性格类型将人的目标分为四种：想要舒适安逸；想要被人喜欢；想要成为领袖；想要变得优秀。幼儿教师应分析自己的生活目标，适当调整适合自己的生活目标，

重新鼓起勇气，学习与他人合作和建立融洽友好的关系，积极地投入社会。

案例 5-46

### 想要变得优秀

幼儿吃早点的时候，主班老师忙着看自己的教案，看到幼儿洒在桌子上的牛奶，她无动于衷，叫来保育老师处理，然后继续翻看教案。等到幼儿上午的活动结束，主班老师就回家了。保育员抱怨说："没到时间就回家了？别人的事就不管了？"

（张凯俐）

从上述案例中可以看出，主班教师为了准备教案而努力，忽视了对幼儿、同事的关心与帮助，过度的追求工作上的优秀导致人际关系不和谐。所以，不良的个人特点一方面会导致个人拘泥于自己的小环境，缺乏爱心、关心，止步不前；另一方面会影响工作上的人际关系。阿德勒认为，如果一个人没有对他人的关心，仅仅是对自身关心，就只会一味地追求自己的利益和个人的优越性，这样的人就只会思考能从工作中得到什么，能从朋友那里得到什么，能从同事那里得到什么。结果就是无法在同伴中生存，无法得到幸福的。[41]

案例 5-47

### 想要被人喜欢

A 老师："每个班总有几个特别调皮的孩子，着实让老师头疼，但活泼好动毕竟是幼儿的天性，也是可以理解。但身边一些同事的反应却让人很难认同，大声呵斥也就罢啦，还经常会说一些讽刺话语，类似"你长脑子了么？""脑子被驴踢啦！""全班就你最笨，笨得跟猪似的！"有时候甚至会将孩子拖拉到隔壁班，说："我们班没有你这么不听话的孩子，我们班不要你啦！"当时孩子哭得蛮伤心的，感觉他好怕好怕，我知道同事做得很不对，但我说服不了她们，我也没有勇气前去制止。当园领导让我评价身边同事时，我一般都只说些好的，很少会说其他同事的坏话，即便同事真的有什么不足，也只能包庇隐瞒，这不就是人际交往的潜规则么！"[42]

（李曼）

从案例中可以看出，这名教师为了不树敌，和所有人友好相处而努力，为了不被人讨厌，就迎合了周围人的行动，而忽视了幼师应尽的责任。所以过度地追求周围人的喜欢导致了职业道德失范。长久如此，不仅会影响自己的专业发展，还会影响人际关系，有可能会被评价为“不值得信任”。

**4. 关心他人，贡献自己的力量，激发自身社会责任感**

个体心理学理论认为，生活的意义在于个人为团体贡献力量。倘若一个人想要为他人贡献力量，并为此而付出努力，他就会知道如何塑造一个令自己满意的性格，并会以社会责任感来调整自我，训练技能，与周围的人建立彼此信赖亲密的关系。[43]

### 超超的习惯，老师的爱

上一周，幼儿园把盥洗室的肥皂换成了洗手液，小朋友觉得很稀奇，于是在写字后，画画后，间餐前，有空就跑过去洗手，特别是超超，喜欢往手里按好多的洗手液，使劲搓出很多泡泡，洗手的地方被他折腾得乱七八糟。

保育老师为此教育了很多次，但是收效甚微。这天，超超又趁机把大半瓶洗手液一股脑地挤到洗手池里自顾自地玩起了满池的泡泡，保育老师非常生气，但还是耐心地教育他，超超还是没有多大改变。

D 老师知道后，耐心地了解了情况，中午，超超妈妈来接超超时，D 老师说：“超超妈妈，超超小朋友最近可喜欢帮老师做事情了，他平时一定也很愿意帮助你做家务吧。”超超妈妈笑道：“是啊，不过有时也帮倒忙。”D 老师接着说：“是啊，超超早上想帮保育老师擦洗洗手池，结果把大半瓶洗手液都挤在里面了，弄得盥洗室里好多泡泡，他玩得开心得连活动都忘了参加了。我跟他讲，帮保育老师搞清洁是好事，但不能把大半瓶洗手液都挤掉，洗手液是给小朋友用的，这样一来，就会浪费掉好多，多可惜，下次，不能再这样了。”超超妈妈点点头，“对对，我回去和他再好好说说”。下午，超超妈妈让他带了瓶新的洗手液，还让他跟小朋友道歉。

（马叶琼）

从上述案例中可以看出，在幼儿园，保育员和 A 教师针对幼儿的不良的行为合力开展了共同教育，“超超用洗手时用洗手液搓泡泡”弄乱了环境，影响到了别人，也为保育员老师的工作增添了负担，保育教师对他进行了教育，但效果不明显；同班 D 老师主

动跟保育教师理解了情况，之后积极地想办法，与家长沟通，在与家长的沟通中，A老师运用语言艺术既委婉地说清楚了事情，也保护了幼儿的自尊心，照顾了家长的面子，与家长建立起互相尊重、彼此信赖的关系；之后在家长的理解支持下，改正幼儿的不良习惯，成功地完成了与保育员老师共同教育的合作。

## 本章思考与练习

1. 曹老师平日在与同事交流的时候除了交流工作方面的情况，还秉持打破砂锅问到底的精神，问同事一些私人问题。因此，被同事私下认为“很八卦”。她很不解，这样难道不是拉近同事之间关系的一种方式吗？请说明曹老师这一行为是否合理并解释原因。

2. 有一种观点认为同事可以做朋友，请分析在把握同事与朋友这两者身份中的应该注意的尺度或者边界。

3. 案例分析题

王小花是一个52岁的农村幼儿园刚刚转岗的老师，之前某师范学校毕业，1999年读了函授大专。到幼儿园工作不到两个月。

以下是王小花跟我的一段对话。

我：“你们刘园长人怎么样？”

她：“我好怕她。”（说“怕”字的时候她压低了声音，不知道是不是怕被刘园长听到。）

我：“为什么？”她：“她很冷漠，平时不怎么爱说话，而且有时候会批评新来的老师，你说我们刚转岗过来什么都不懂，肯定要做错事情的。还有感觉她特别有能力，加上人家又是城里人，所以我们新来的转岗教师感觉很自卑。”

我：“那同事之间关系怎么样？”

她：“同事之间很少交流，因为大家一天都是待在自己教的班里看着孩子，不像在小学课间老师还可以一起出来聊聊天。还有的城里的老师瞧不起我们乡下来的，觉得我们很土，所以前段时间我还去烫了个卷发。”

问题：结合上说材料，分析王小花老师为什么不适应幼儿园环境？并为她提出一些建议。

## 本章参考文献

[1]周宗奎，游志麒．尊重及其跨文化研究：心理学的视角[J]．西北师大学报：社会科学，2013(5)：83-88.

[2]周治华. 伦理学视阈中的尊重[D]. 上海：复旦大学，2007(4)：42.

[3][德]康德. 实践理性批判[M]. 邓晓芒，译. 北京：人民出版社，2013：106.

[4]Alan Donagan. The Theory of Morality[M]. Chicago：University of Chicago Press，1977：65-66.

[5]孙天正. 教师素质理论丛书：人际关系卷[M]. 北京：中国城市出版社，1997：53.

[6]李函颖. 美国佐治亚大学外部同行评议制的执行及其权力探析[J]. 高等教育研究，2015(1)：98-106.

[7][美]艾伦・加纳. 谈话的力量[M]. 林华，译. 北京：中国水利水电出版社，2004：76.

[8]Alan Donagan. The Theory of Morality[M]. Chicago：University of Chicago Press，1977：76-93.

[9]喻晓. 关于团结协作是教师与同事关系中的道德要求的探讨[J]. 沈阳工程学院学报：社会科学，2007(2)：279-281.

[10]曹蕊. 长春市幼儿教师职业压力现状调查研究[D]. 长春：东北师范大学，2012(5)：42.

[11][美]帕克・帕尔默. 教学勇气——漫步教师心灵[M]. 吴国珍，余巍，译. 上海：华东师范大学出版社，2005：142.

[12]孟大庆. 员工职场嫉妒心理及其相关研究[D]. 开封：河南大学，2009(5)：44.

[13][32][39]李仕玉. 幼儿教师社会支持研究[D]. 南充：西华师范大学，2018：18-20.

[14]王雯杰. 幼儿园教师"留任"个案研究探微[D]. 上海：华东师范大学，2019：107-114.

[15][16]周卫蔚. 研究生学历的幼儿教师专业生活的叙事研究[D]. 长沙：湖南师范大学，2015：42-43.

[17]赵敏. 论教师交往[D]. 太原：山西大学，2009：18-19.

[18]陈颂. 创建幼儿园教师学习共同体的策略研究[D]. 长春：东北师范大学，2014：29.

[19][24][29]马叶琼. 幼儿园教育活动中教师合作的个案研究[D]. 长春：东北师范大学，2012：29.

[20]袁琦. 幼儿教师学习共同体对话机制研究[D]. 上海：上海师范大学，2017：17.

[21]徐艳君. 新课程改革背景下教师人际关系的构建[J]. 科教文汇(中旬刊)，2009(7)：12.

[22][27]王铎. 幼儿园班内教师合作素质研究[D]. 吉林：延边大学，2016：39-40.

[23]冯婷婷. 淮北市农村幼儿教师职业幸福感调查研究[D]. 淮北：淮北师范大学，2018：41.

[25][26]贺菲. 对幼儿园配班教师合作现状的思考[D]. 兰州：西北师范大学，2005：37.

[28]刘露露. 天津市幼儿园教师合作能力现状及影响因素研究[D]. 天津：天津师范大学，2017：58-61.

[30]万丹. 幼儿园新教师专业发展路径研究[D]. 南京：南京师范大学，2017：43.

[31][43]常立佳. 谈阿德勒个体心理学[J]. 林区教学，2015(8)：119-120.

[33]张文平，李嫱. 商洛市新入职幼儿教师职业适应能力及影响因素的研究[J]. 开封教育学院学报，2016，36(5)：221-222.

[34][37][38]秦奕. 幼儿园教师职业认同结构要素与关键主题研究[D]. 南京师范大学，2008：86-105.

[35]朱雯珊. 幼儿园新任教师职业适应的现状研究[D]. 长春：东北师范大学，2013：28.

[36]侯晓磊. 毕业实习中学前本科生与指导教师人际互动研究[D]. 武汉：华中师范大学，2016：20-21.

[40]余成艳. 私立幼儿园教师生存状态的叙事研究[D]. 信阳：河南大学，2019：39.

[41]张凯俐. 影响幼儿教师专业成长的几个因素[J]. 读与写(教育教学刊)，2019，16(6)：232.

[42]李曼. 幼儿园教师专业实践中的伦理困境研究[D]. 上海：华东师范大学，2016：82.